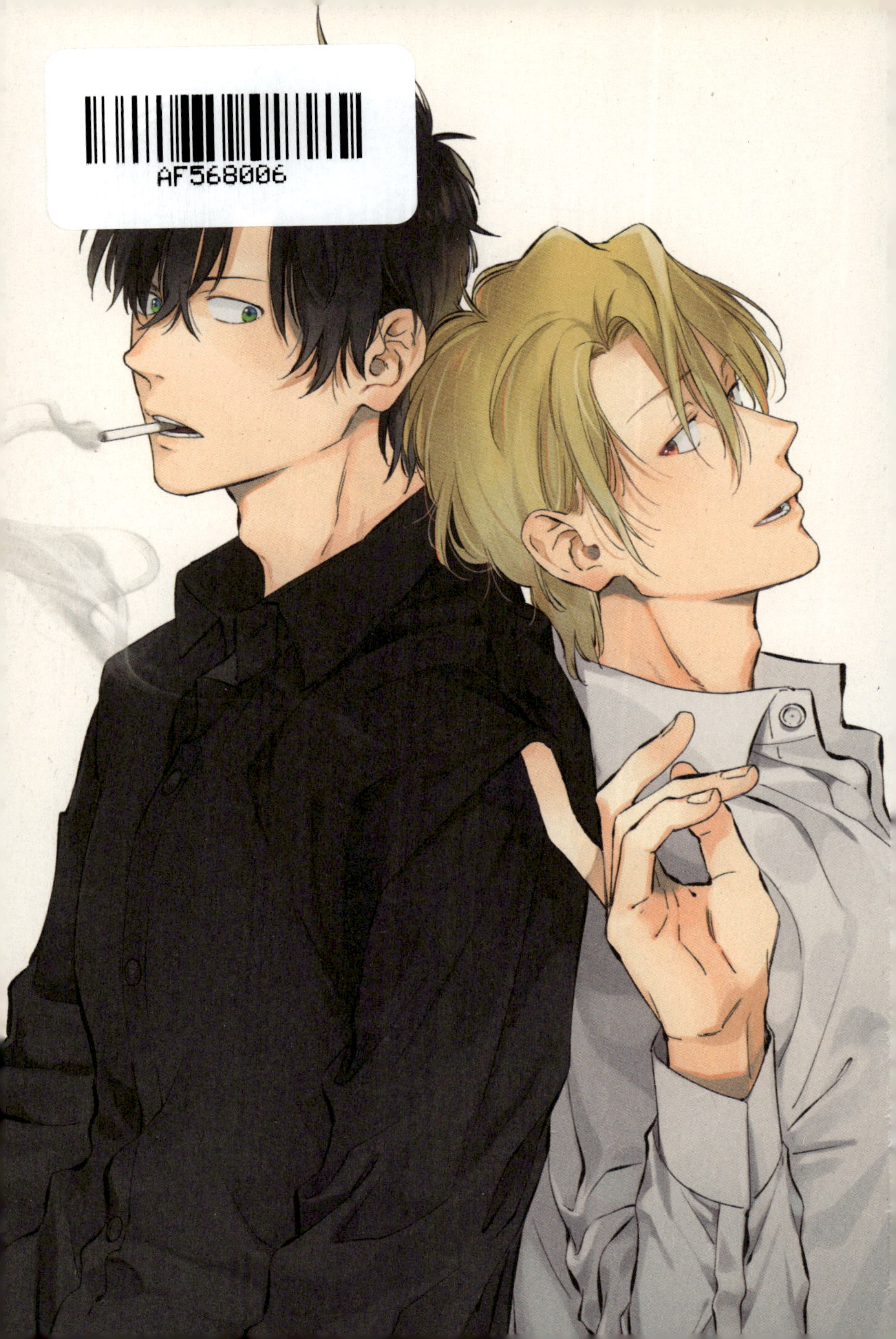

Profil

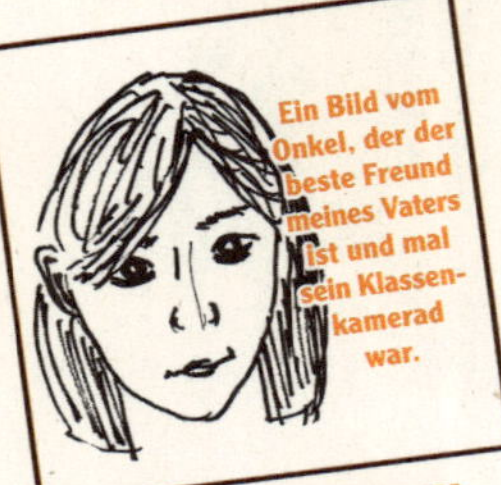

NOZOMU HIIRAGI

■ Geburtstag ■
20.10.

■ Blutgruppe ■
Sagenhafte B

■ Wohnort ■
Die ganze Zeit in der Yamaguchi Präfektur

■ Ich mag ■
Kurze Haare, Brillen, eine hohe Stirn

■ Ich mag nicht ■
Gerade nichts Spezielles

■ Befinden ■
Ich schlafe aktuell mit dem Kopf nach Norden gerichtet*

*In Japan eine traditionelle Position für Leichname, weshalb sie mit Unglück assoziiert wird.

Ganz verschieden gleich

Unter einem Dach

TOKYOPOP®

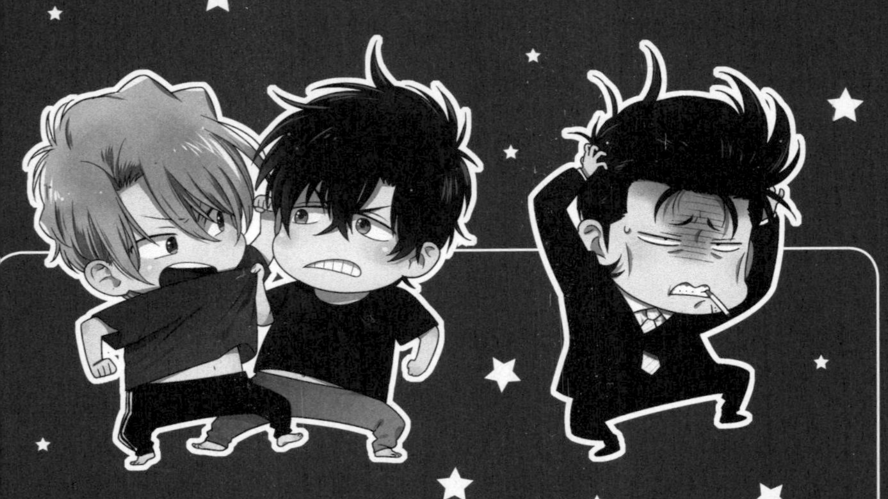

Inhalt

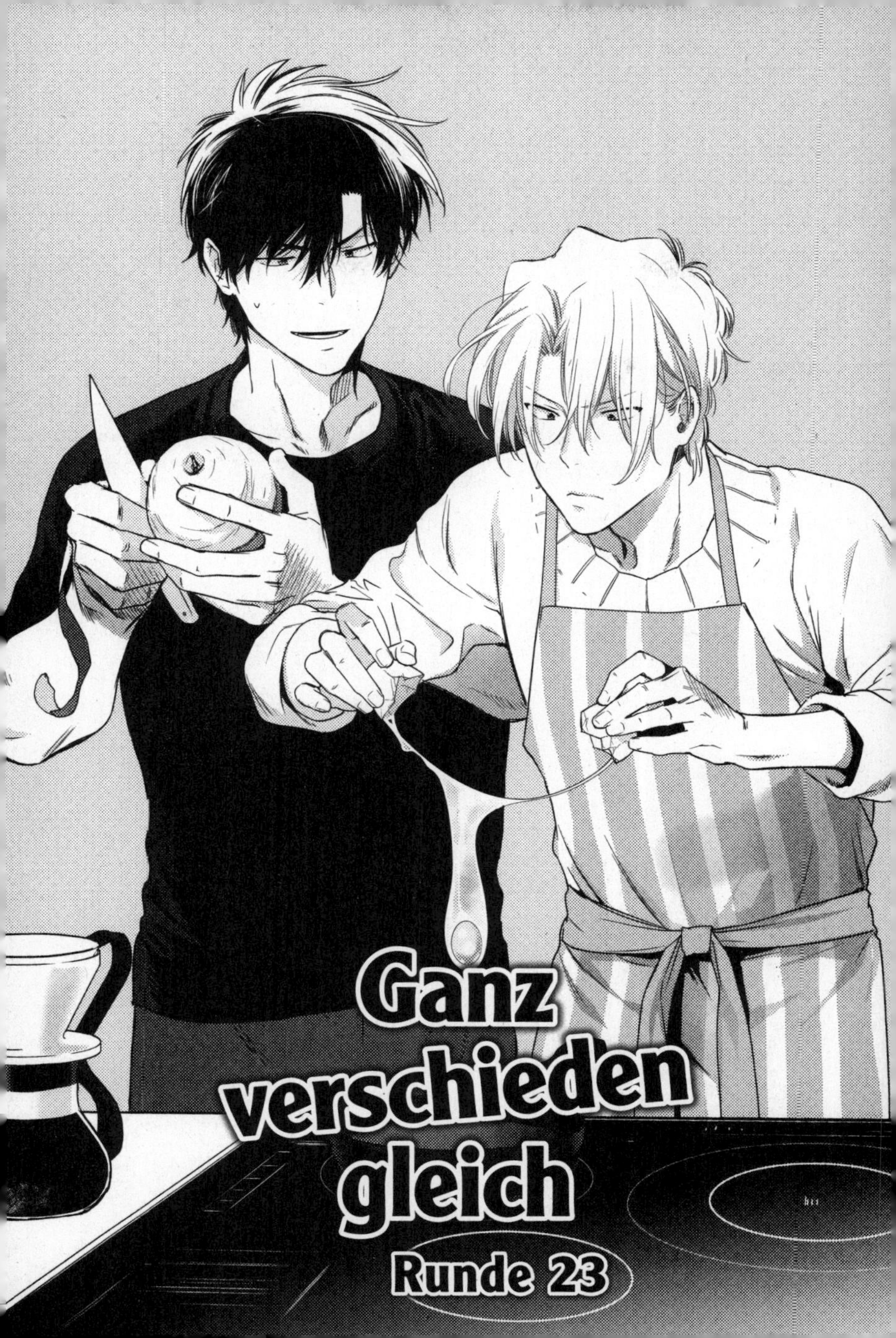
Ganz verschieden gleich
Runde 23

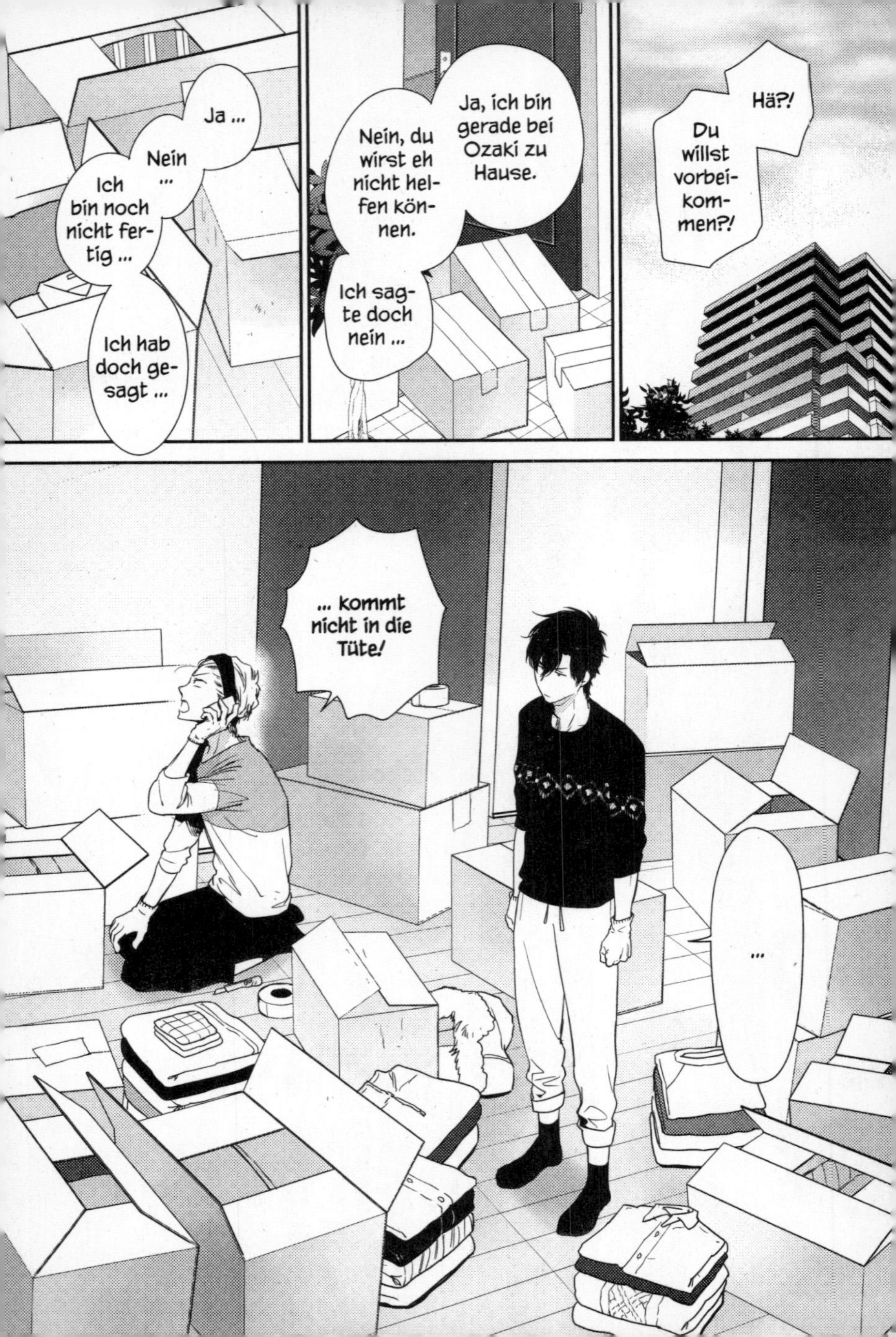
Hä?!
Du willst vorbeikommen?!
Ja, ich bin gerade bei Ozaki zu Hause.
Nein, du wirst eh nicht helfen können.
Ich sagte doch nein ...
Ja ...
Nein ...
Ich bin noch nicht fertig ...
Ich hab doch gesagt ...
... kommt nicht in die Tüte!
...

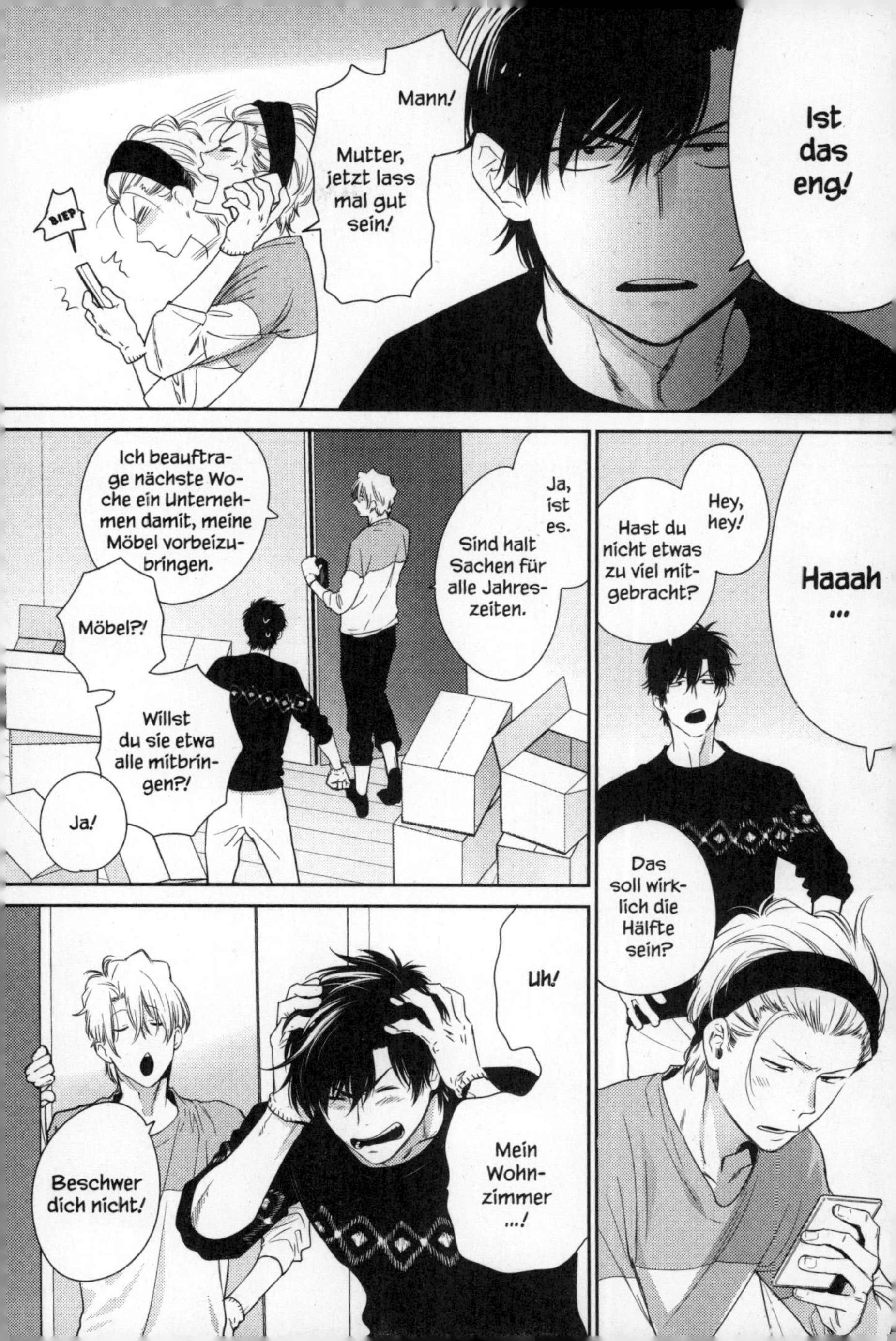

Ist das eng!

Mann!

Mutter, jetzt lass mal gut sein!

BIEP

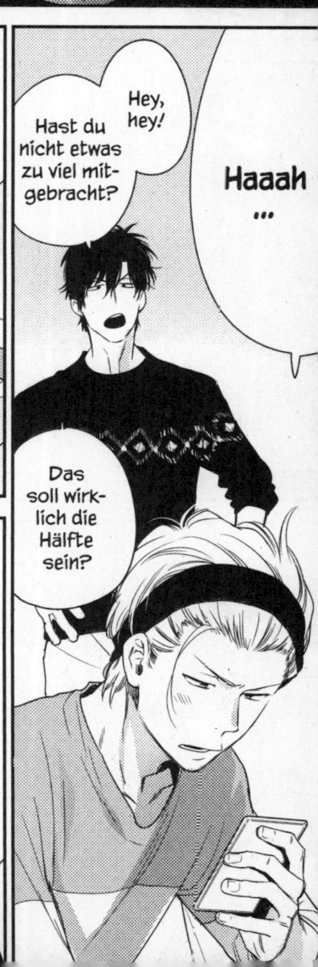

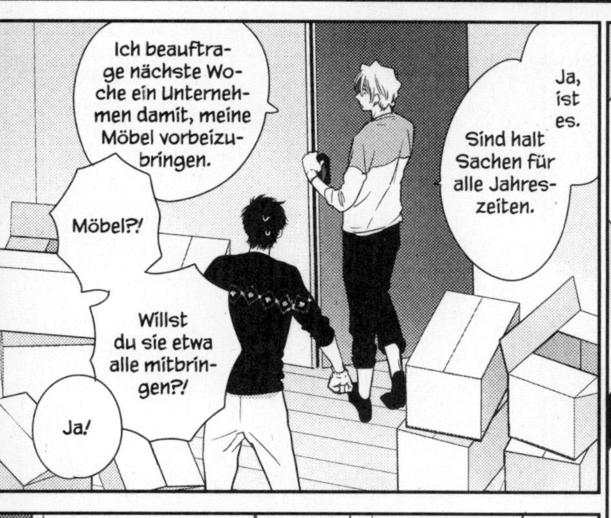

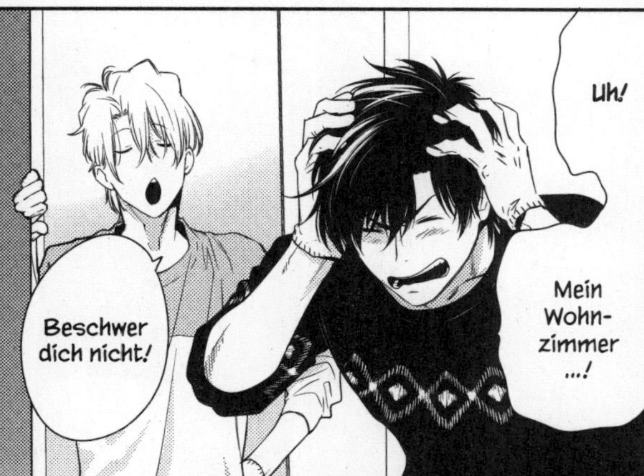

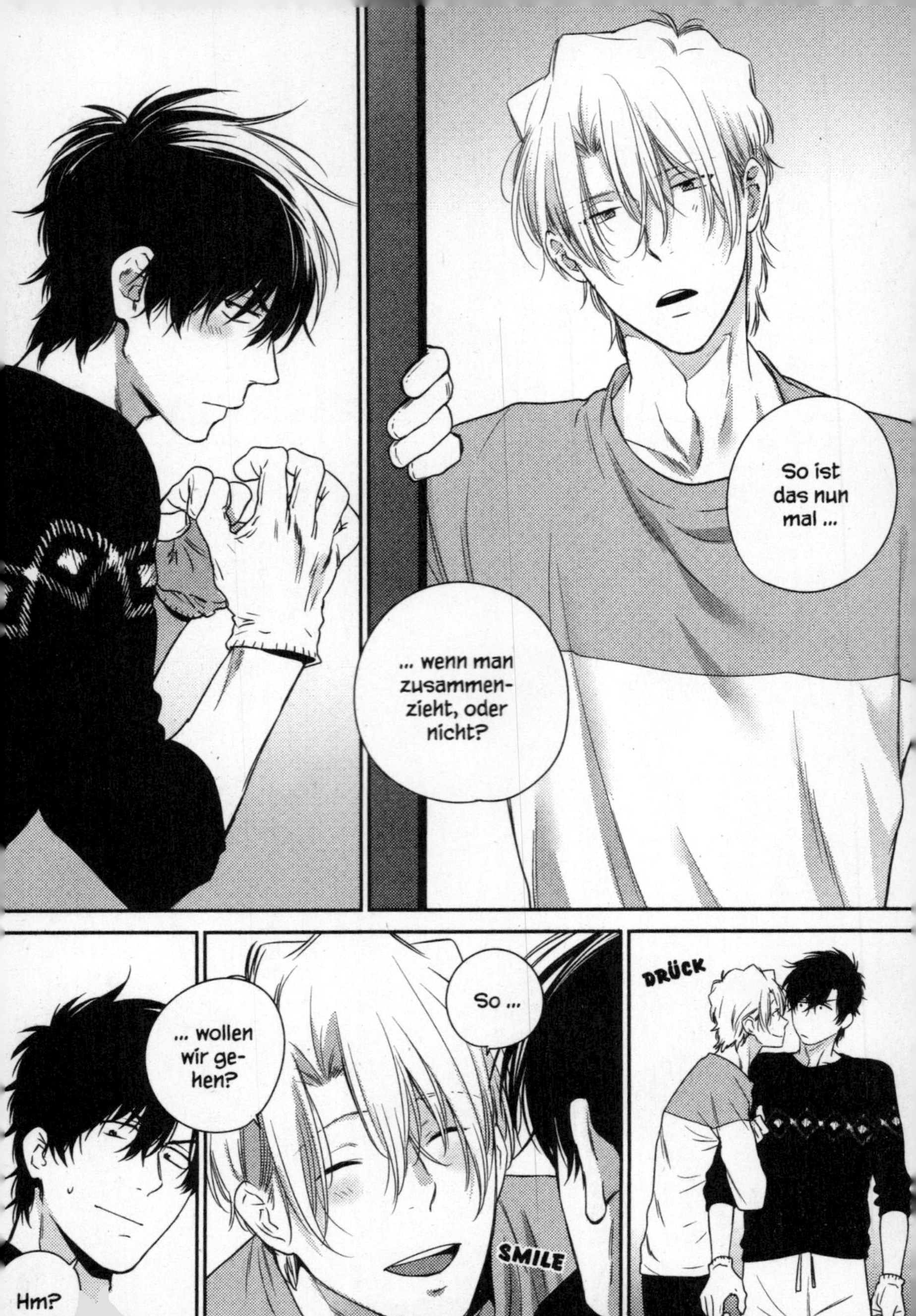
So ist das nun mal ...
... wenn man zusammen-zieht, oder nicht?
DRÜCK
So ...
SMILE
... wollen wir ge-hen?
Hm?

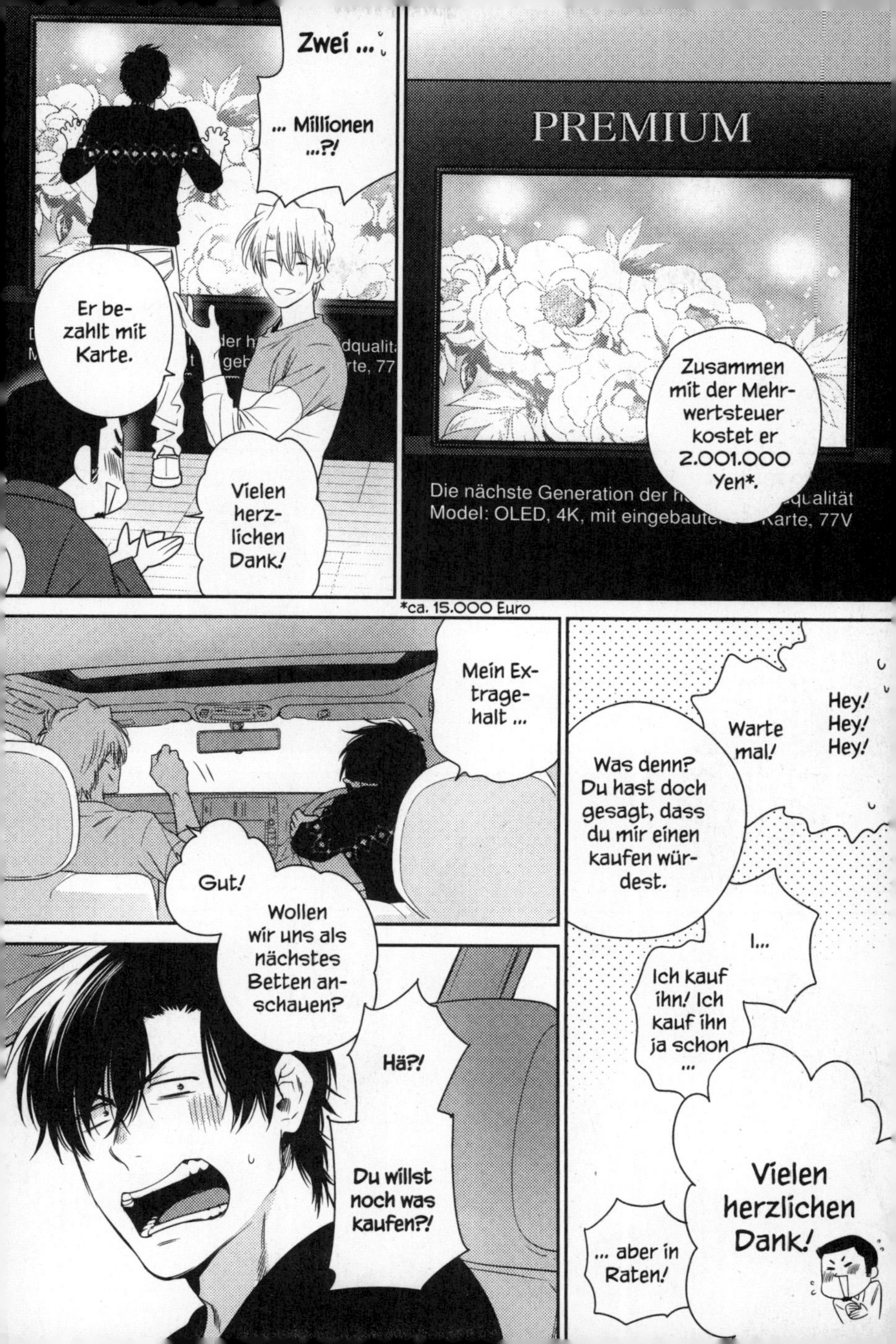

PREMIUM

Die nächste Generation der h[...] [...]qualität
Model: OLED, 4K, mit eingebaute[...] Karte, 77V

Zusammen mit der Mehrwertsteuer kostet er 2.001.000 Yen*.

Zwei ...

... Millionen ...?!

Er bezahlt mit Karte.

Vielen herzlichen Dank!

*ca. 15.000 Euro

Warte mal!

Hey! Hey! Hey!

Was denn? Du hast doch gesagt, dass du mir einen kaufen würdest.

I...

Ich kauf ihn! Ich kauf ihn ja schon ...

Vielen herzlichen Dank!

... aber in Raten!

Mein Extragehalt ...

Gut!

Wollen wir uns als nächstes Betten anschauen?

Hä?!

Du willst noch was kaufen?!

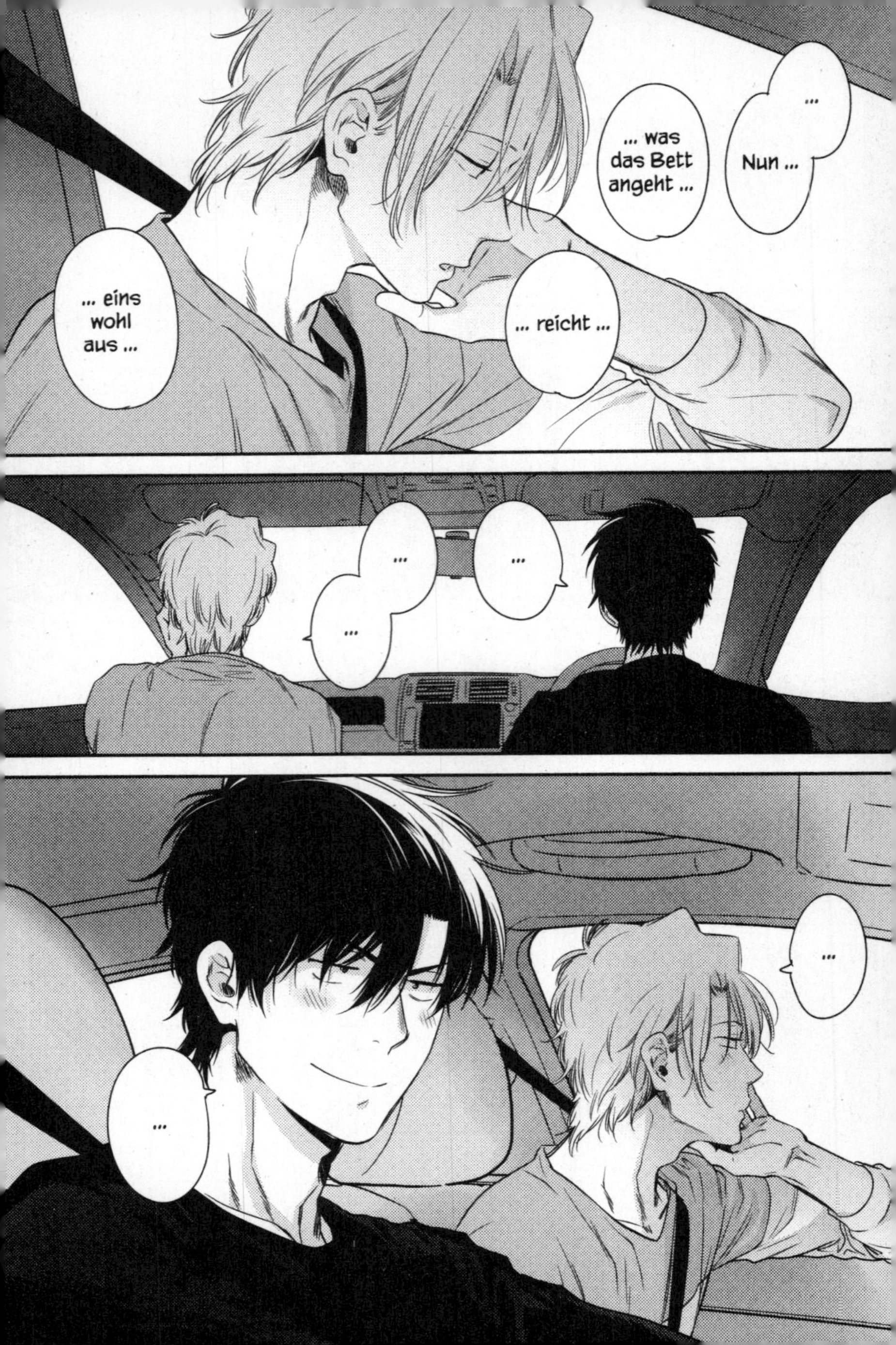
...
Nun ...
... was das Bett angeht ...
... reicht ...
... eins wohl aus ...
...
...
...
...
...

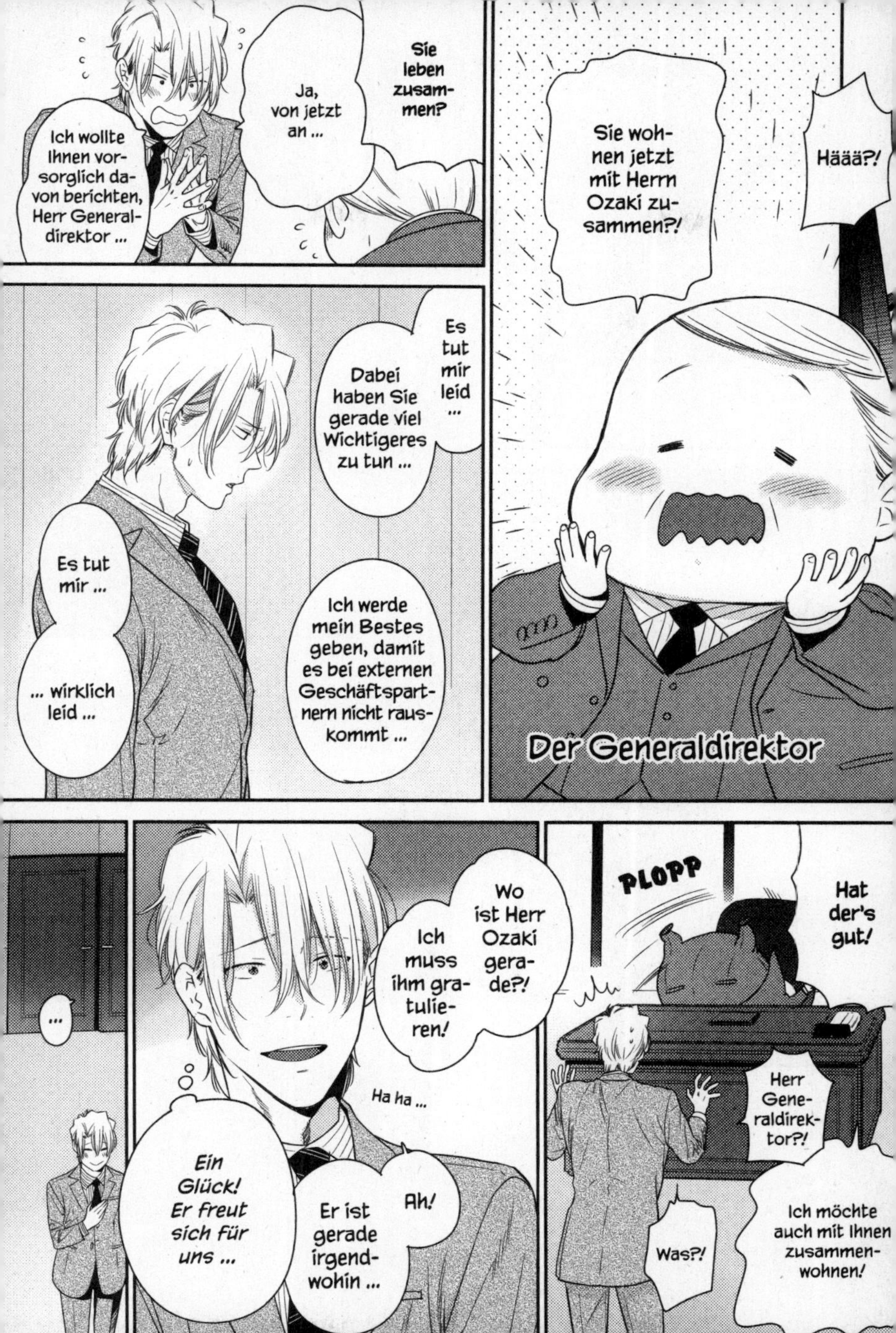
Sie wohnen jetzt mit Herrn Ozaki zusammen?!
Häää?!
Der Generaldirektor
Sie leben zusammen?
Ja, von jetzt an ...
Ich wollte Ihnen vorsorglich davon berichten, Herr Generaldirektor ...
Es tut mir leid ...
Dabei haben Sie gerade viel Wichtigeres zu tun ...
Ich werde mein Bestes geben, damit es bei externen Geschäftspartnern nicht rauskommt ...
Es tut mir ...
... wirklich leid ...
PLOPP
Hat der's gut!
Herr Generaldirektor?!
Ich möchte auch mit Ihnen zusammenwohnen!
Was?!
Wo ist Herr Ozaki gerade?!
Ich muss ihm gratulieren!
Ha ha ...
Ah!
Er ist gerade irgendwohin ...
Ein Glück! Er freut sich für uns ...
...

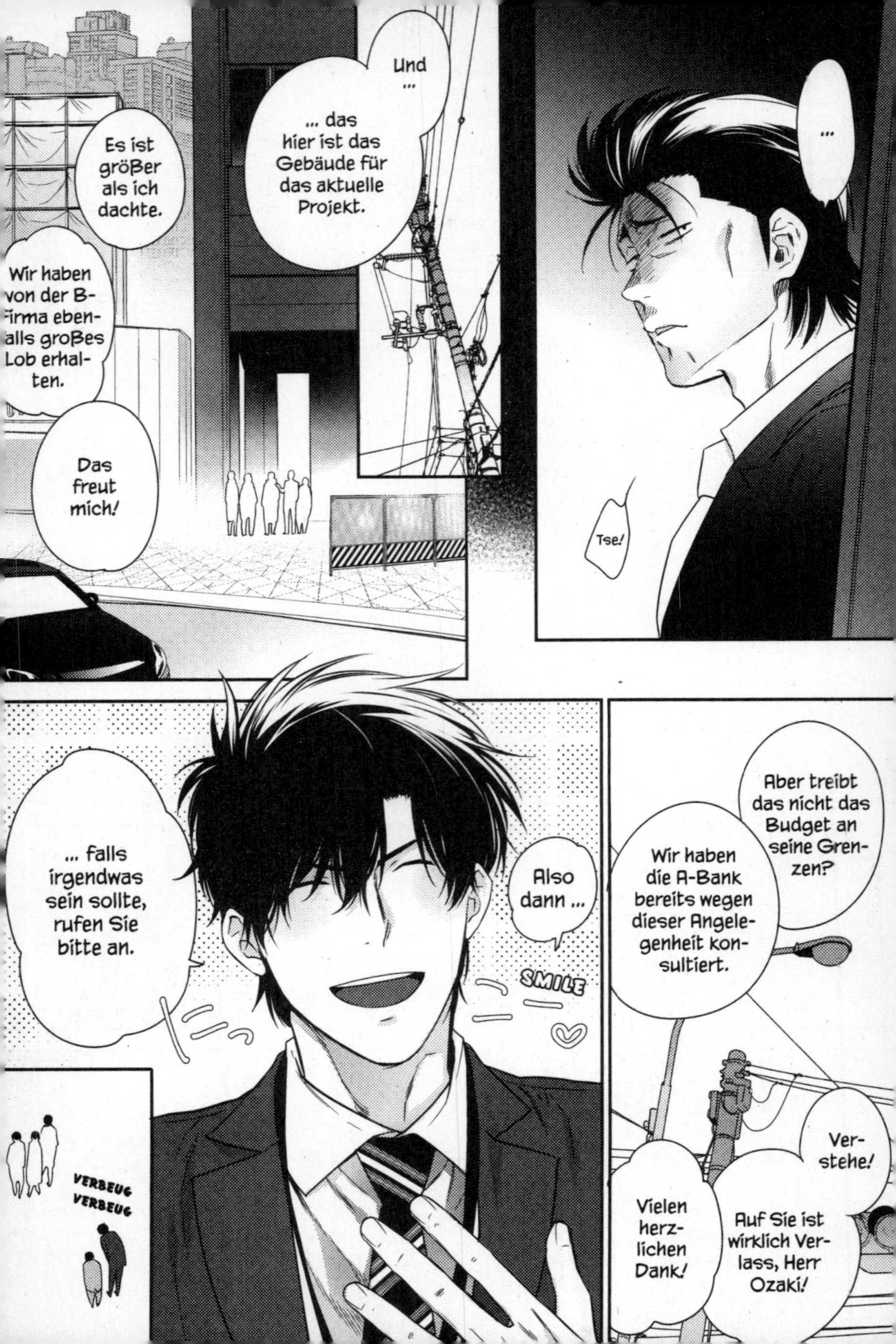
…
Und …
… das hier ist das Gebäude für das aktuelle Projekt.
Es ist größer als ich dachte.
Wir haben von der B-Firma ebenfalls großes Lob erhalten.
Das freut mich!
Tse!
Aber treibt das nicht das Budget an seine Grenzen?
Wir haben die A-Bank bereits wegen dieser Angelegenheit konsultiert.
Also dann …
SMILE
… falls irgendwas sein sollte, rufen Sie bitte an.
Verstehe!
Auf Sie ist wirklich Verlass, Herr Ozaki!
Vielen herzlichen Dank!
VERBEUG VERBEUG

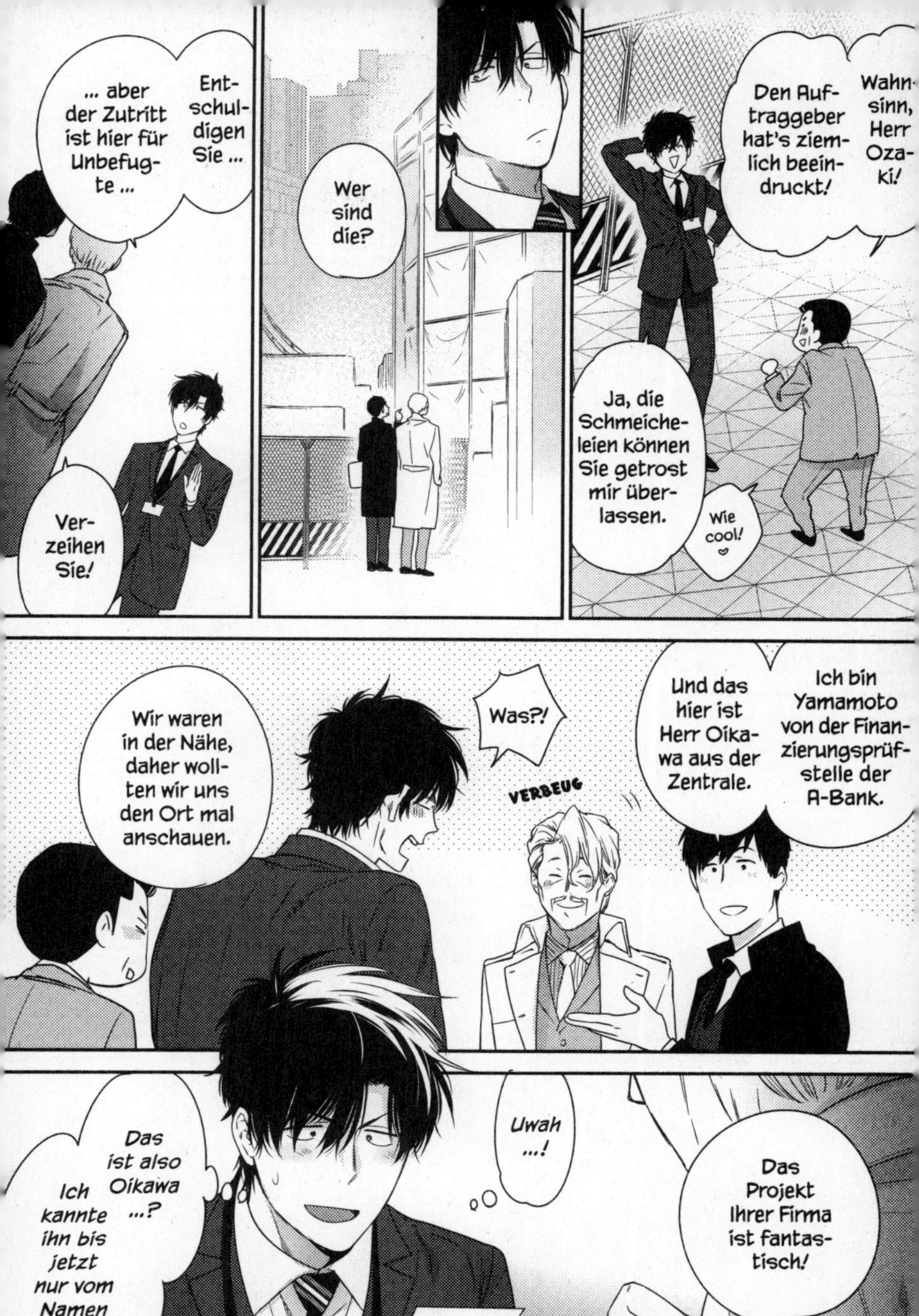
Wahnsinn, Herr Ozaki!
Den Auftraggeber hat's ziemlich beeindruckt!
Ja, die Schmeicheleien können Sie getrost mir überlassen.
Wie cool!
Wer sind die?
Entschuldigen Sie ...
... aber der Zutritt ist hier für Unbefugte ...
Verzeihen Sie!
Ich bin Yamamoto von der Finanzierungsprüfstelle der A-Bank.
Und das hier ist Herr Oikawa aus der Zentrale.
VERBEUG
Was?!
Wir waren in der Nähe, daher wollten wir uns den Ort mal anschauen.
Das Projekt Ihrer Firma ist fantastisch!
Uwah ...!
Das ist also Oikawa ...?
Ich kannte ihn bis jetzt nur vom Namen her ...

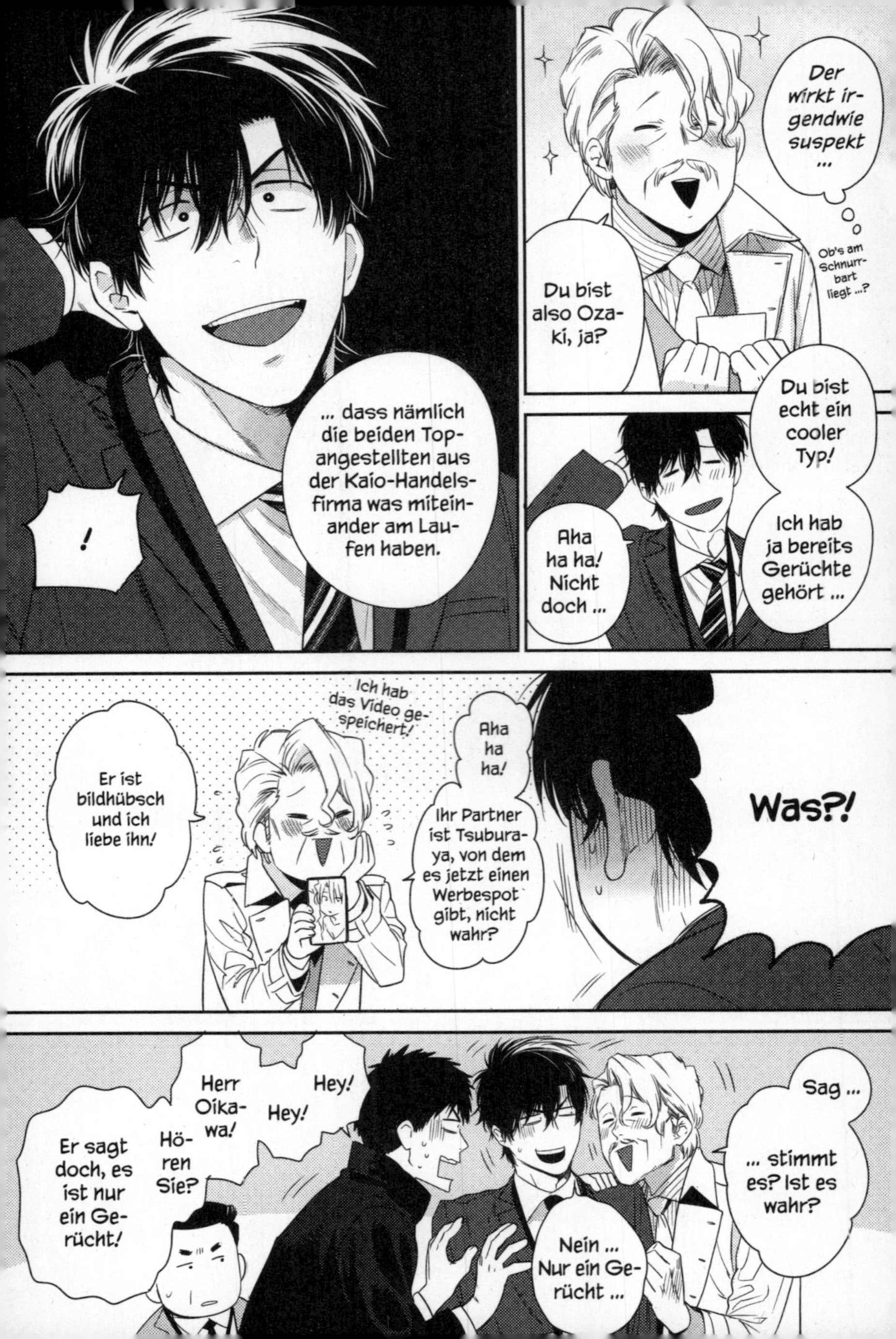

Der wirkt irgendwie suspekt ...

Ob's am Schnurrbart liegt ...?

Du bist also Ozaki, ja?

Du bist echt ein cooler Typ!

Ich hab ja bereits Gerüchte gehört ...

Aha ha ha! Nicht doch ...

... dass nämlich die beiden Topangestellten aus der Kaio-Handelsfirma was miteinander am Laufen haben.

!

Was?!

Aha ha ha!

Ihr Partner ist Tsuburaya, von dem es jetzt einen Werbespot gibt, nicht wahr?

Ich hab das Video gespeichert!

Er ist bildhübsch und ich liebe ihn!

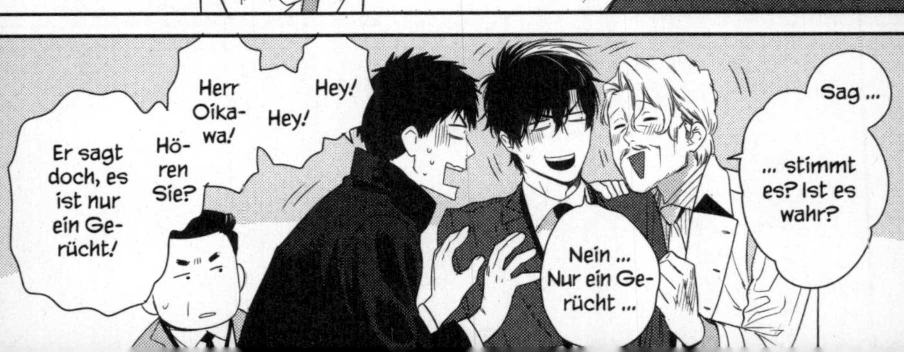

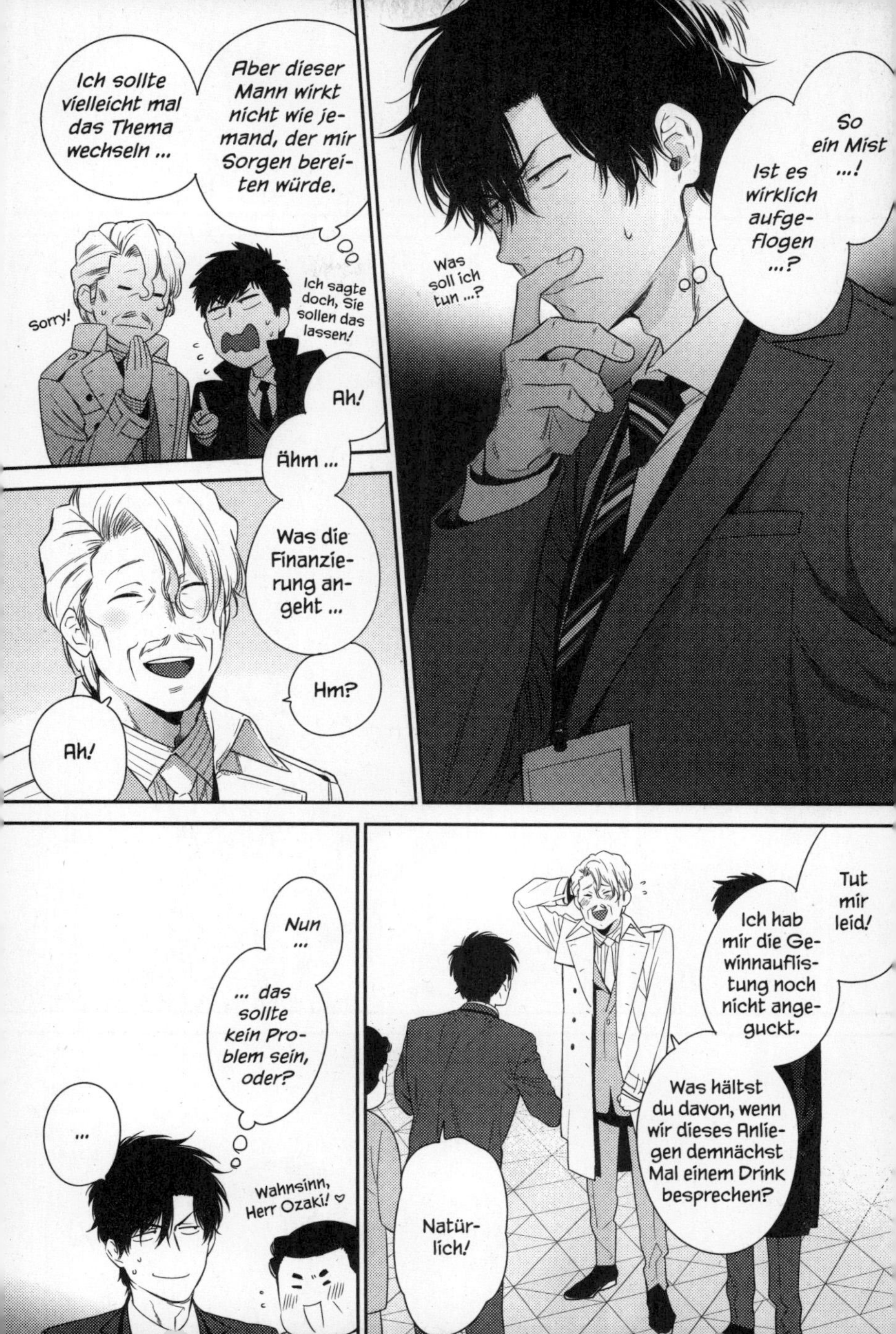
So ein Mist ...!
Ist es wirklich aufgeflogen ...?
Was soll ich tun ...?
Aber dieser Mann wirkt nicht wie jemand, der mir Sorgen bereiten würde.
Ich sollte vielleicht mal das Thema wechseln ...
Ich sagte doch, Sie sollen das lassen!
Sorry!
Ah!
Ähm ...
Was die Finanzierung angeht ...
Hm?
Ah!
Tut mir leid!
Ich hab mir die Gewinnauflistung noch nicht angeguckt.
Was hältst du davon, wenn wir dieses Anliegen demnächst Mal einem Drink besprechen?
Natürlich!
Nun ...
... das sollte kein Problem sein, oder?
...
Wahnsinn, Herr Ozaki! ♡

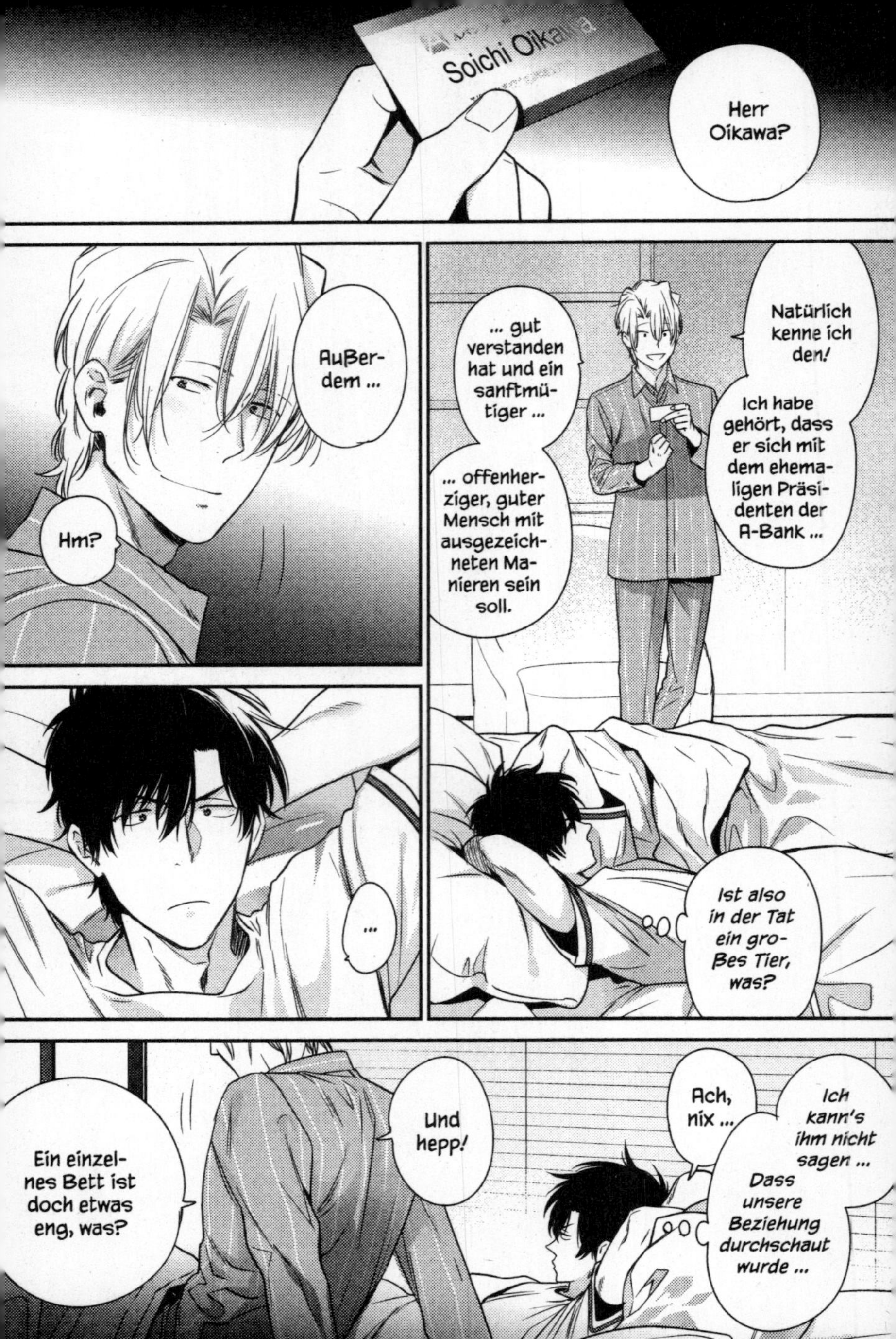
Soichi Oikawa
Herr Oikawa?
Natürlich kenne ich den!
Ich habe gehört, dass er sich mit dem ehemaligen Präsidenten der A-Bank ...
... gut verstanden hat und ein sanftmütiger ...
... offenherziger, guter Mensch mit ausgezeichneten Manieren sein soll.
Außerdem ...
Hm?
Ist also in der Tat ein großes Tier, was?
...
Ich kann's ihm nicht sagen ...
Dass unsere Beziehung durchschaut wurde ...
Ach, nix ...
Und hepp!
Ein einzelnes Bett ist doch etwas eng, was?

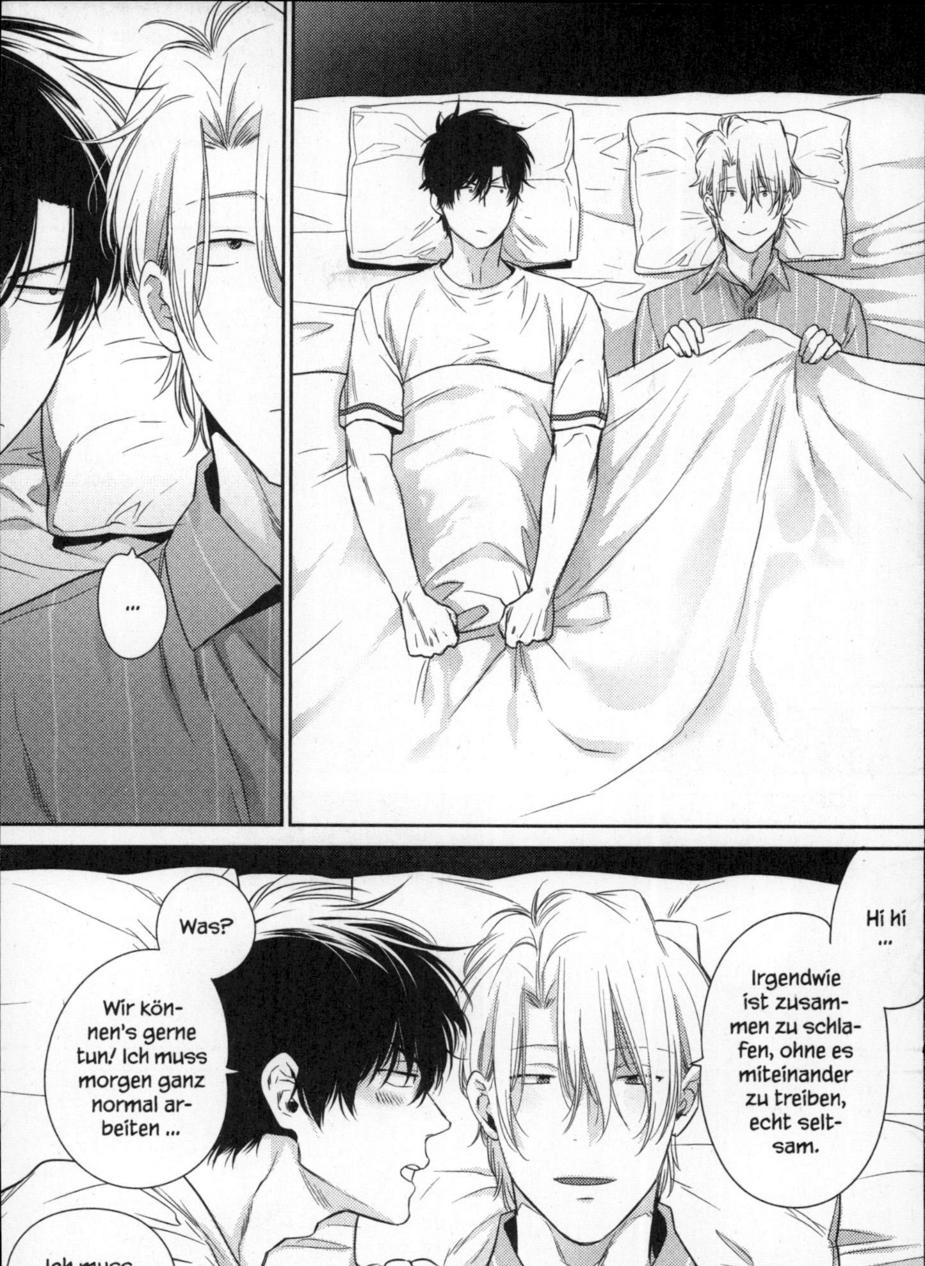
...
Hi hi ...
Irgendwie ist zusammen zu schlafen, ohne es miteinander zu treiben, echt seltsam.
Was?
Wir können's gerne tun! Ich muss morgen ganz normal arbeiten ...
Ich muss aber früh raus ...

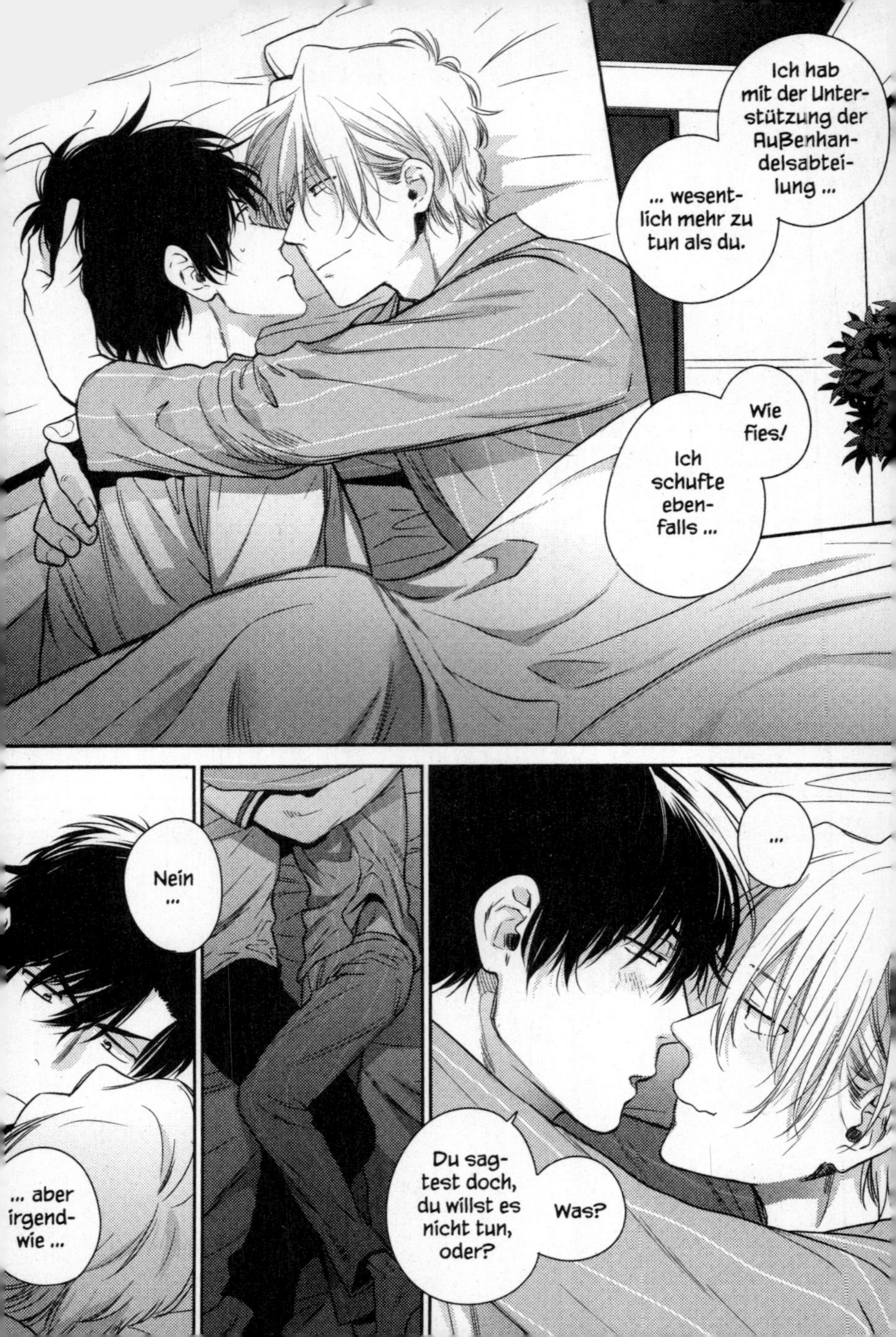
Ich hab mit der Unterstützung der Außenhandelsabteilung ...
... wesentlich mehr zu tun als du.
Wie fies!
Ich schufte ebenfalls ...
...
Nein ...
Was?
Du sagtest doch, du willst es nicht tun, oder?
... aber irgendwie ...

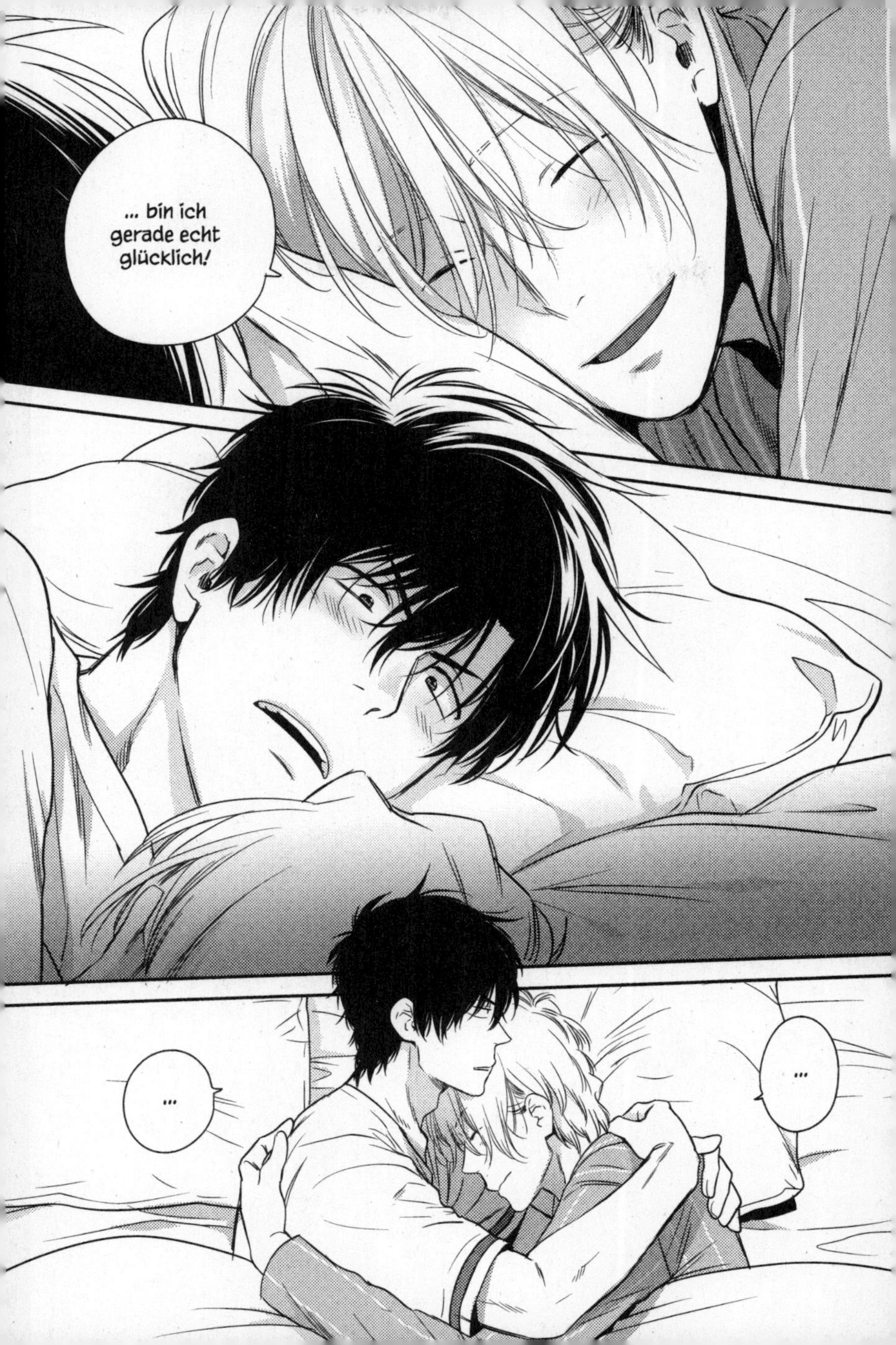
... bin ich
gerade echt
glücklich!
...
...

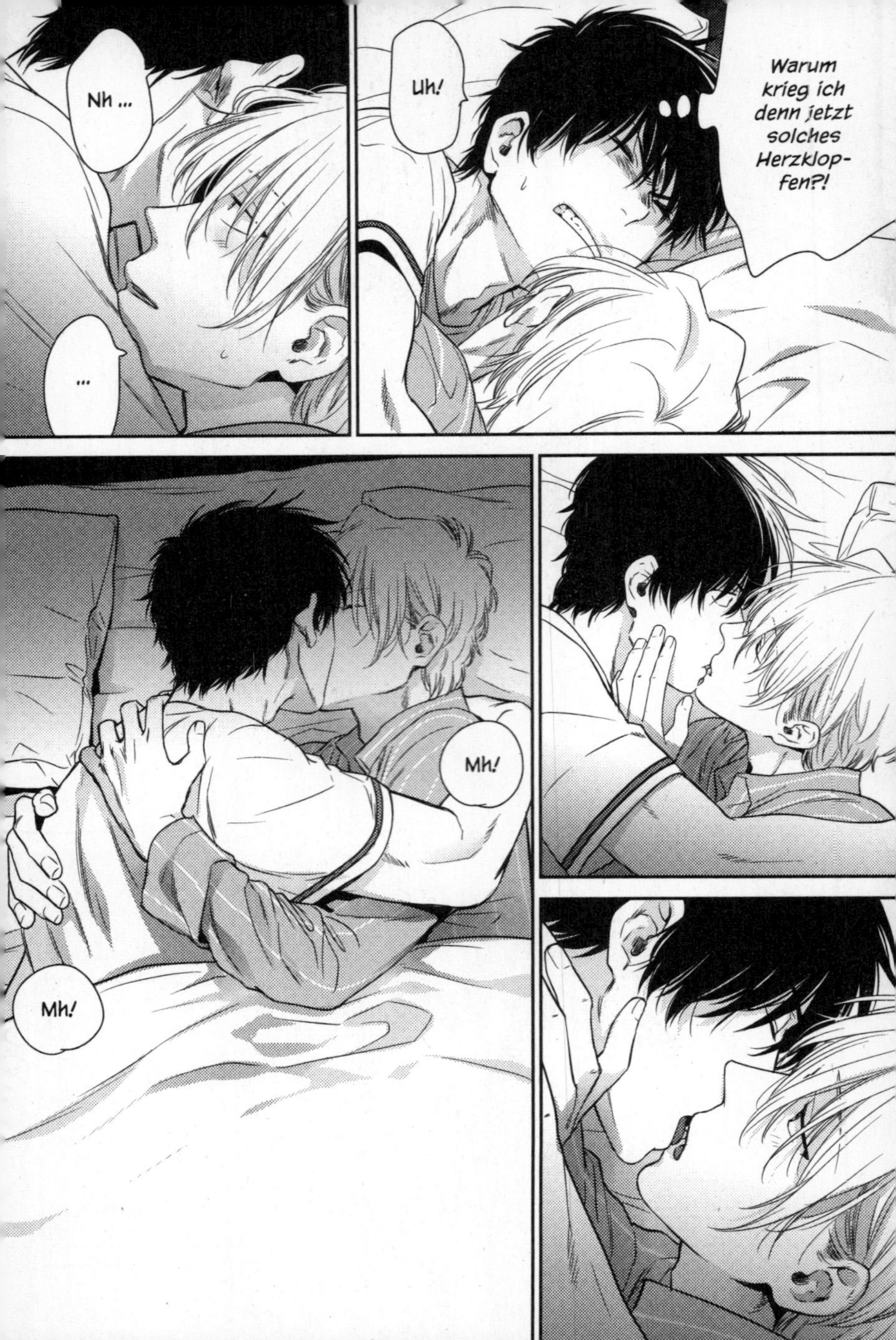
Warum krieg ich denn jetzt solches Herzklopfen?!
Uh!
Nh ...
...
Mh!
Mh!

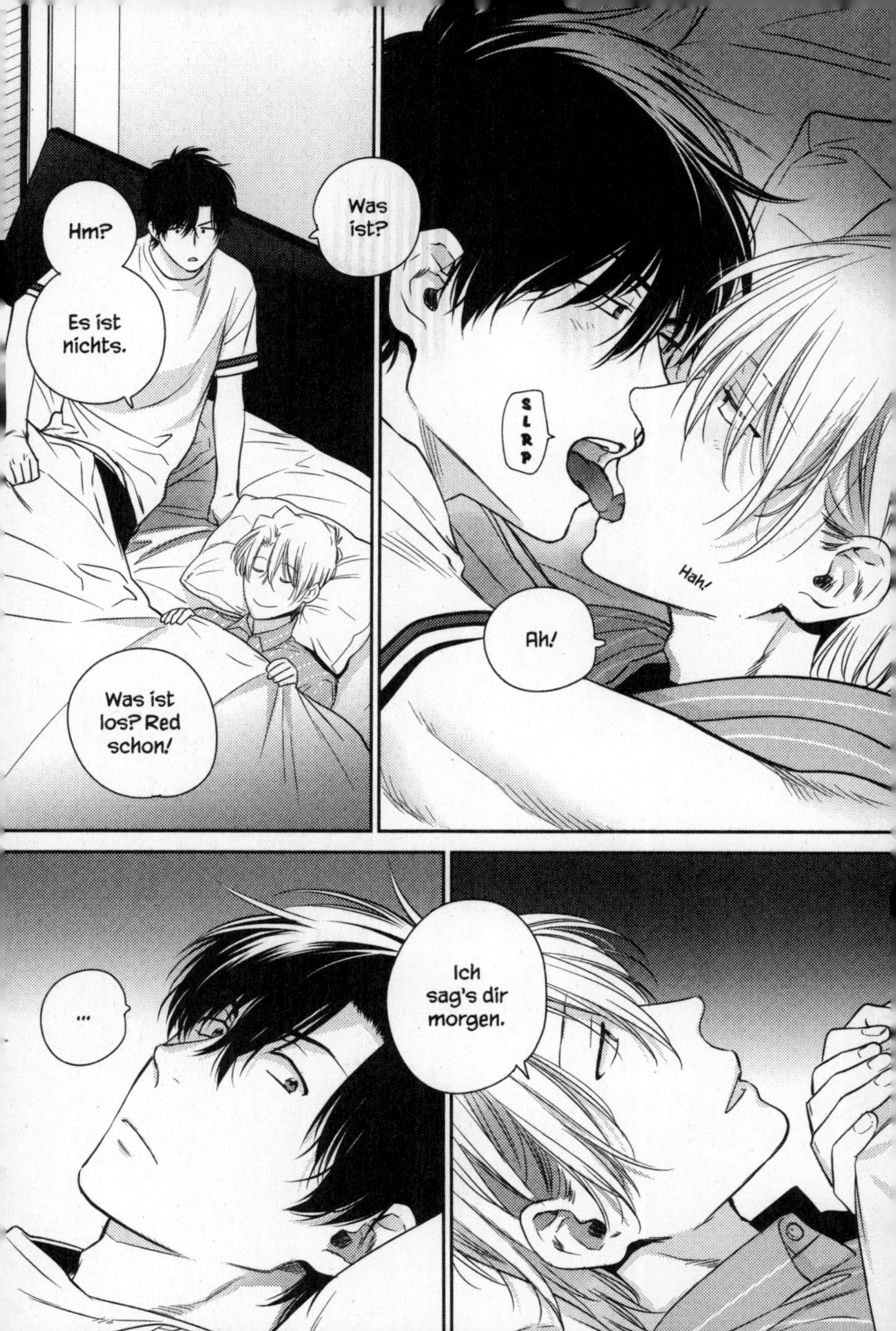
S L R P
Hah!
Ah!
Was ist?
Hm?
Es ist nichts.
Was ist los? Red schon!
Ich sag's dir morgen.
...

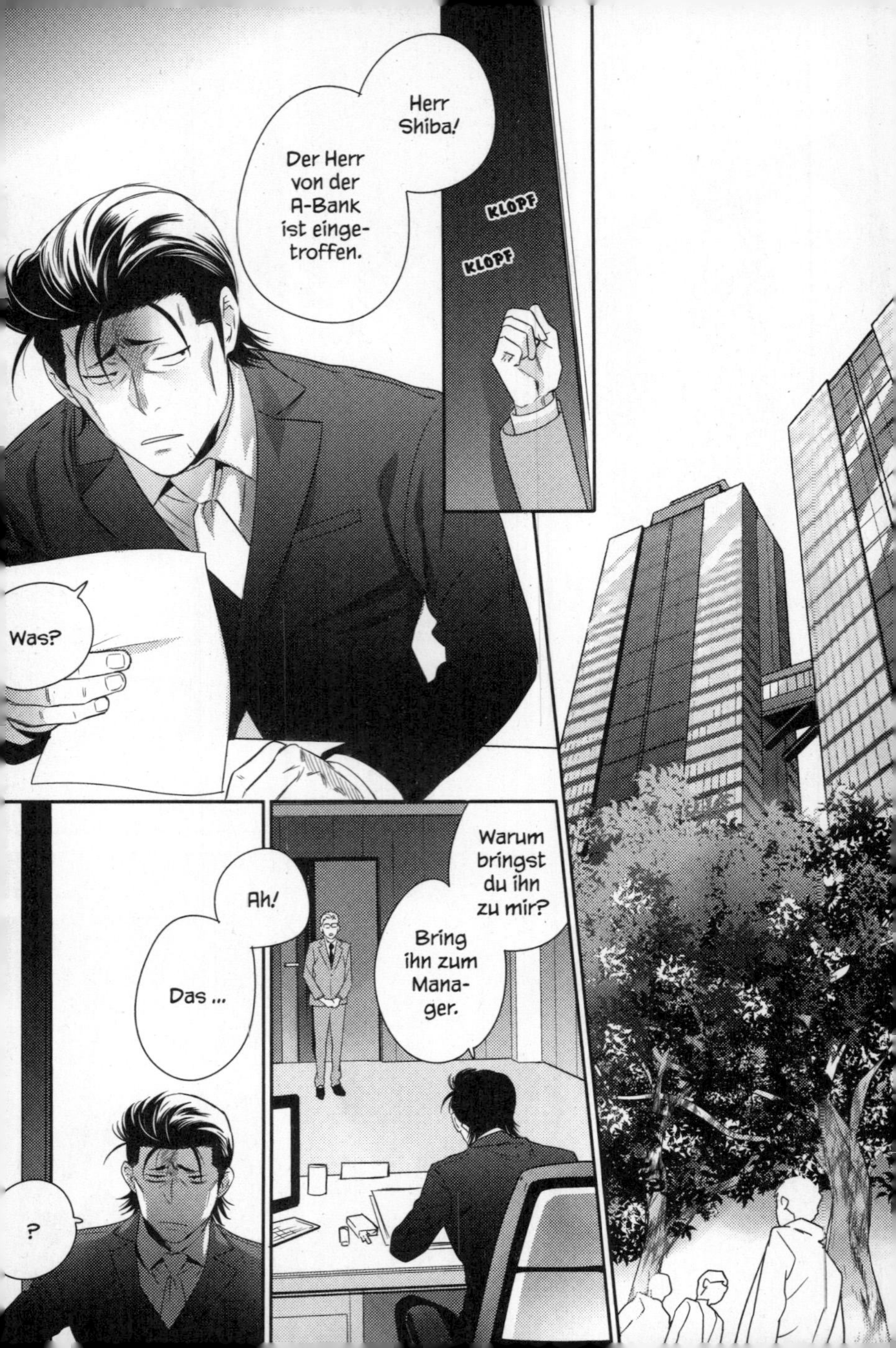

KLOPF
KLOPF
Herr Shiba!
Der Herr von der A-Bank ist einge-troffen.
Was?
Warum bringst du ihn zu mir?
Bring ihn zum Mana-ger.
Ah!
Das ...
?

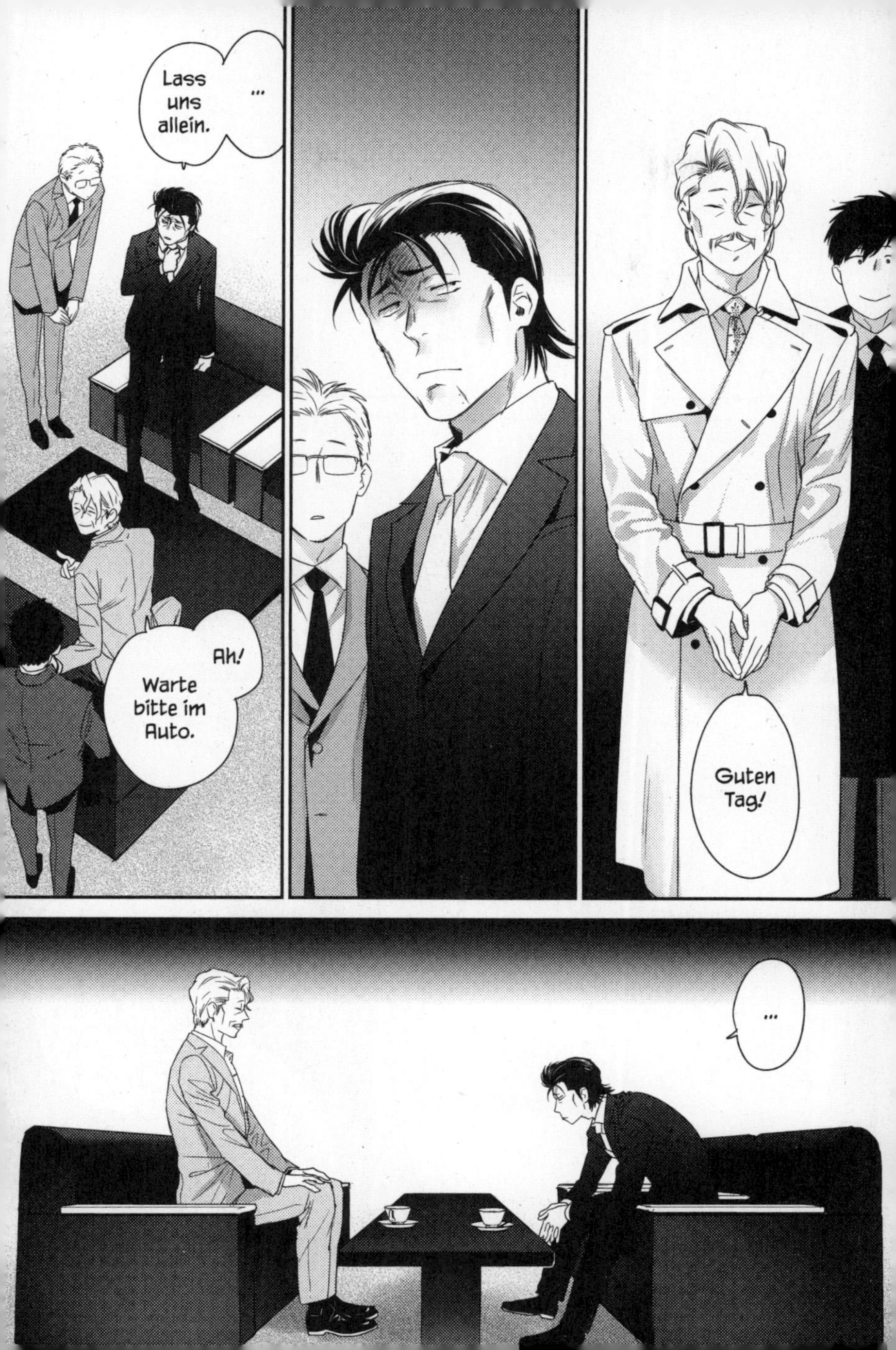

Guten Tag!

...

Lass uns allein.

Ah! Warte bitte im Auto.

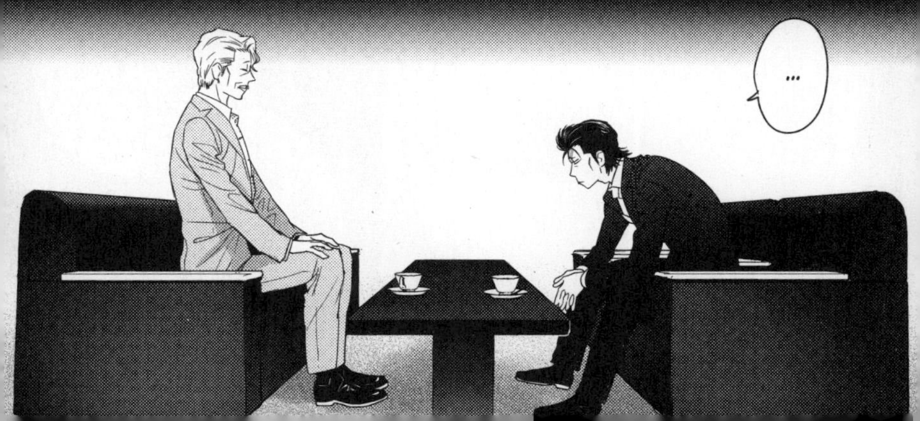

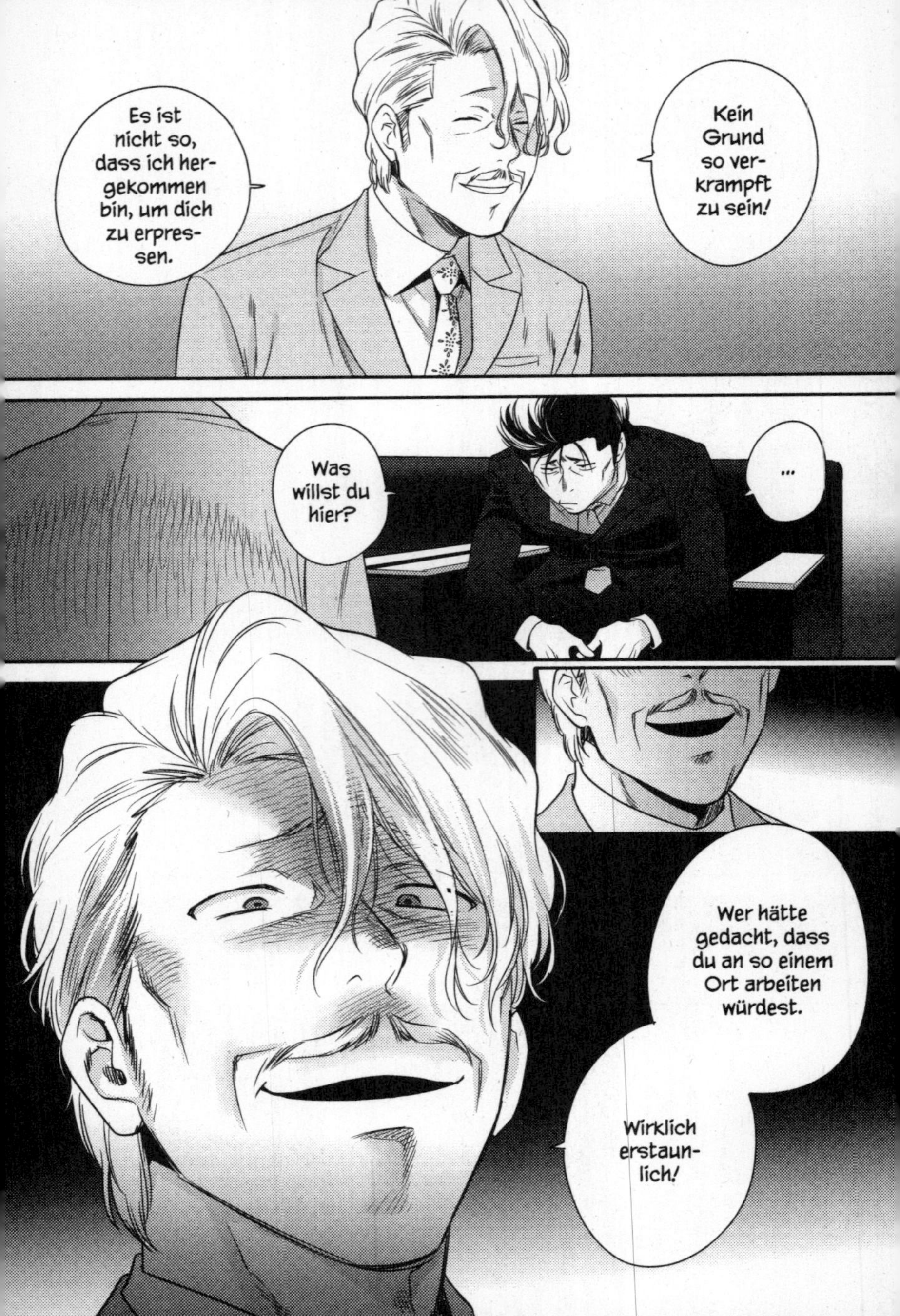
Kein Grund so verkrampft zu sein!
Es ist nicht so, dass ich hergekommen bin, um dich zu erpressen.
...
Was willst du hier?
Wer hätte gedacht, dass du an so einem Ort arbeiten würdest.
Wirklich erstaunlich!

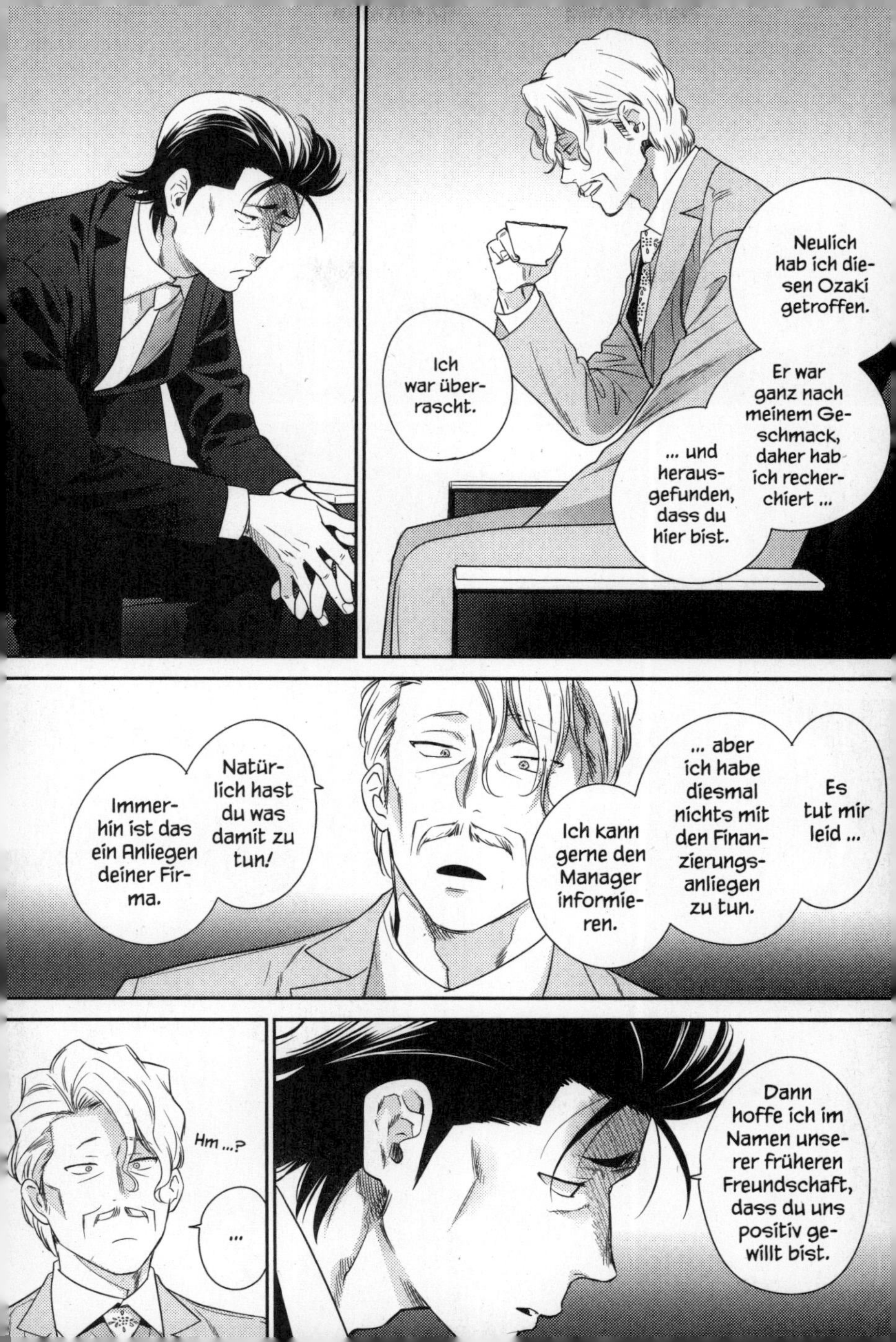

Neulich hab ich diesen Ozaki getroffen.
Er war ganz nach meinem Geschmack, daher hab ich recherchiert ...
... und herausgefunden, dass du hier bist.
Ich war überrascht.

Es tut mir leid ...
... aber ich habe diesmal nichts mit den Finanzierungsanliegen zu tun.
Ich kann gerne den Manager informieren.
Natürlich hast du was damit zu tun!
Immerhin ist das ein Anliegen deiner Firma.

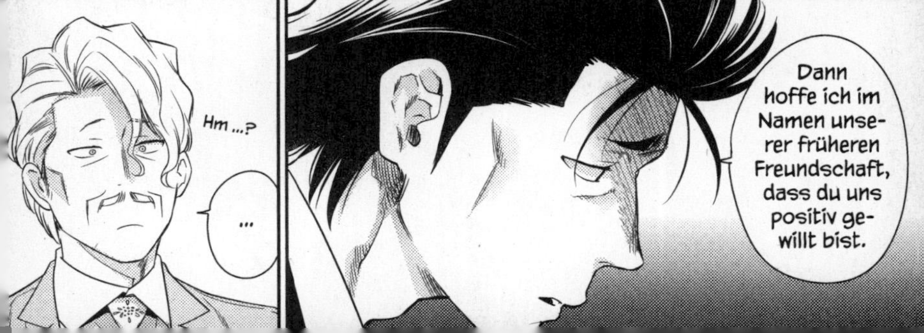

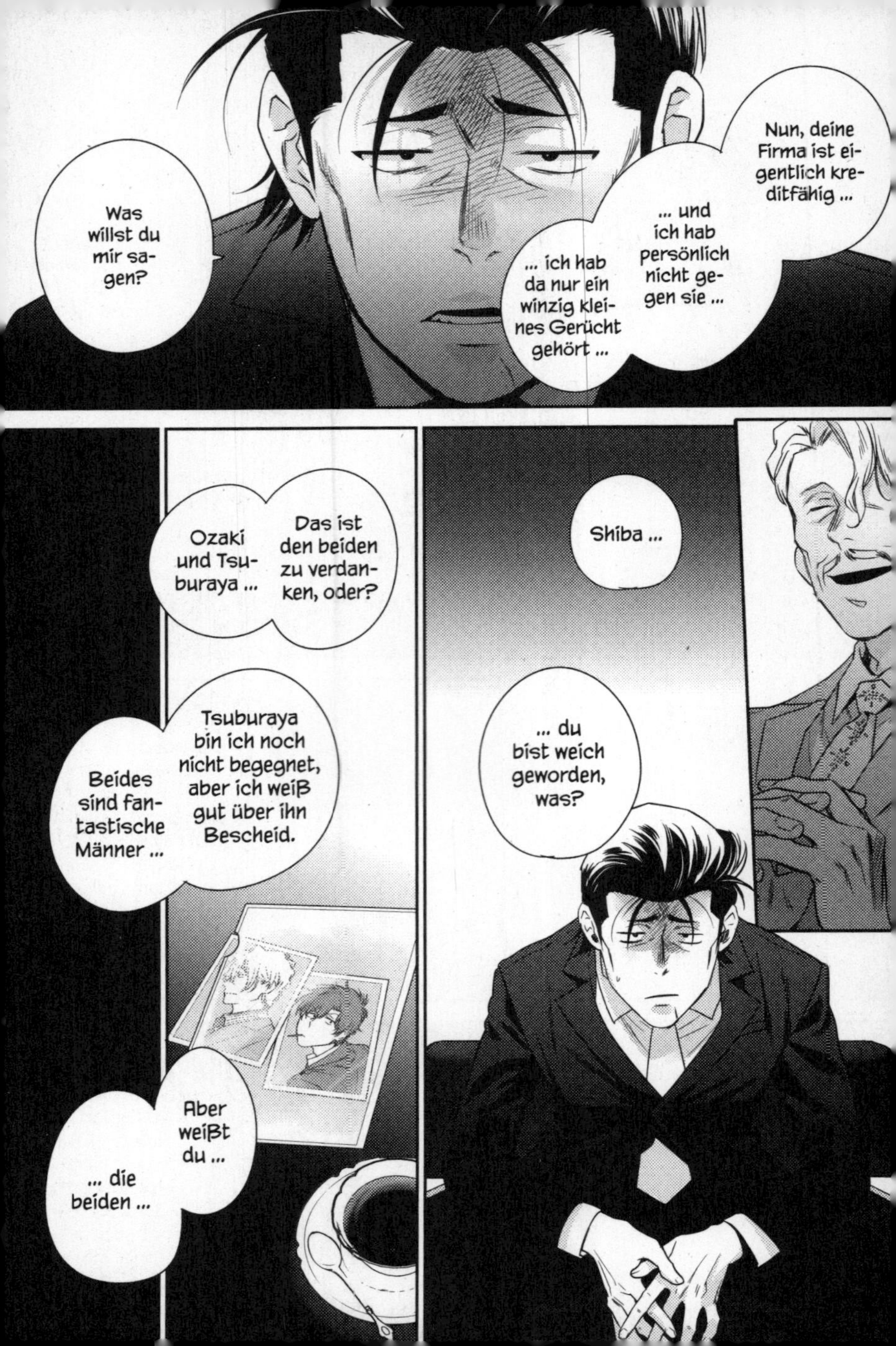

Nun, deine Firma ist eigentlich kreditfähig ...
... und ich hab persönlich nicht gegen sie ...
... ich hab da nur ein winzig kleines Gerücht gehört ...
Was willst du mir sagen?
Shiba ...
... du bist weich geworden, was?
Das ist den beiden zu verdanken, oder?
Ozaki und Tsuburaya ...
Tsuburaya bin ich noch nicht begegnet, aber ich weiß gut über ihn Bescheid.
Beides sind fantastische Männer ...
Aber weißt du ...
... die beiden ...

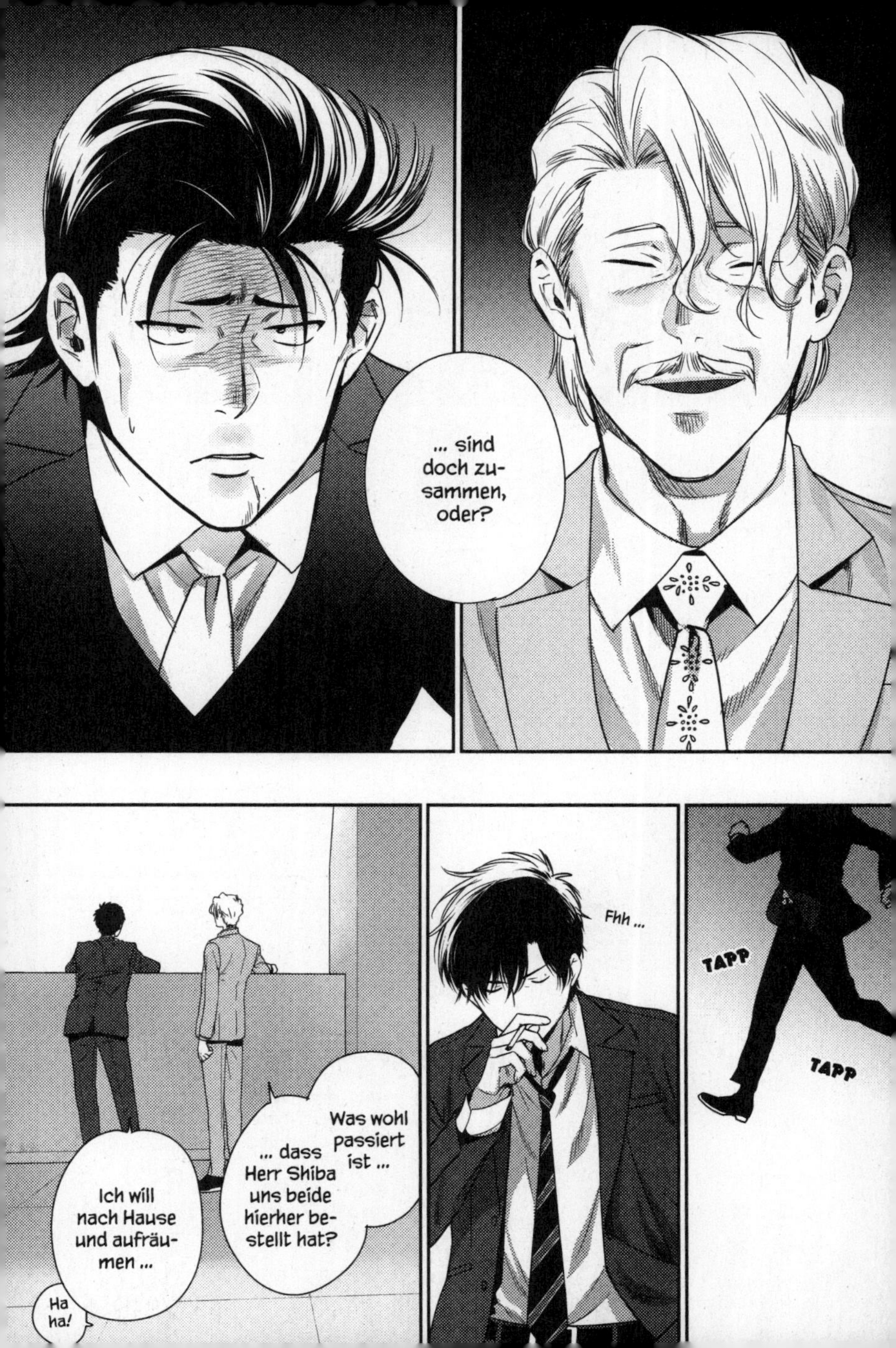

... sind doch zusammen, oder?

TAPP

TAPP

Fhh ...

Was wohl passiert ist ...

... dass Herr Shiba uns beide hierher bestellt hat?

Ich will nach Hause und aufräumen ...

Ha ha!

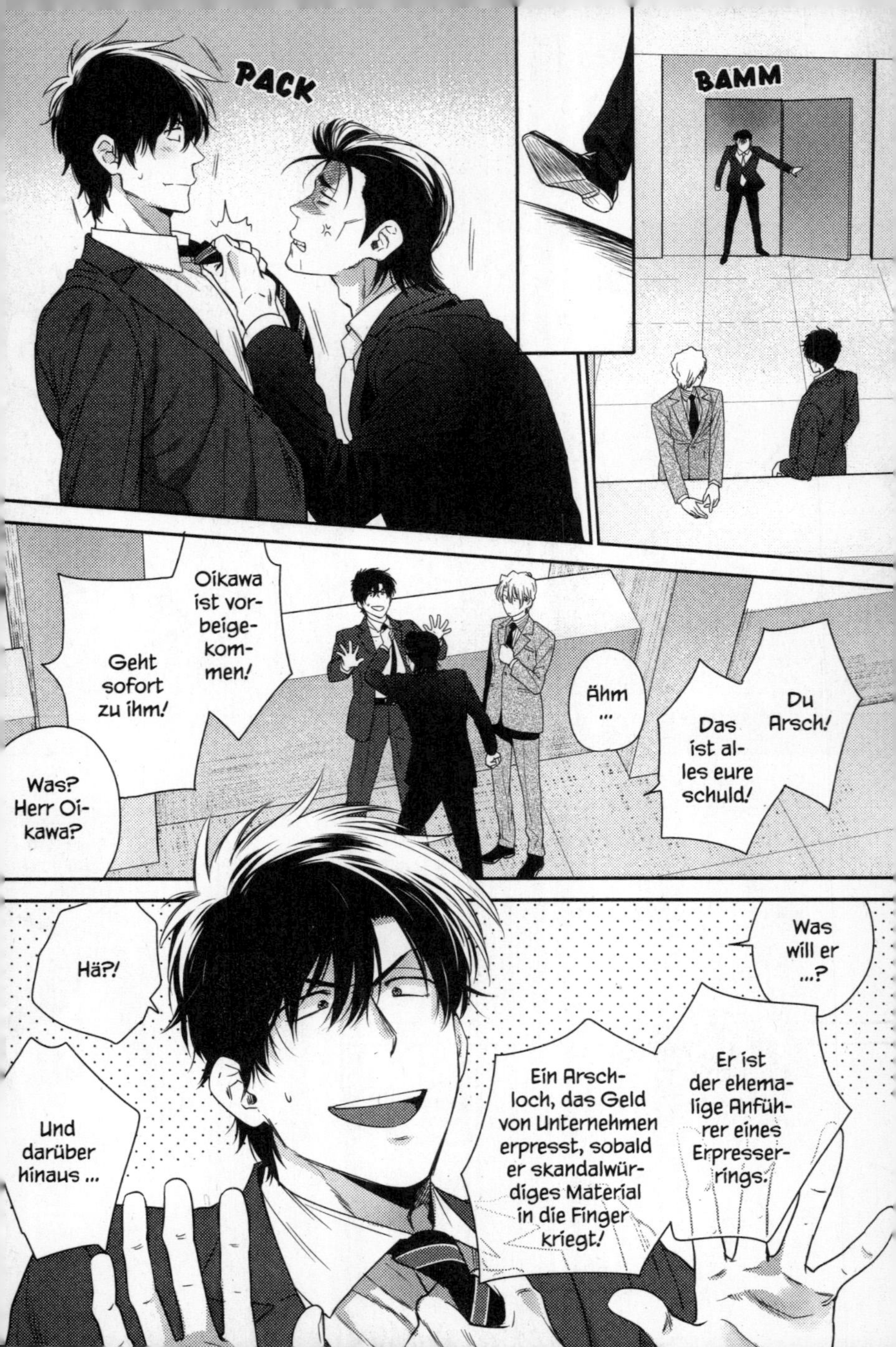
BAMM
PACK
Du Arsch!
Das ist al-les eure schuld!
Ähm ...
Oikawa ist vor-beige-kom-men!
Geht sofort zu ihm!
Was? Herr Oi-kawa?
Was will er ...?
Hä?!
Er ist der ehema-lige Anfüh-rer eines Erpresser-rings.
Ein Arsch-loch, das Geld von Unternehmen erpresst, sobald er skandalwür-diges Material in die Finger kriegt!
Und darüber hinaus ...

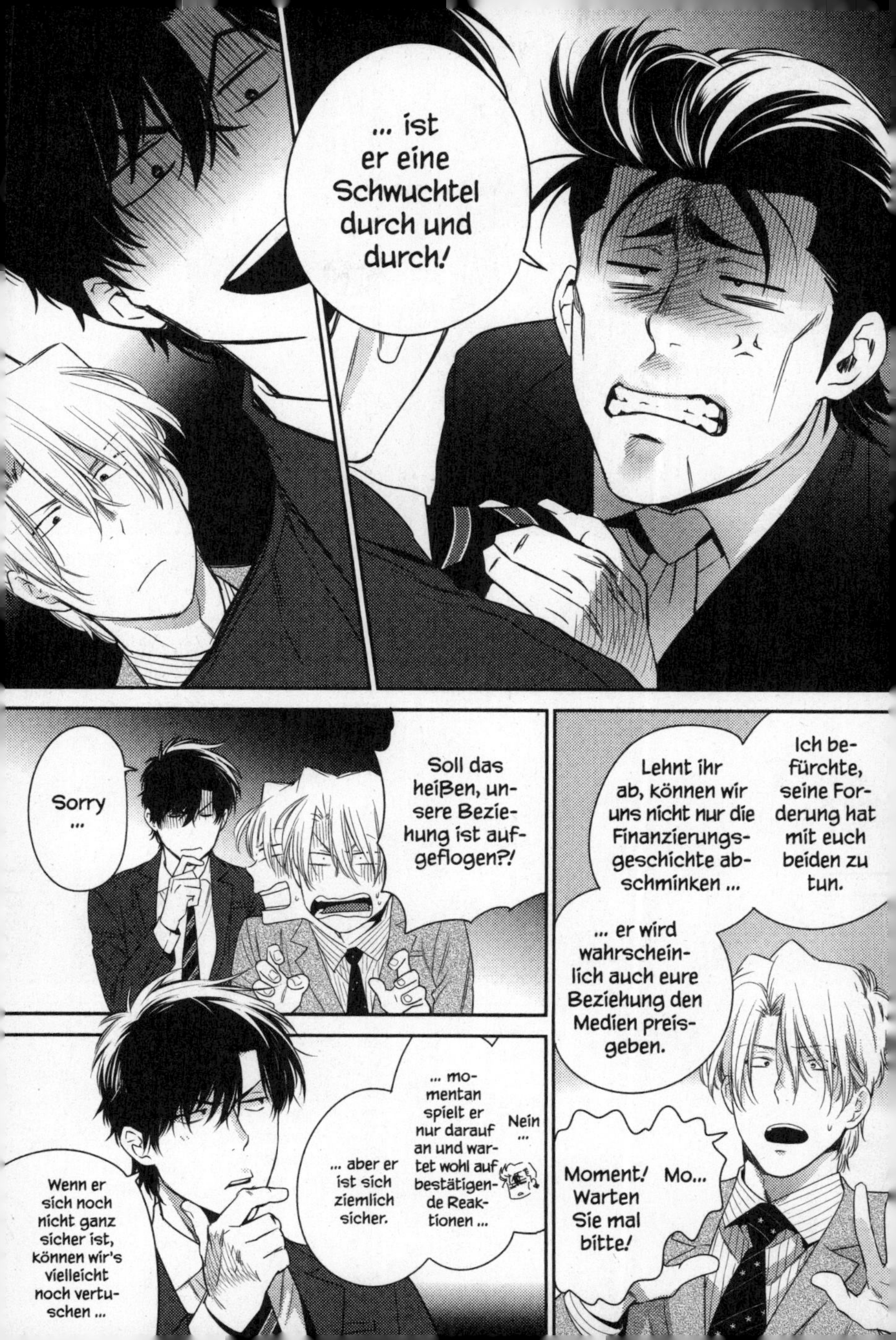

... ist er eine Schwuchtel durch und durch!

Ich befürchte, seine Forderung hat mit euch beiden zu tun.

Lehnt ihr ab, können wir uns nicht nur die Finanzierungsgeschichte abschminken ...

... er wird wahrscheinlich auch eure Beziehung den Medien preisgeben.

Mo...

Moment! Warten Sie mal bitte!

Soll das heißen, unsere Beziehung ist aufgeflogen?!

Sorry ...

Nein ...

... momentan spielt er nur darauf an und wartet wohl auf bestätigende Reaktionen ...

... aber er ist sich ziemlich sicher.

Wenn er sich noch nicht ganz sicher ist, können wir's vielleicht noch vertuschen ...

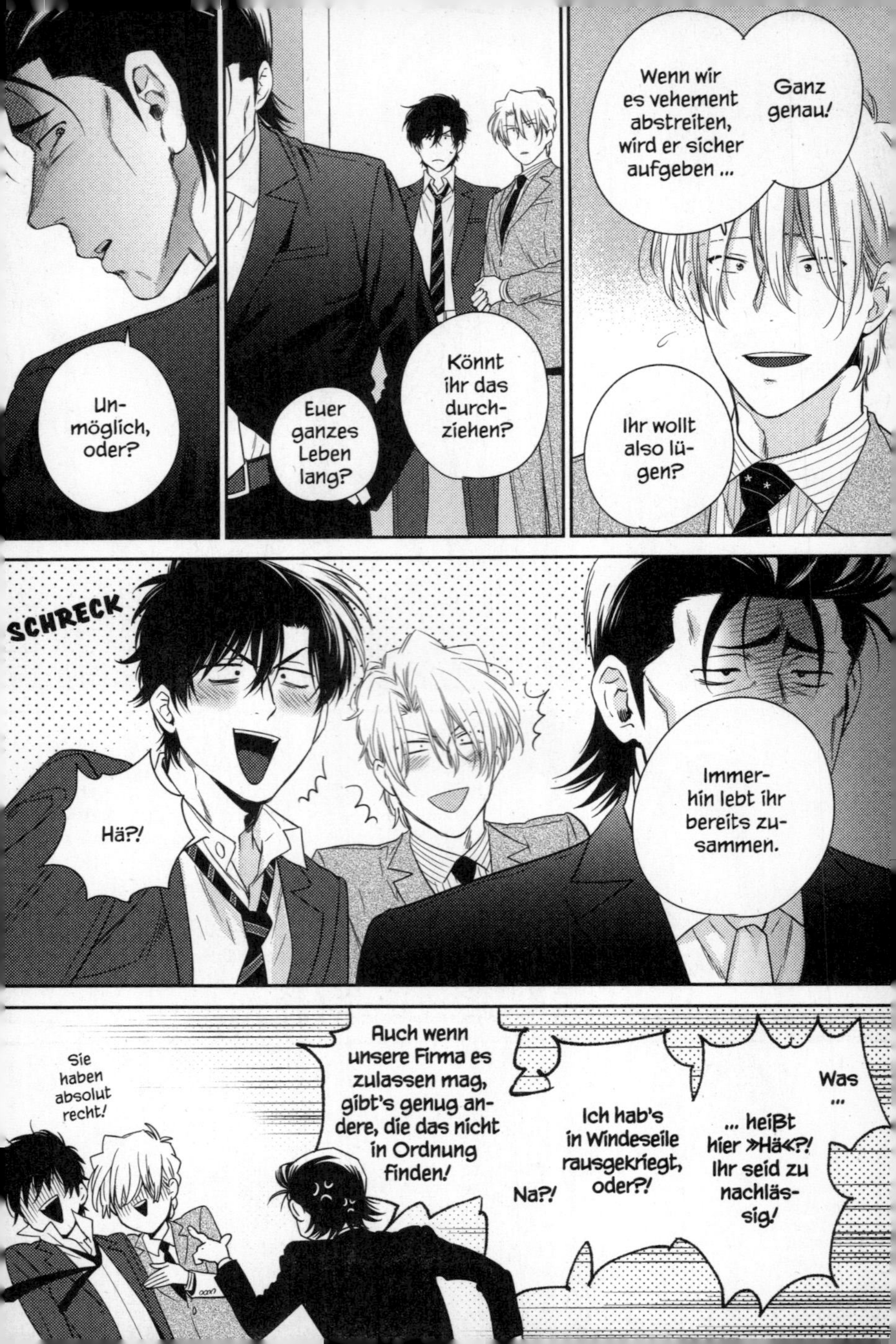

Wenn wir es vehement abstreiten, wird er sicher aufgeben ...

Ganz genau!

Ihr wollt also lügen?

Könnt ihr das durchziehen?

Euer ganzes Leben lang?

Unmöglich, oder?

Immerhin lebt ihr bereits zusammen.

Hä?!

SCHRECK

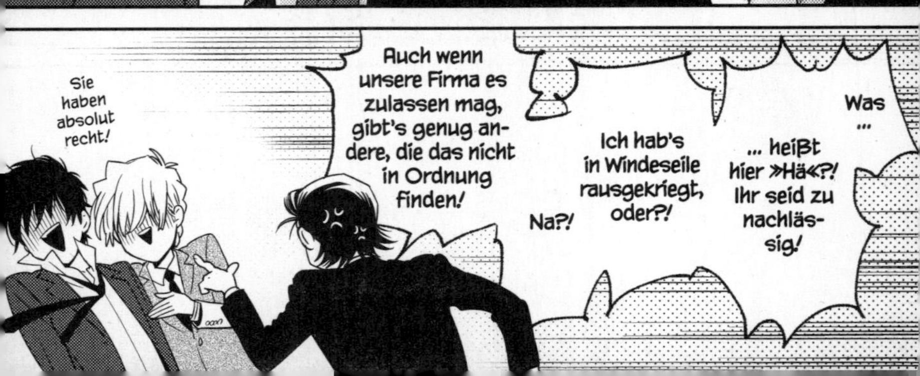

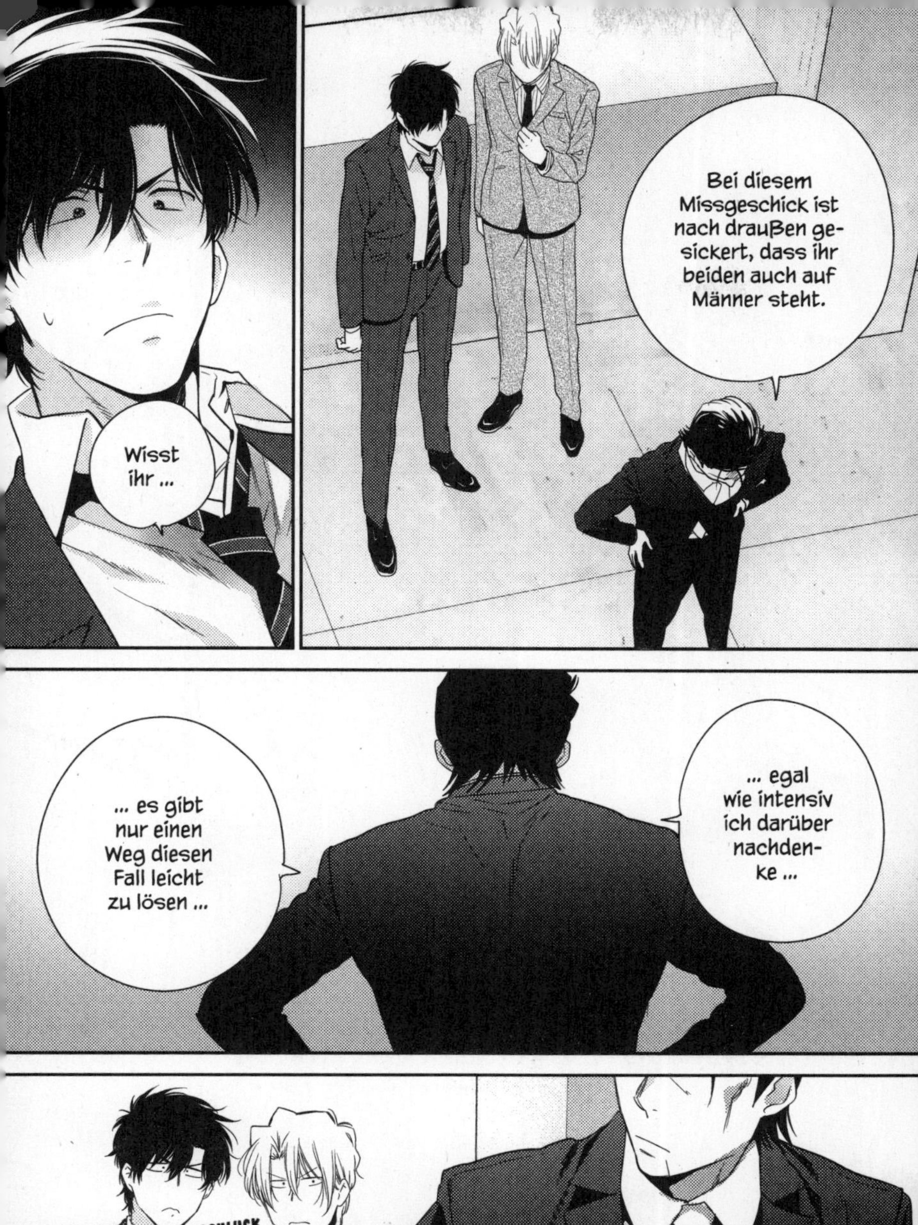
Bei diesem Missgeschick ist nach draußen gesickert, dass ihr beiden auch auf Männer steht.
Wisst ihr ...
... egal wie intensiv ich darüber nachdenke ...
... es gibt nur einen Weg diesen Fall leicht zu lösen ...
SCHLUCK

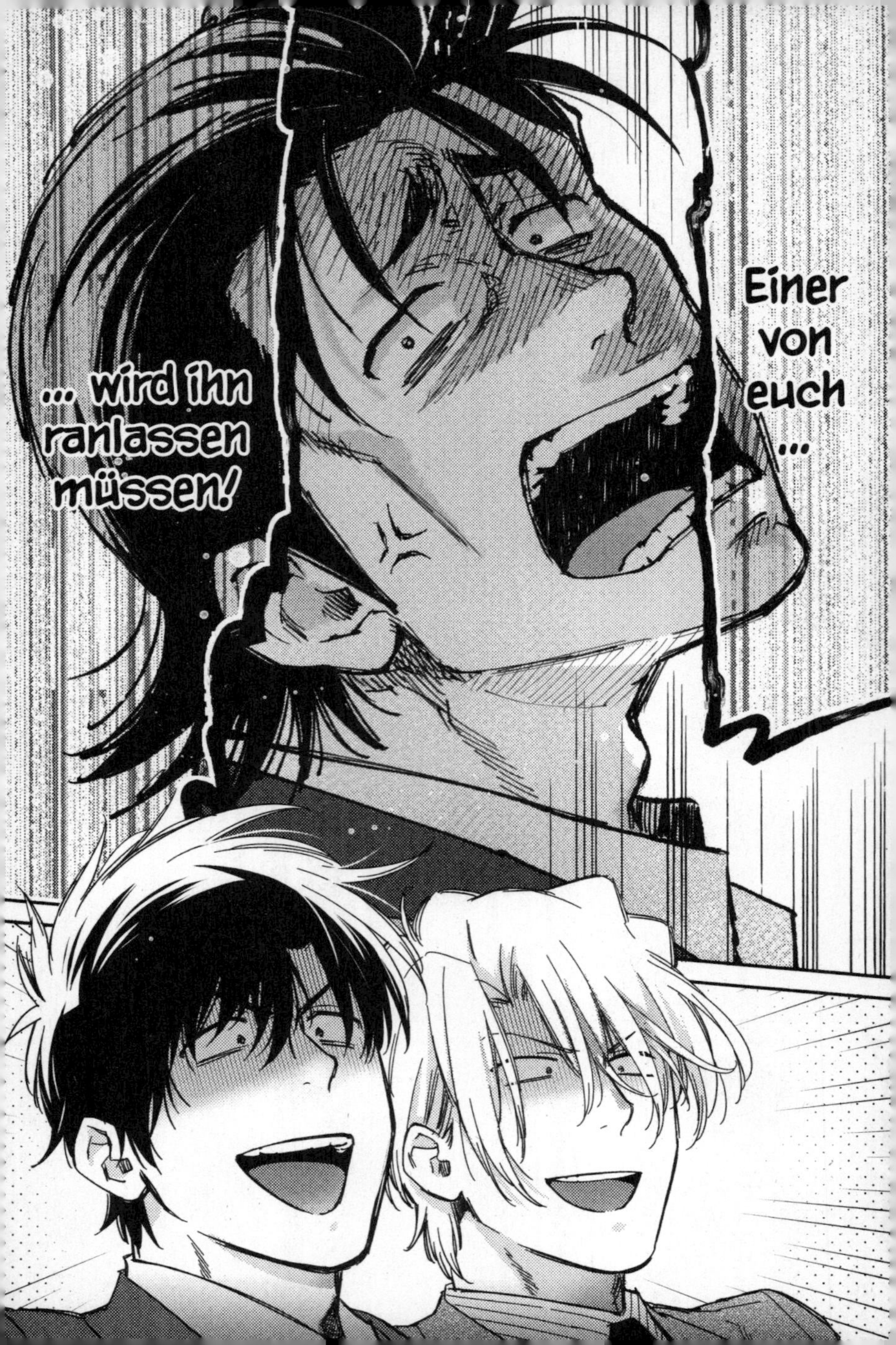
Einer von euch ...
... wird ihn ranlassen müssen!

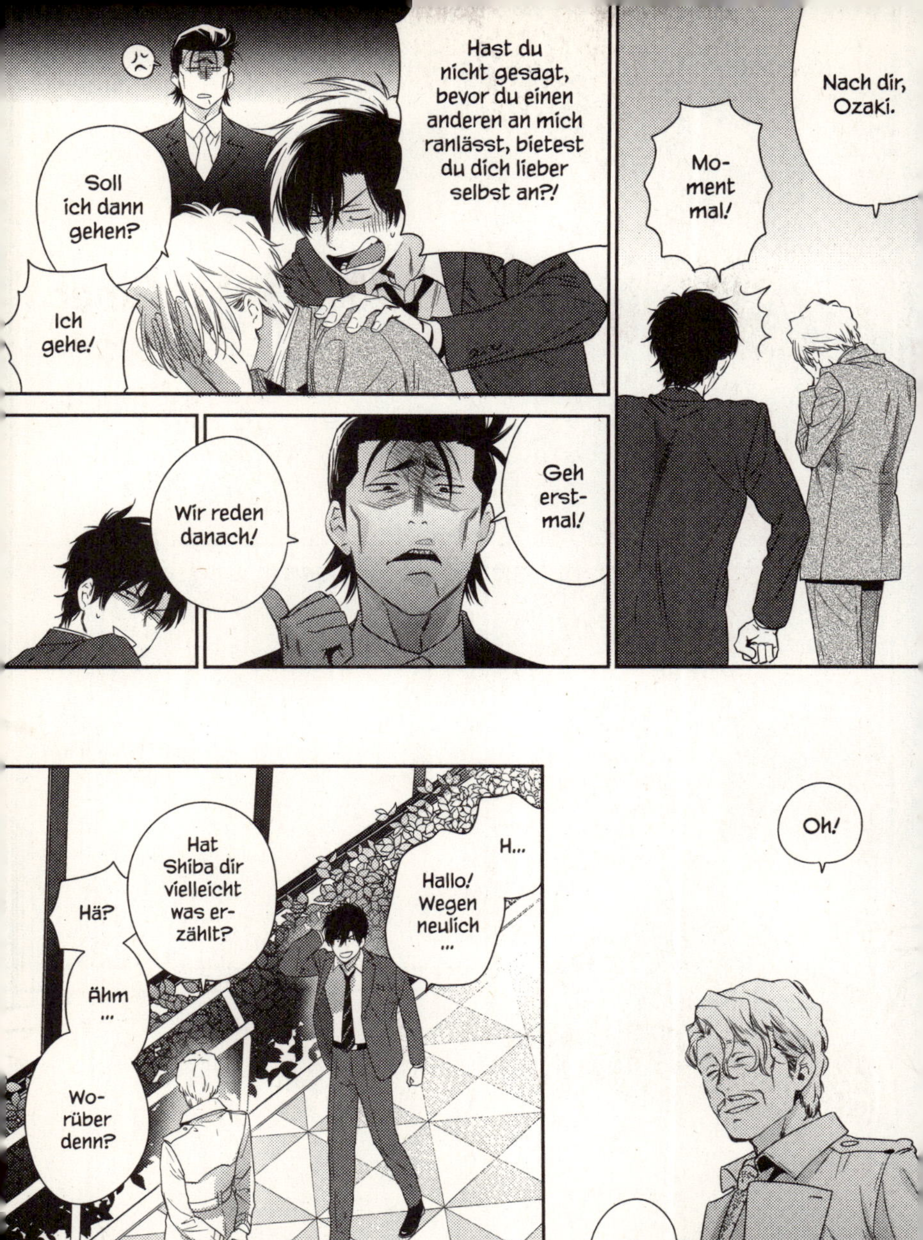
Nach dir, Ozaki.
Mo-ment mal!
Hast du nicht gesagt, bevor du einen anderen an mich ranlässt, bietest du dich lieber selbst an?!
Soll ich dann gehen?
Ich gehe!
Geh erst-mal!
Wir reden danach!
Oh!
Guten Tag!
H...
Hallo! Wegen neulich ...
Hat Shiba dir vielleicht was er-zählt?
Hä?
Ähm ...
Wo-rüber denn?
Nichts weiter ...

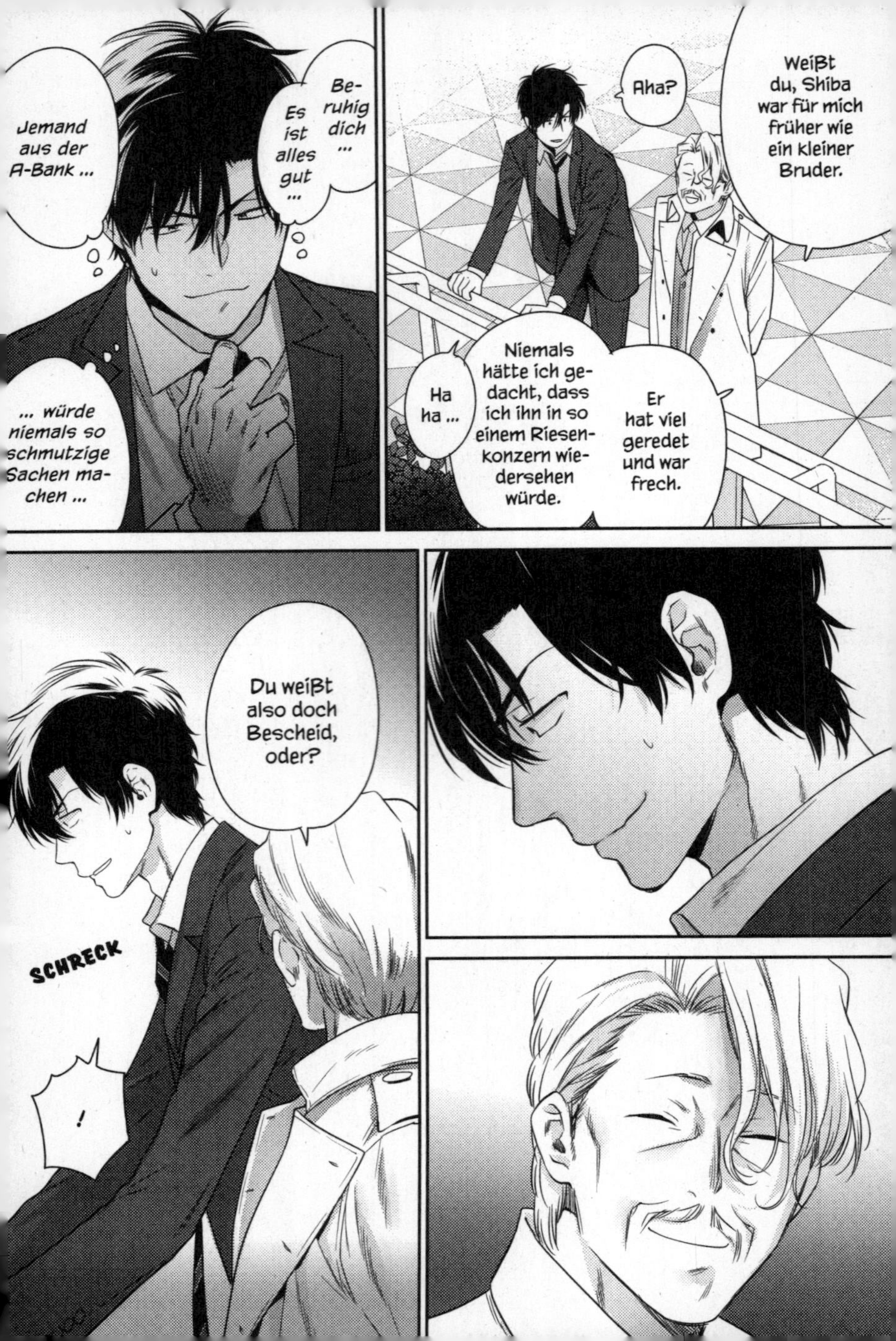

Weißt du, Shiba war für mich früher wie ein kleiner Bruder.

Aha?

Er hat viel geredet und war frech.

Niemals hätte ich gedacht, dass ich ihn in so einem Riesenkonzern wiedersehen würde.

Ha ha ...

Beruhig dich ...

Es ist alles gut ...

Jemand aus der A-Bank ...

... würde niemals so schmutzige Sachen machen ...

Du weißt also doch Bescheid, oder?

SCHRECK

!

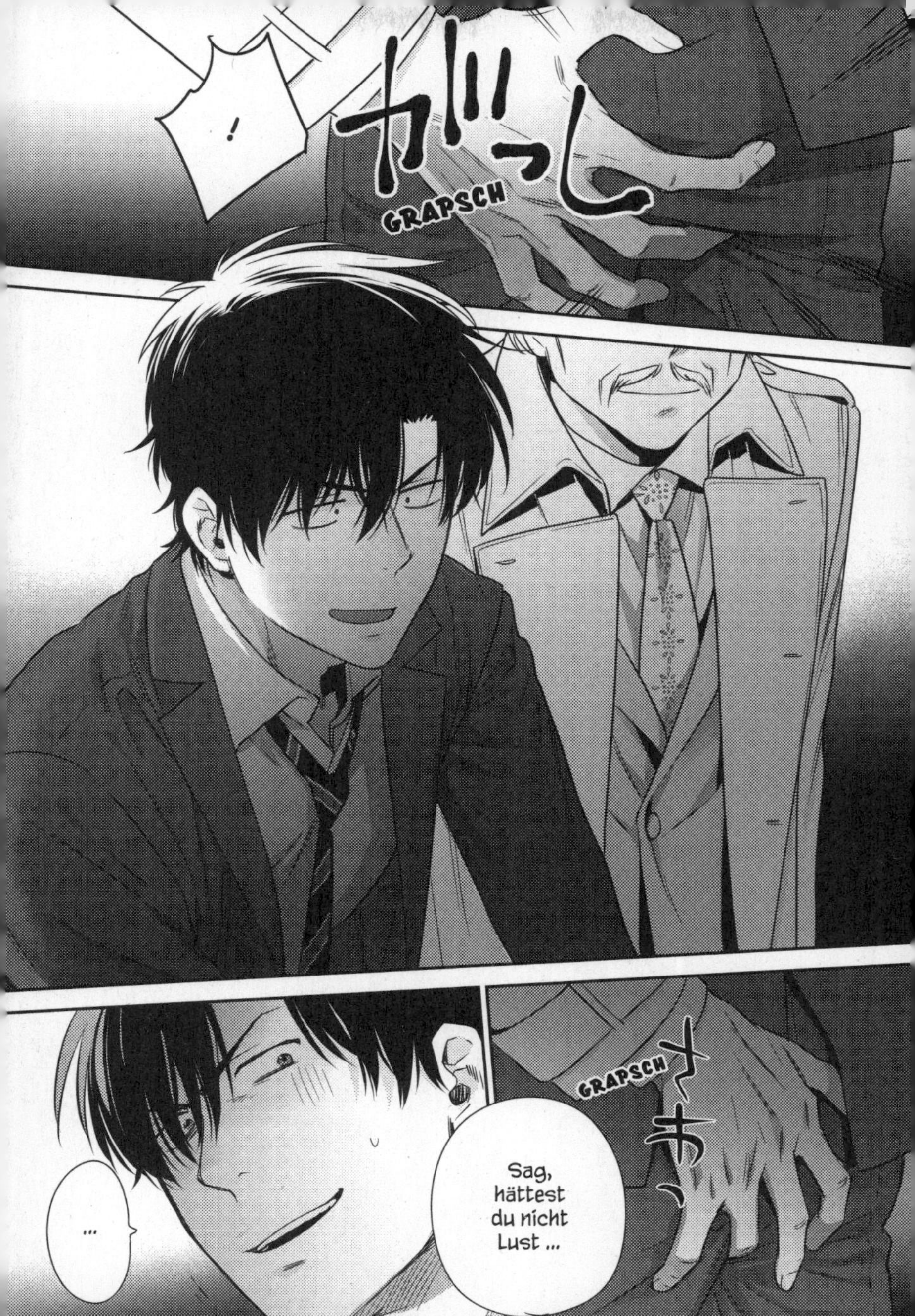
ガッし
GRAPSCH
!
GRAPSCH
Sag, hättest du nicht Lust ...
...

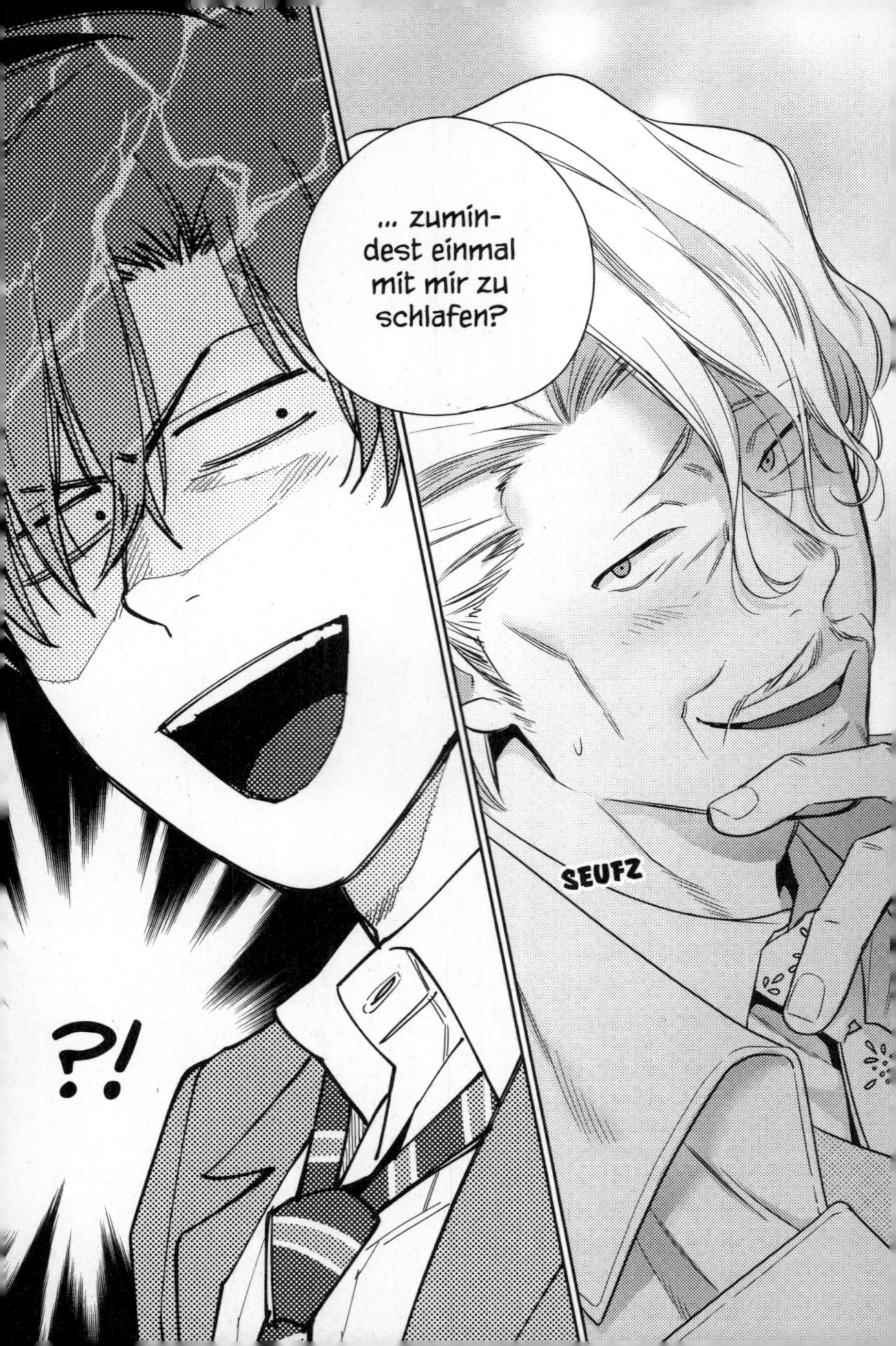
... zumin-
dest einmal
mit mir zu
schlafen?
SEUFZ
?!

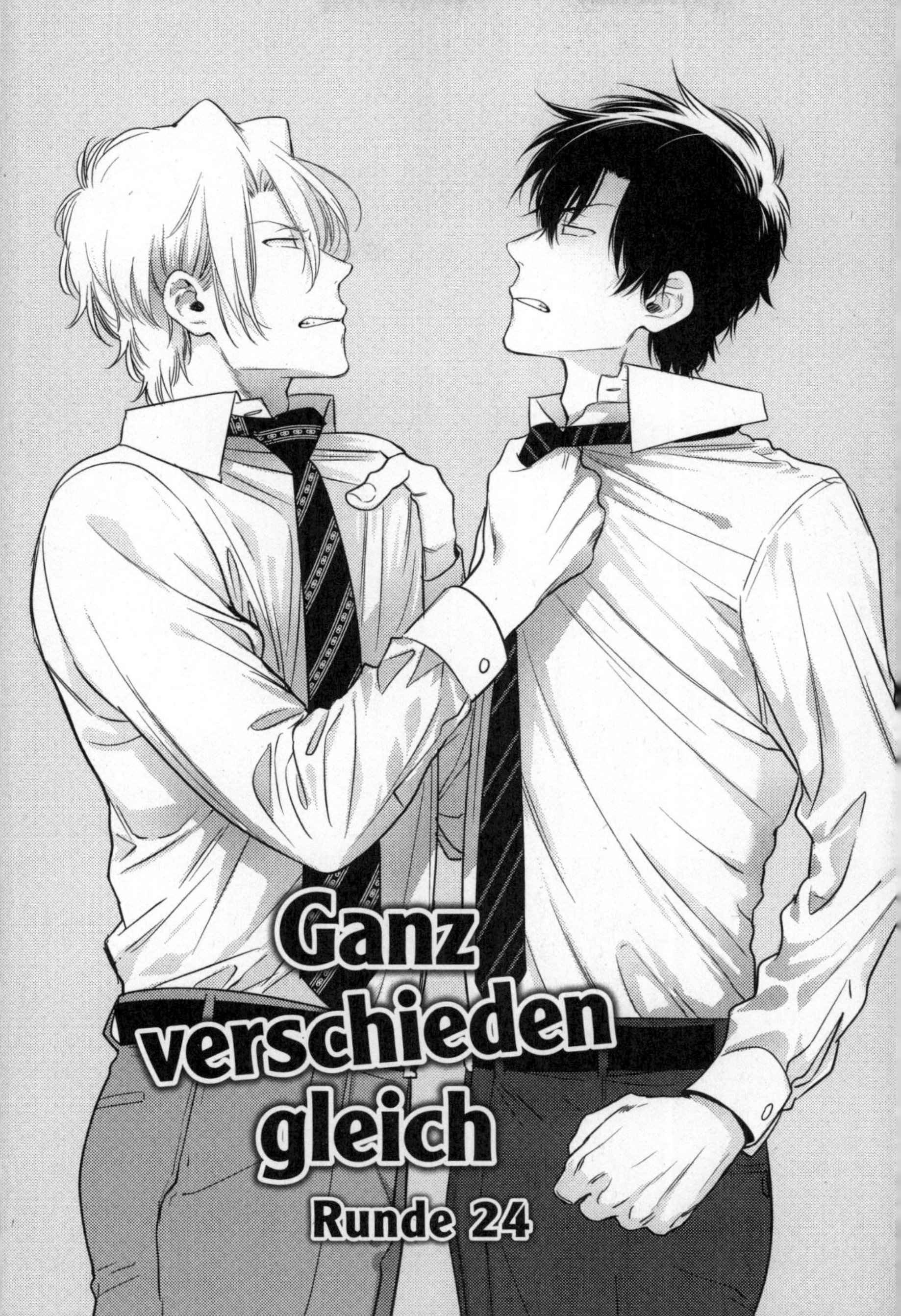
Ganz verschieden gleich
Runde 24

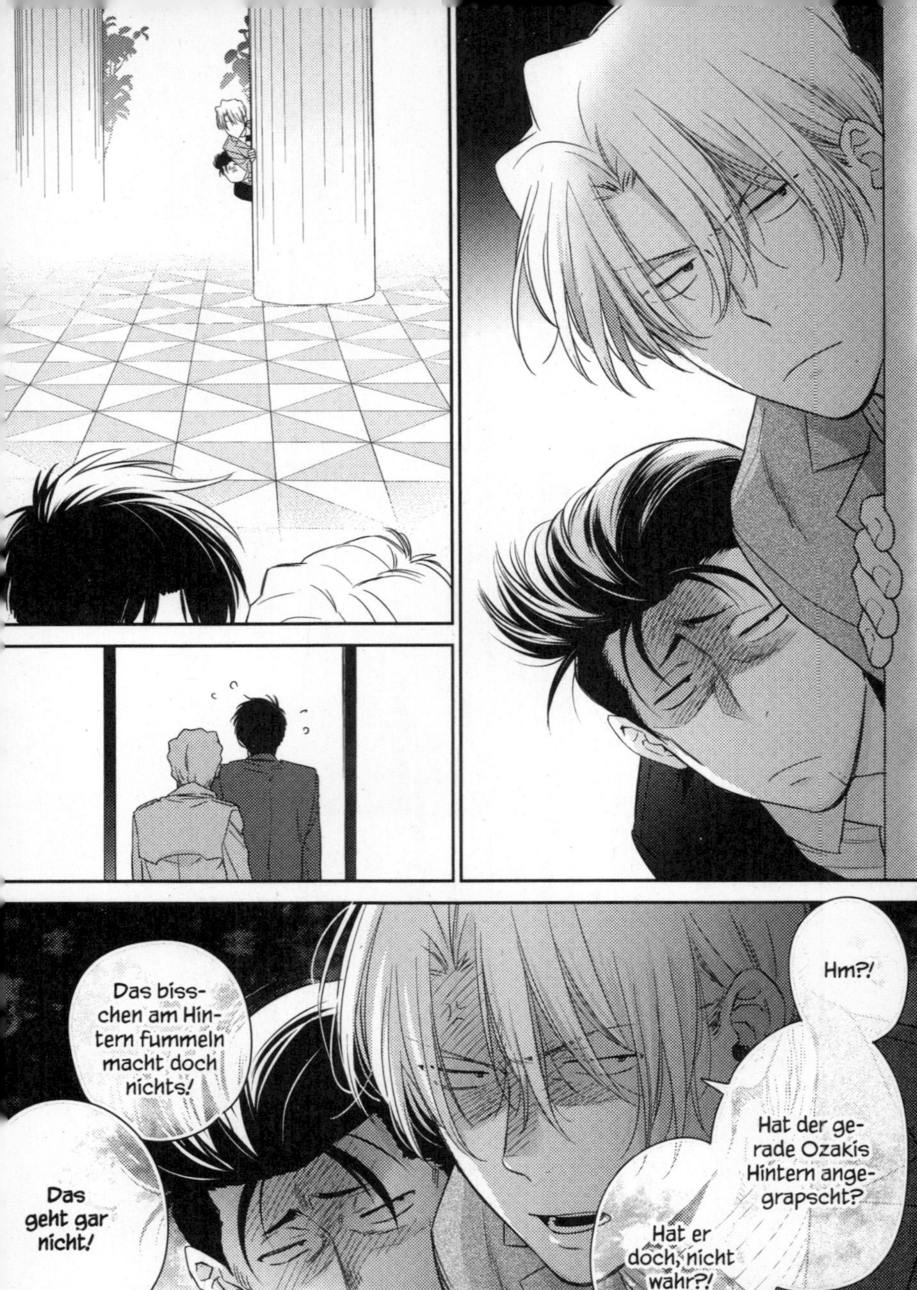

Hm?!
Hat der gerade Ozakis Hintern angegrapscht?
Hat er doch, nicht wahr?!
Das bisschen am Hintern fummeln macht doch nichts!
Das geht gar nicht!

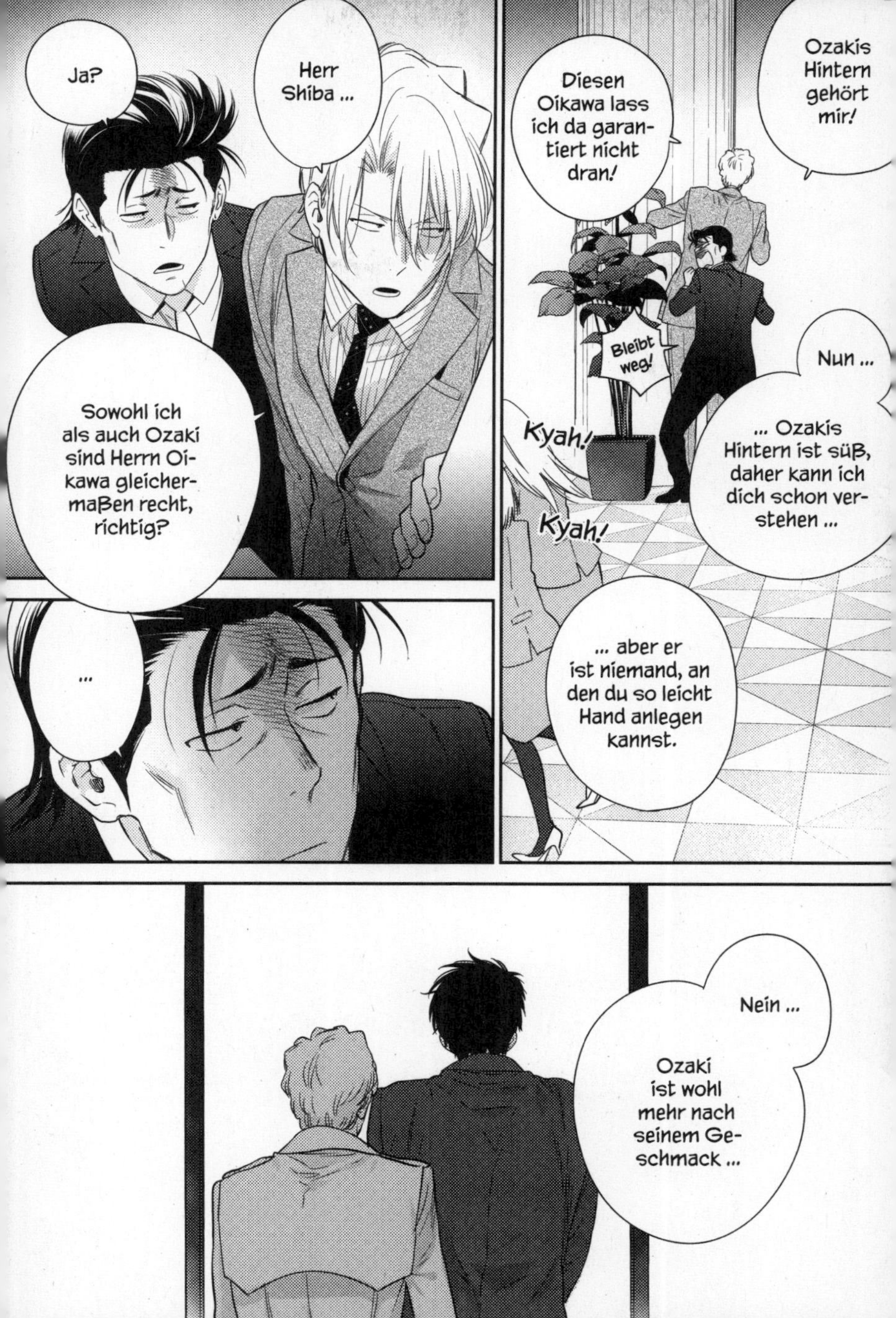
Ozakis Hintern gehört mir!
Diesen Oikawa lass ich da garantiert nicht dran!
Bleibt weg!
Kyah!
Kyah!
Nun ...
... Ozakis Hintern ist süß, daher kann ich dich schon verstehen ...
... aber er ist niemand, an den du so leicht Hand anlegen kannst.
Herr Shiba ...
Ja?
Sowohl ich als auch Ozaki sind Herrn Oikawa gleichermaßen recht, richtig?
...
Nein ...
Ozaki ist wohl mehr nach seinem Geschmack ...

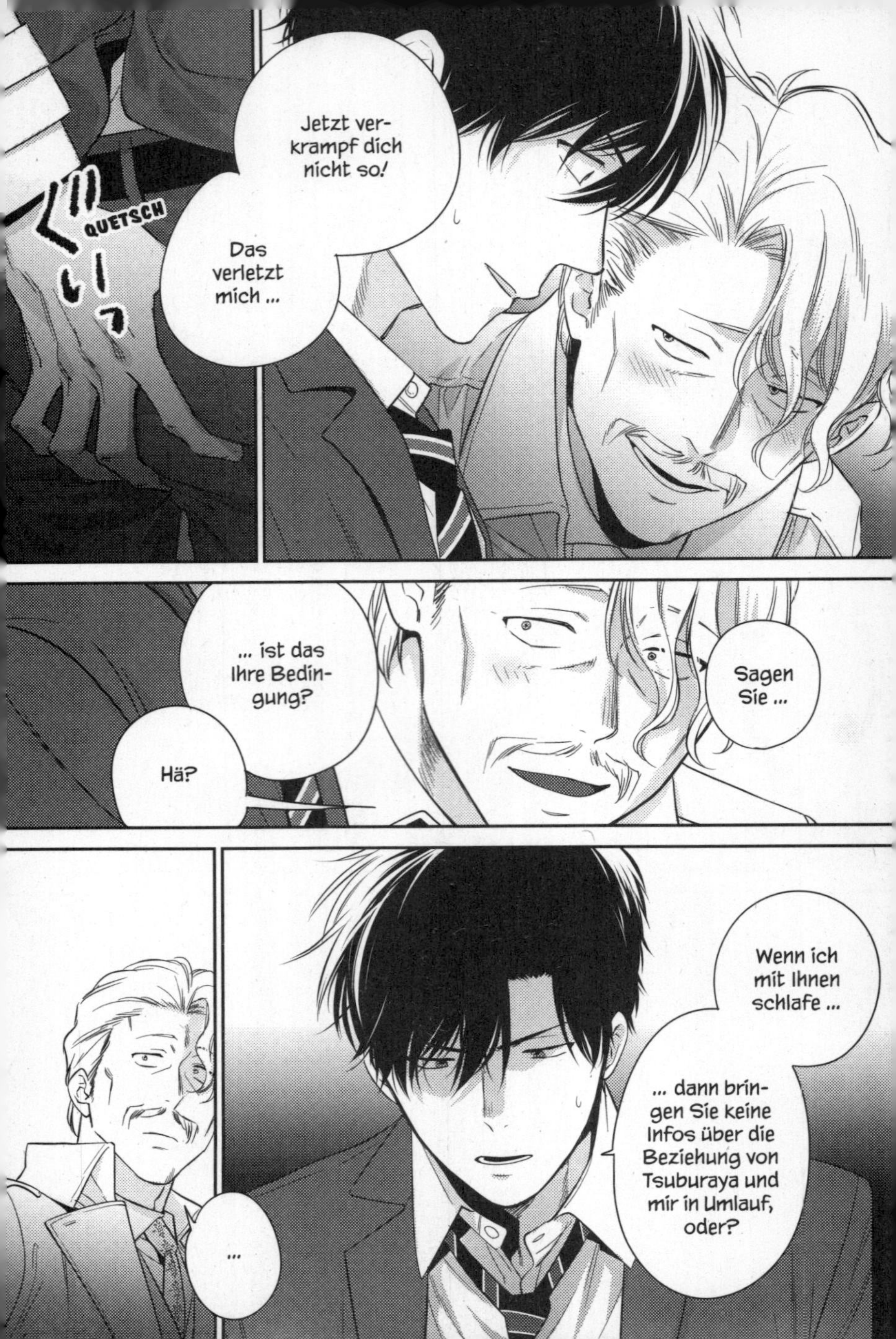
Jetzt verkrampf dich nicht so!
QUETSCH
Das verletzt mich ...
Sagen Sie ...
... ist das Ihre Bedingung?
Hä?
Wenn ich mit Ihnen schlafe ...
... dann bringen Sie keine Infos über die Beziehung von Tsuburaya und mir in Umlauf, oder?
...

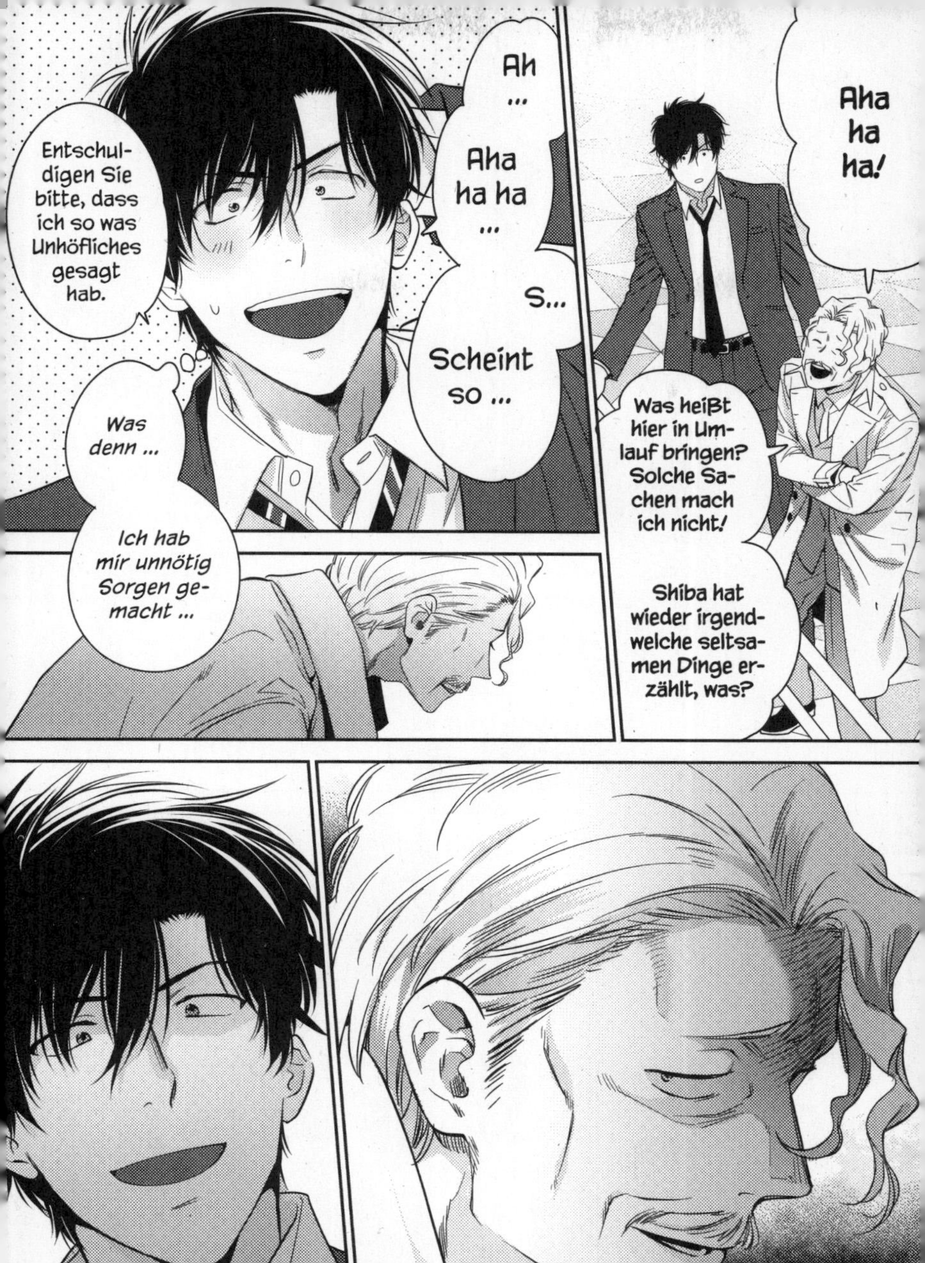
Aha
ha
ha!
Was heißt hier in Umlauf bringen? Solche Sachen mach ich nicht!
Shiba hat wieder irgendwelche seltsamen Dinge erzählt, was?
Ah ...
Aha ha ha ...
S...
Scheint so ...
Entschuldigen Sie bitte, dass ich so was Unhöfliches gesagt hab.
Was denn ...
Ich hab mir unnötig Sorgen gemacht ...

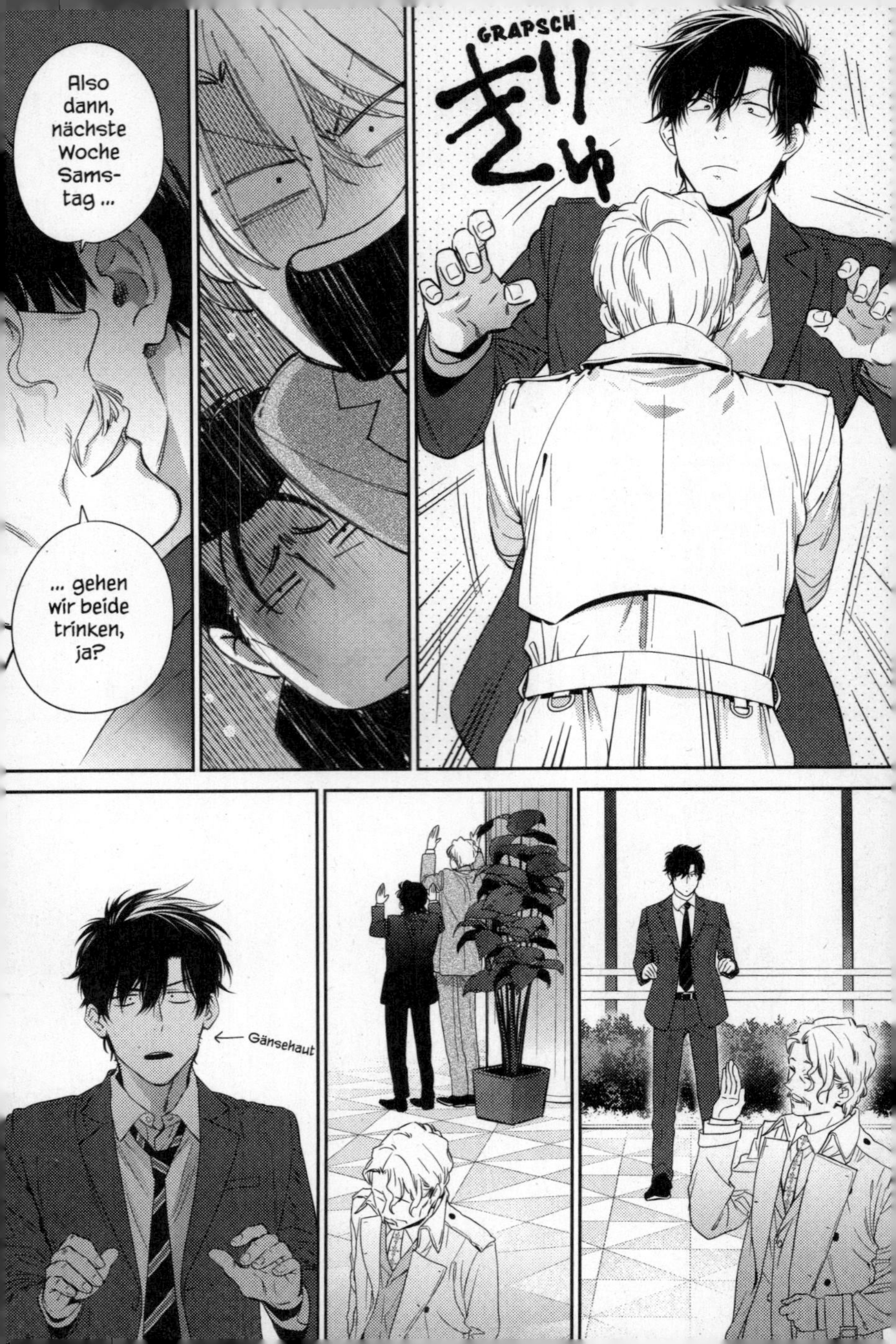

GRAPSCH

ぎゅ

Also dann, nächste Woche Samstag ...

... gehen wir beide trinken, ja?

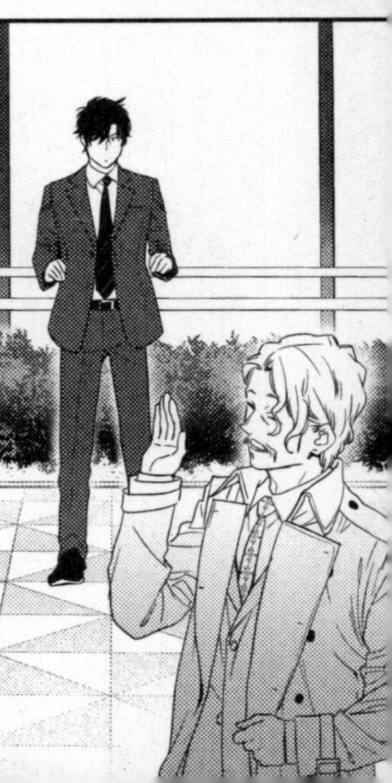

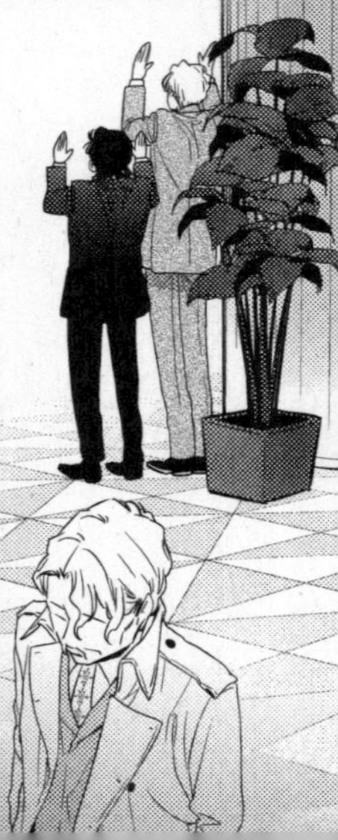

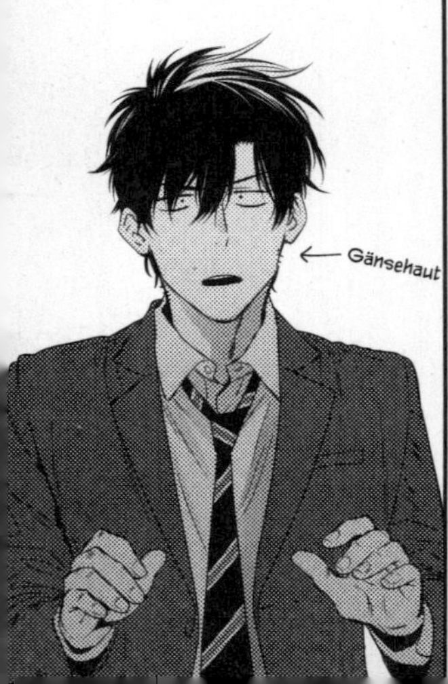

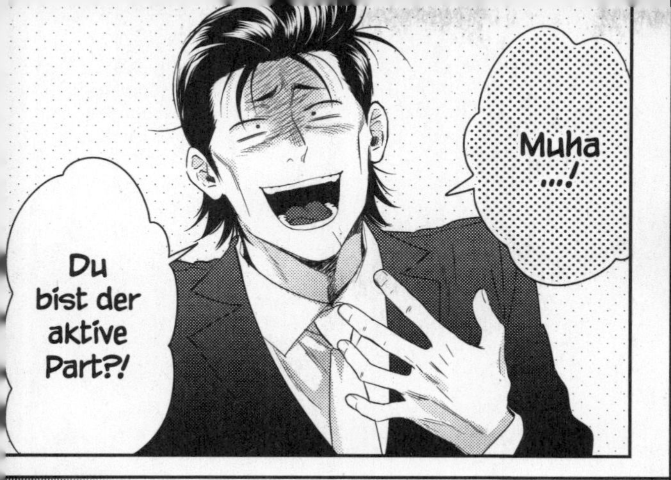
Muha ...!
Du bist der aktive Part?!

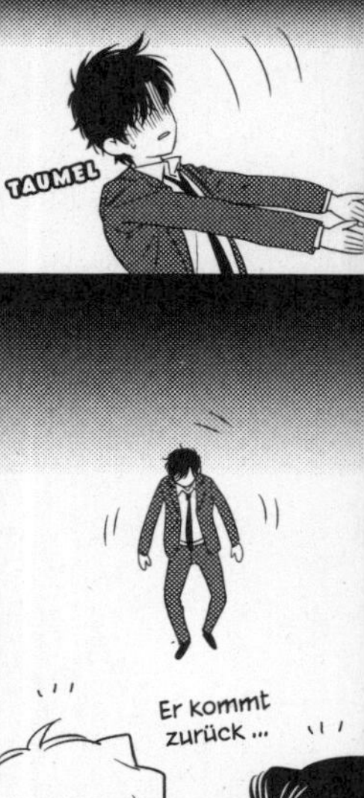
TAUMEL
Er kommt zurück ...

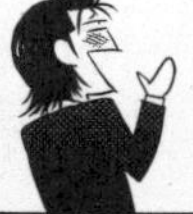
Ist ja echt zum Schießen!
Aha ha ha!

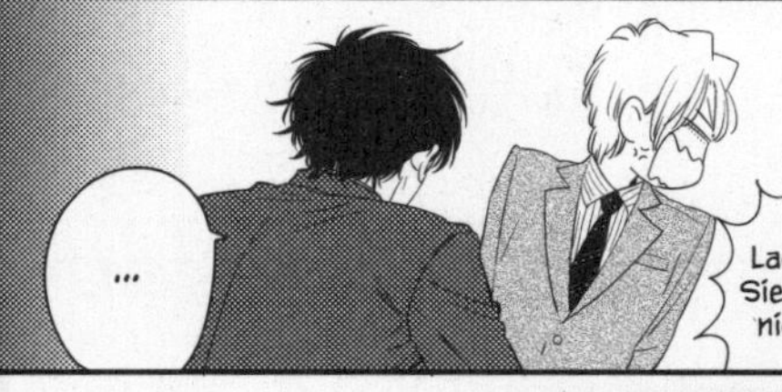
Lachen Sie bitte nicht!
...

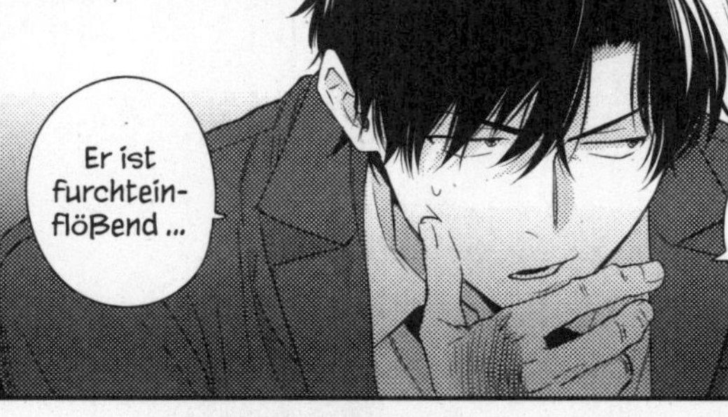
Er hat's zwar scherzhaft gesagt ...
... aber ...
... ich würd's ihm zutrauen ...
Er ist furchteinflößend ...

Hey!
Komm nicht auf die dumme Idee ihn anzuzeigen, oder so!
Wenn du das machst, posaunt er's definitiv heraus.
Das Risiko ist für uns viel größer als für ihn.
Zieh unbeteiligte Angestellte nicht mit hinein!

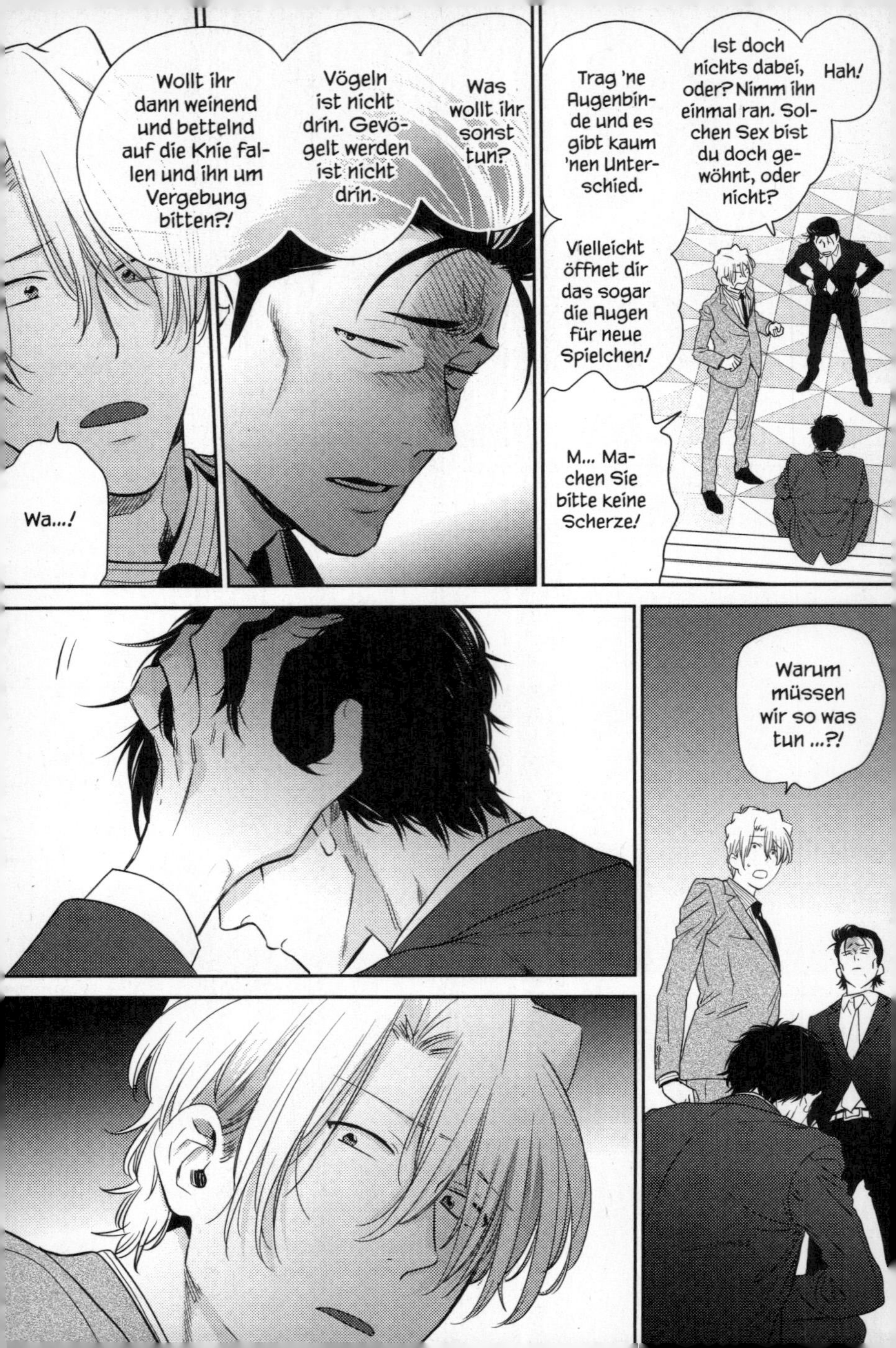

Hah!
Ist doch nichts dabei, oder? Nimm ihn einmal ran. Solchen Sex bist du doch gewöhnt, oder nicht?
Trag 'ne Augenbinde und es gibt kaum 'nen Unterschied.
Vielleicht öffnet dir das sogar die Augen für neue Spielchen!
M... Machen Sie bitte keine Scherze!
Was wollt ihr sonst tun?
Vögeln ist nicht drin. Gevögelt werden ist nicht drin.
Wollt ihr dann weinend und bettelnd auf die Knie fallen und ihn um Vergebung bitten?!
Wa...!

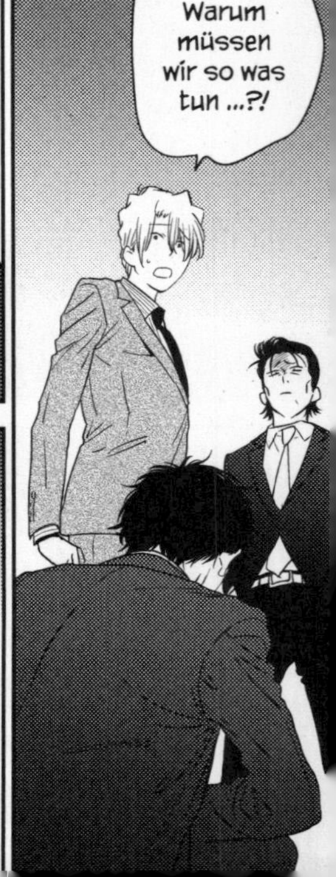

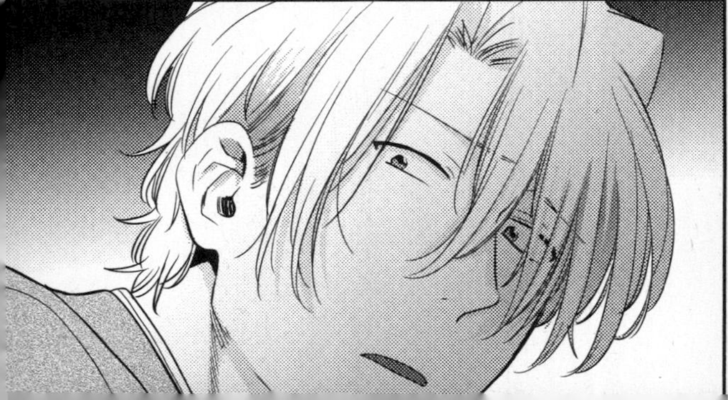

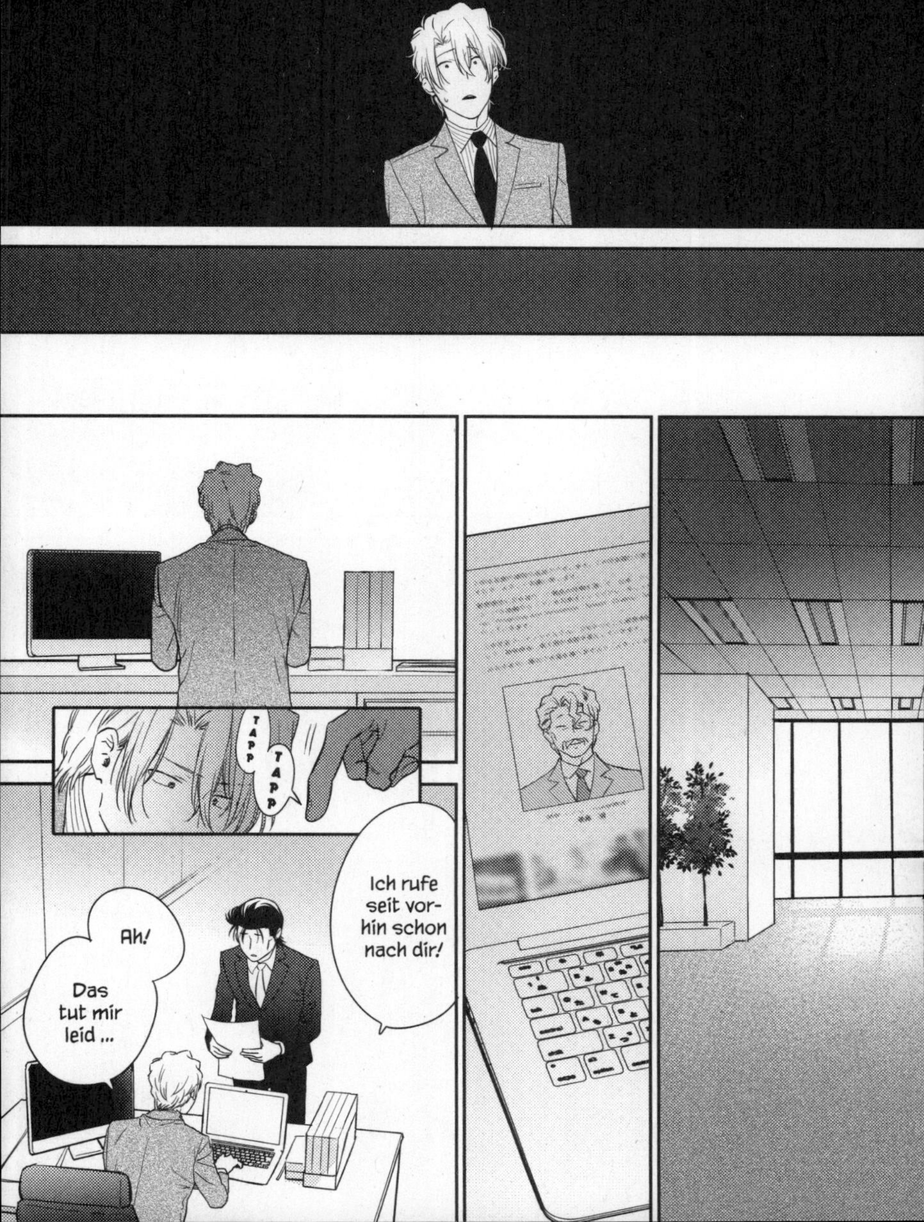
TAPP TAPP
Ich rufe seit vorhin schon nach dir!
Ah!
Das tut mir leid ...

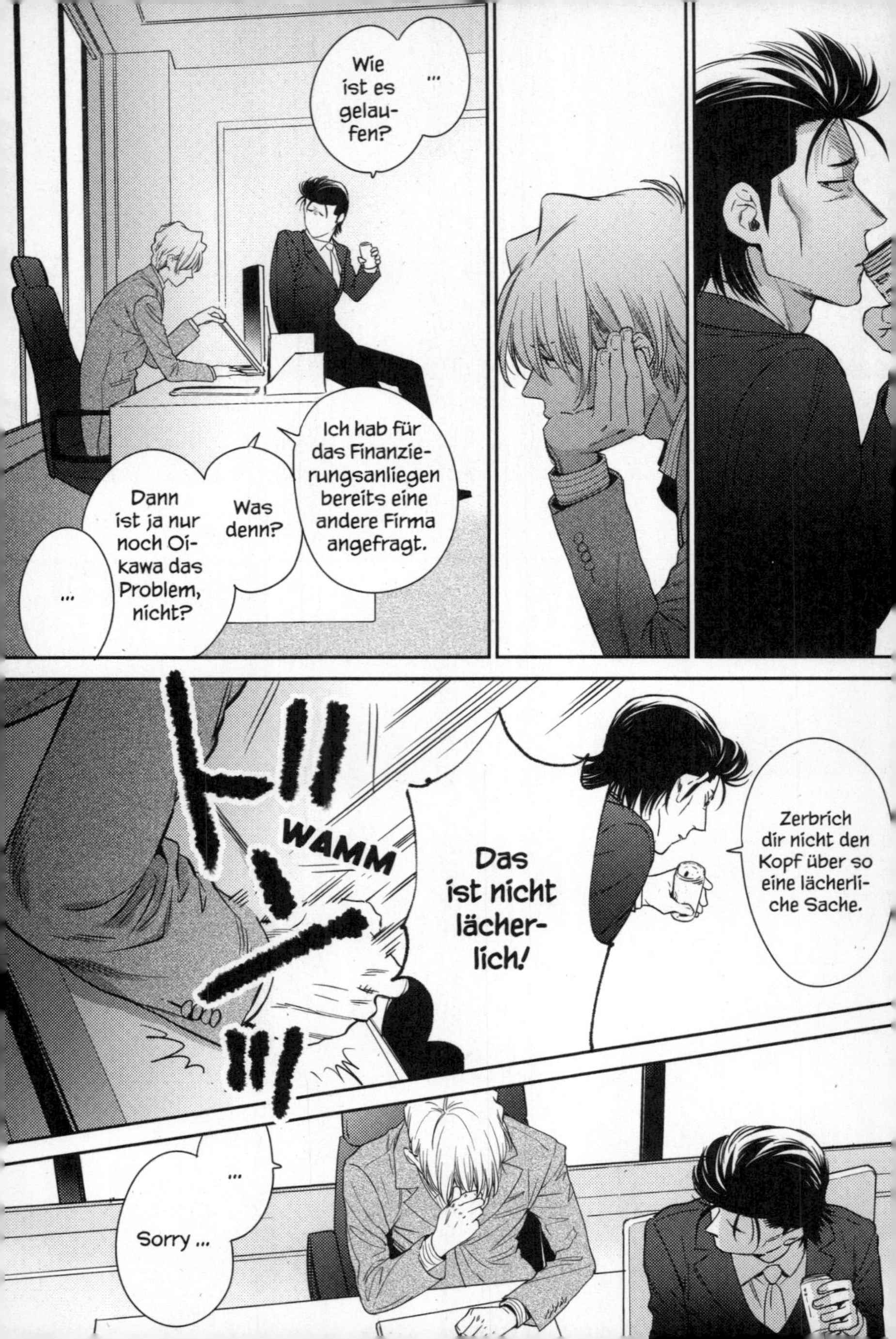
Wie ist es gelaufen? ...
Ich hab für das Finanzierungsanliegen bereits eine andere Firma angefragt.
Was denn?
Dann ist ja nur noch Oikawa das Problem, nicht?
...
Zerbrich dir nicht den Kopf über so eine lächerliche Sache.
Das ist nicht lächerlich!
WAMM
...
Sorry ...

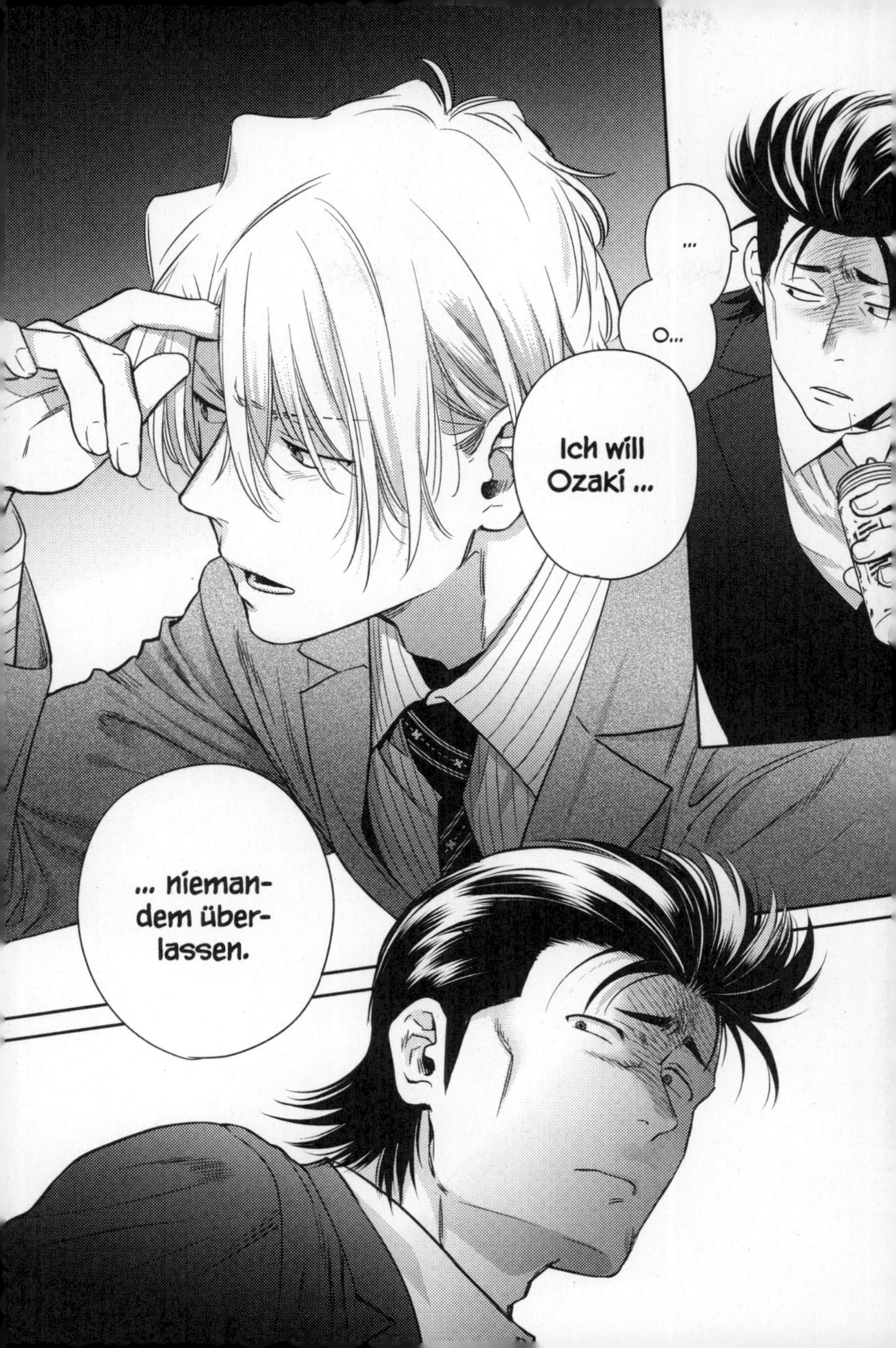
...
O...
Ich will Ozaki ...
... nieman-
dem über-
lassen.

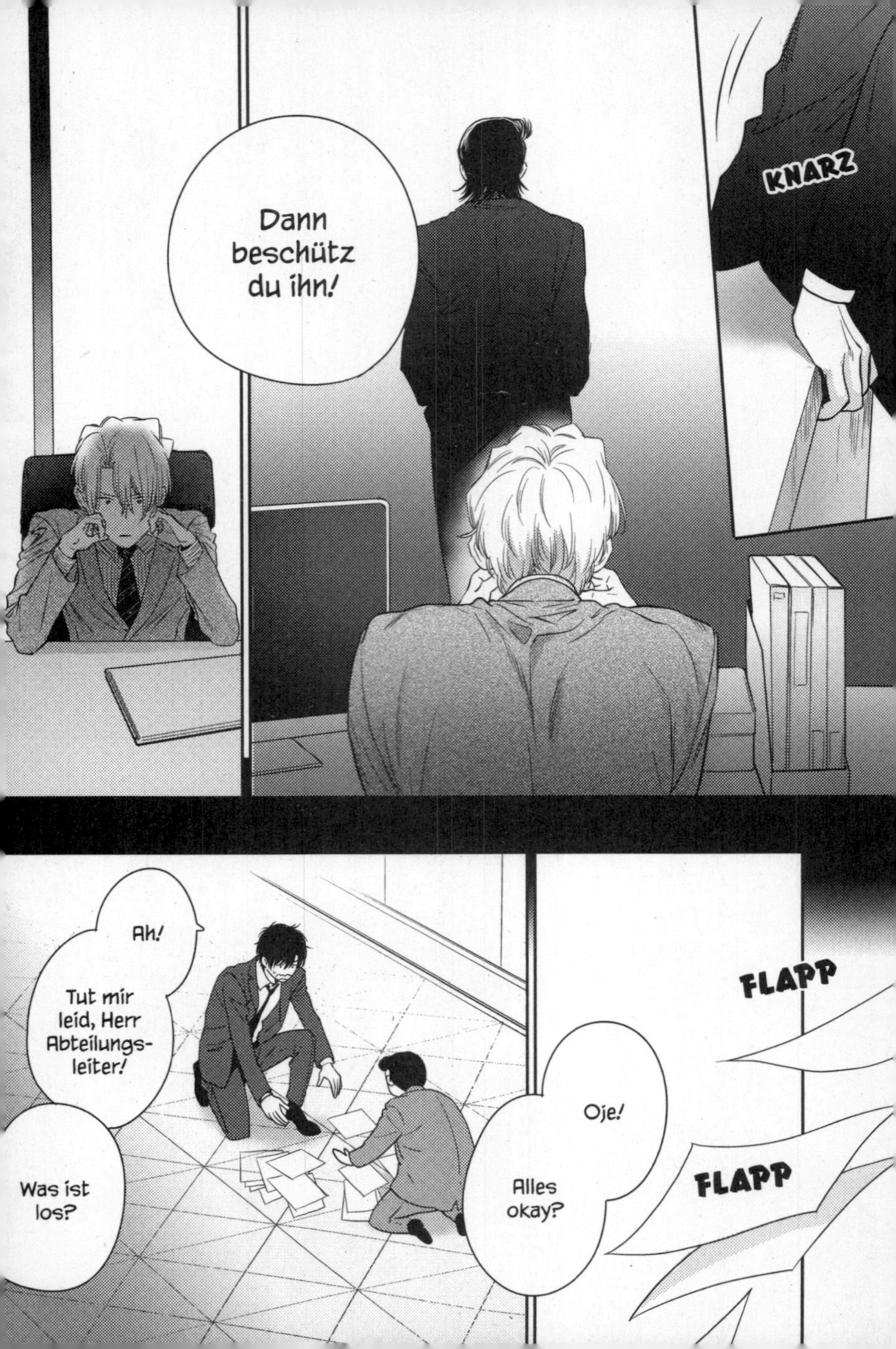
KNARZ
Dann beschütz du ihn!
FLAPP
FLAPP
Oje!
Alles okay?
Ah!
Tut mir leid, Herr Abteilungsleiter!
Was ist los?

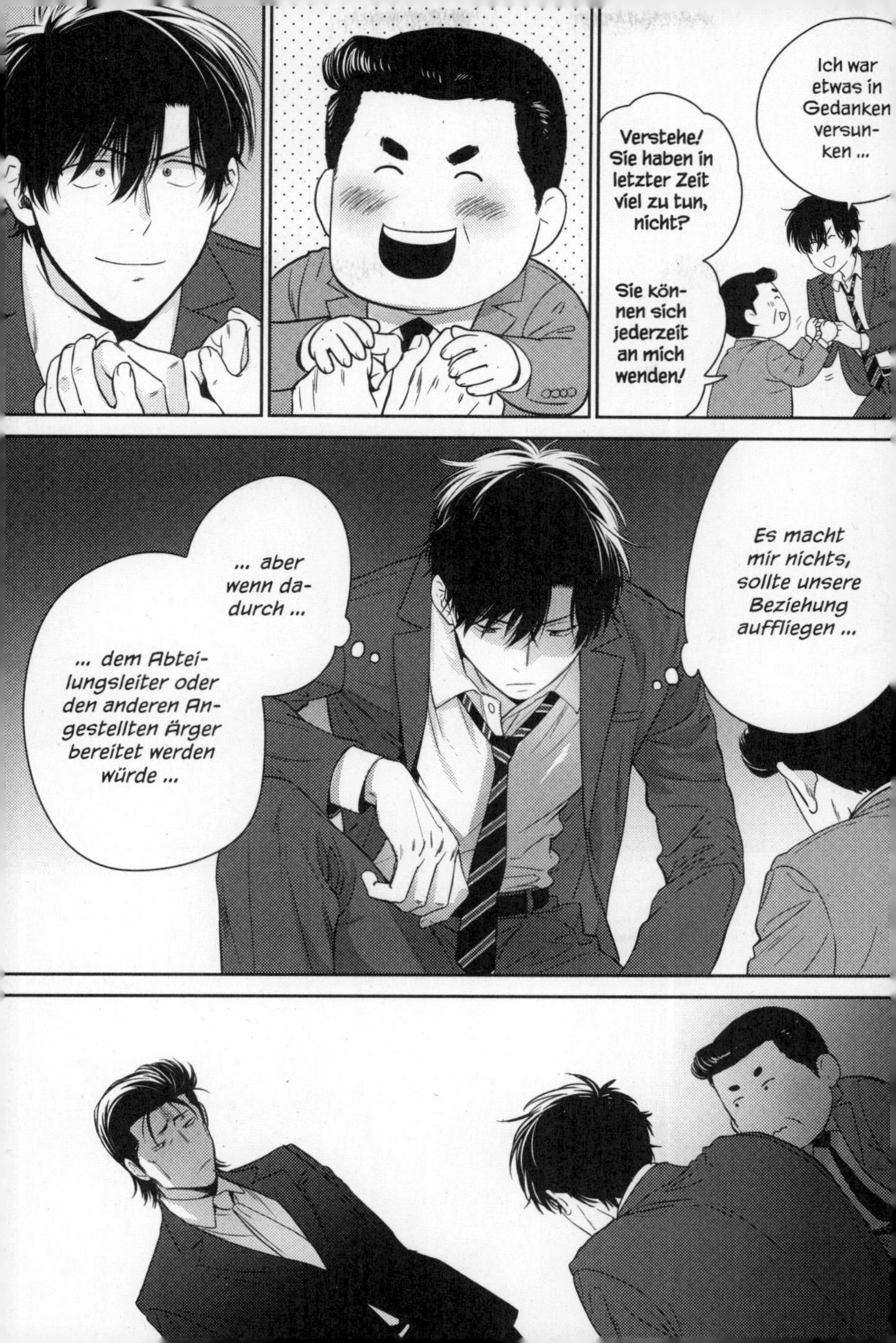

Ich war etwas in Gedanken versunken ...
Verstehe! Sie haben in letzter Zeit viel zu tun, nicht?
Sie können sich jederzeit an mich wenden!

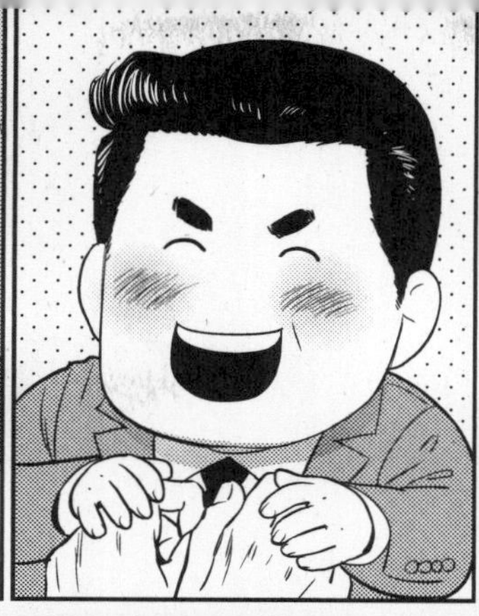

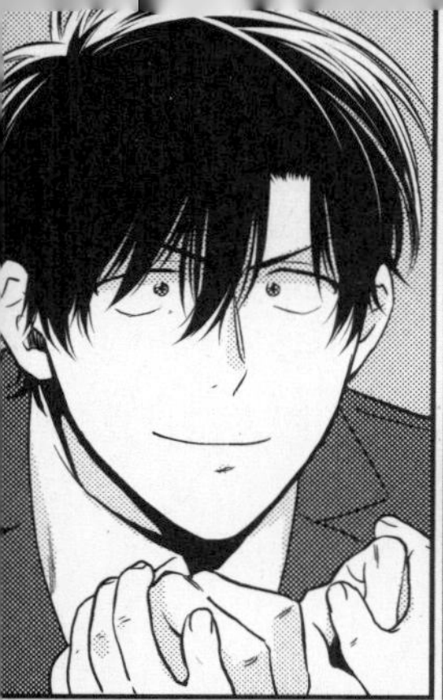

Es macht mir nichts, sollte unsere Beziehung auffliegen ...
... aber wenn dadurch ...
... dem Abteilungsleiter oder den anderen Angestellten Ärger bereitet werden würde ...

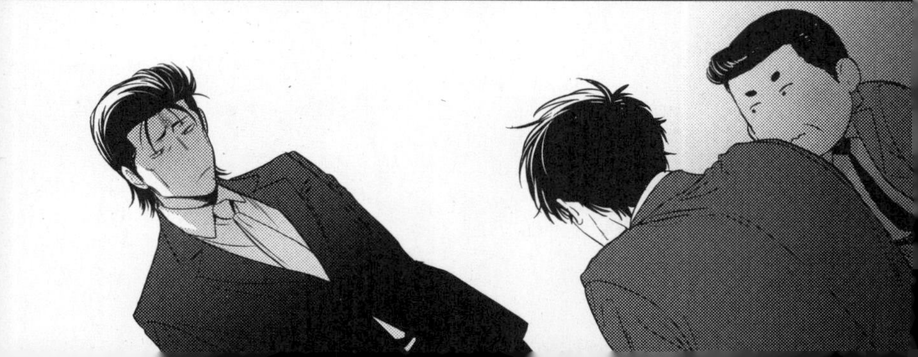

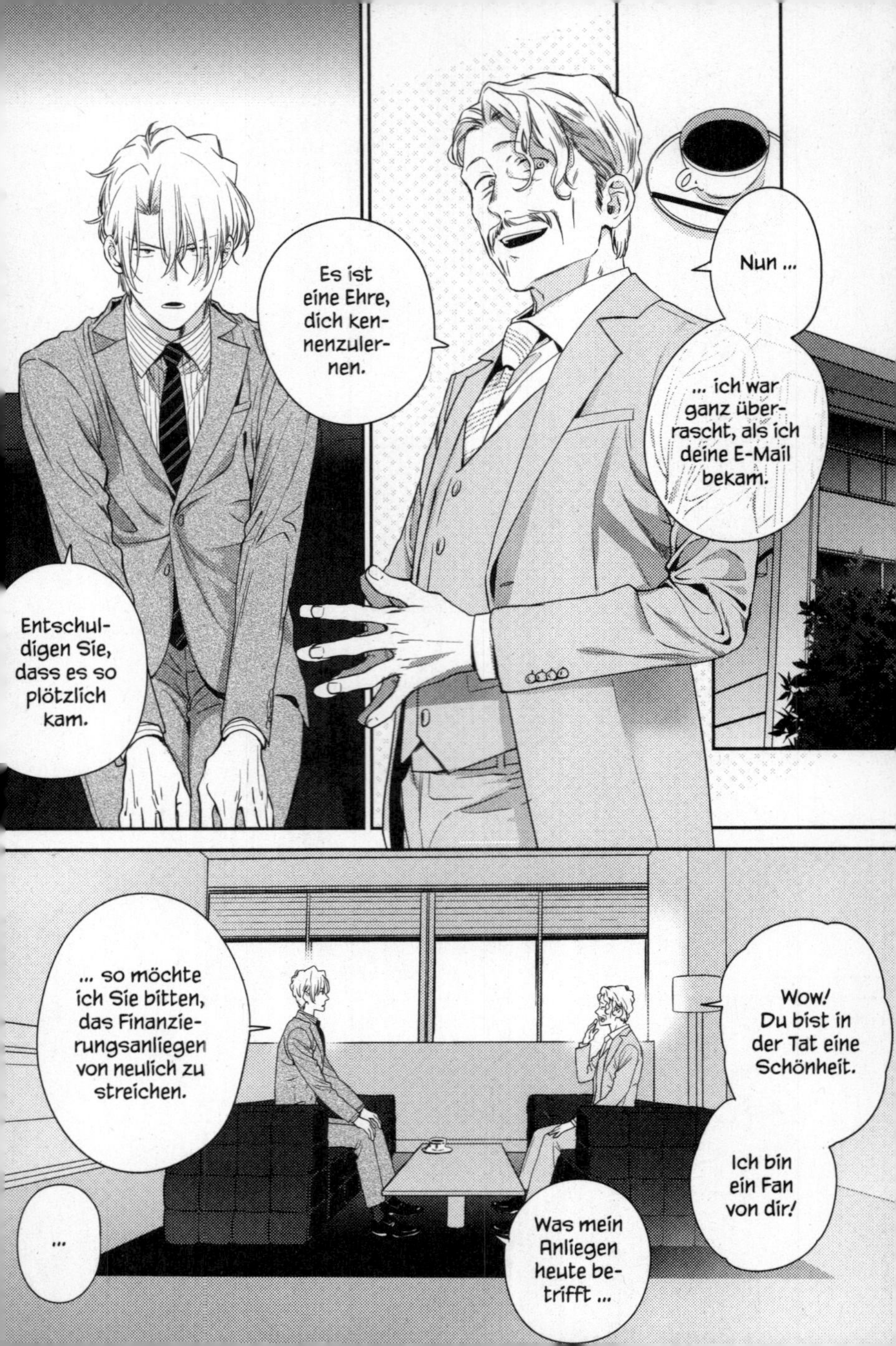
Nun ...
... ich war ganz überrascht, als ich deine E-Mail bekam.
Es ist eine Ehre, dich kennenzulernen.
Entschuldigen Sie, dass es so plötzlich kam.
Wow! Du bist in der Tat eine Schönheit.
Ich bin ein Fan von dir!
Was mein Anliegen heute betrifft ...
... so möchte ich Sie bitten, das Finanzierungsanliegen von neulich zu streichen.
...

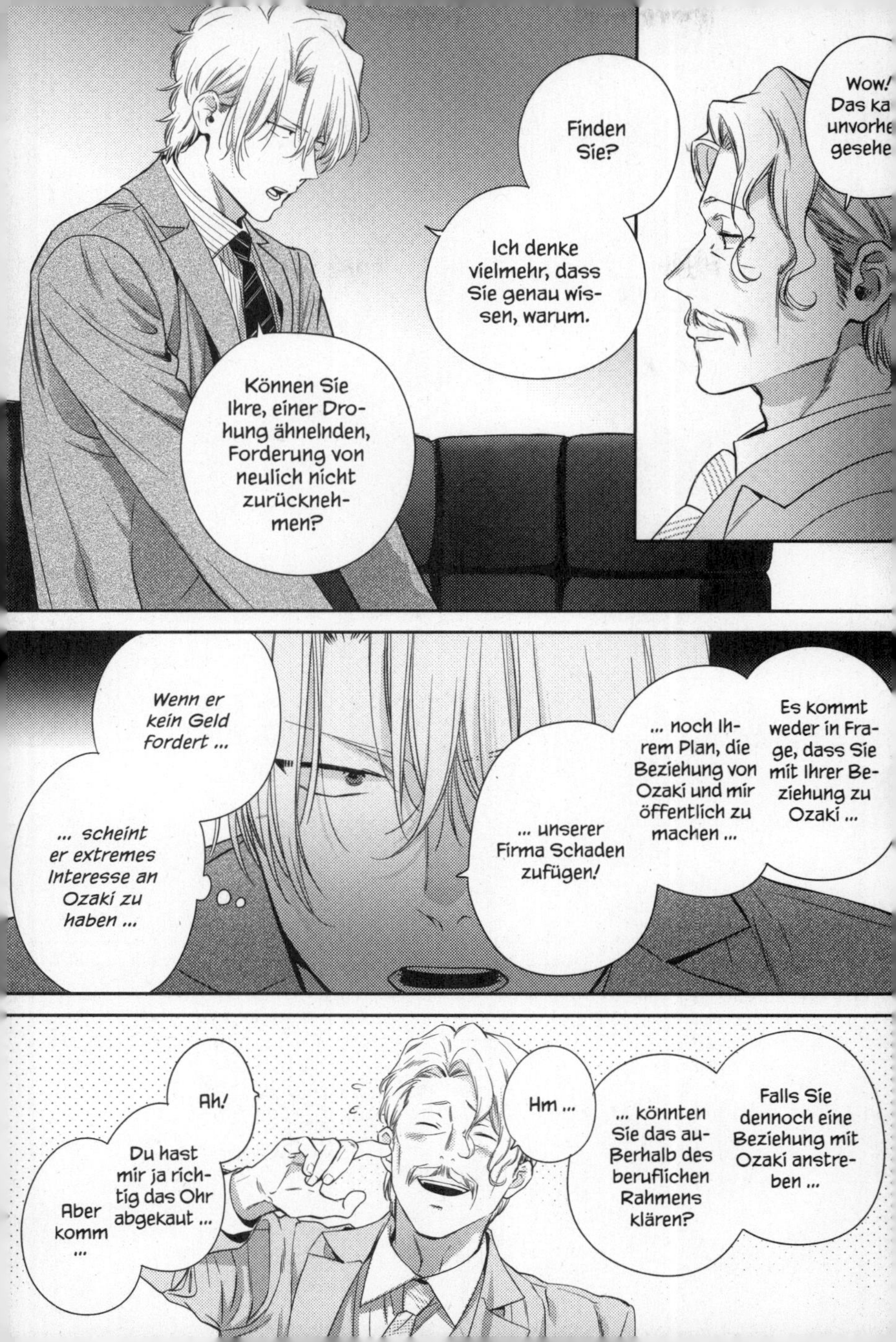

Wow! Das ka unvorhe gesehe
Finden Sie?
Ich denke vielmehr, dass Sie genau wissen, warum.
Können Sie Ihre, einer Drohung ähnelnden, Forderung von neulich nicht zurücknehmen?

Es kommt weder in Frage, dass Sie mit Ihrer Beziehung zu Ozaki ...
... noch Ihrem Plan, die Beziehung von Ozaki und mir öffentlich zu machen ...
... unserer Firma Schaden zufügen!
Wenn er kein Geld fordert ...
... scheint er extremes Interesse an Ozaki zu haben ...

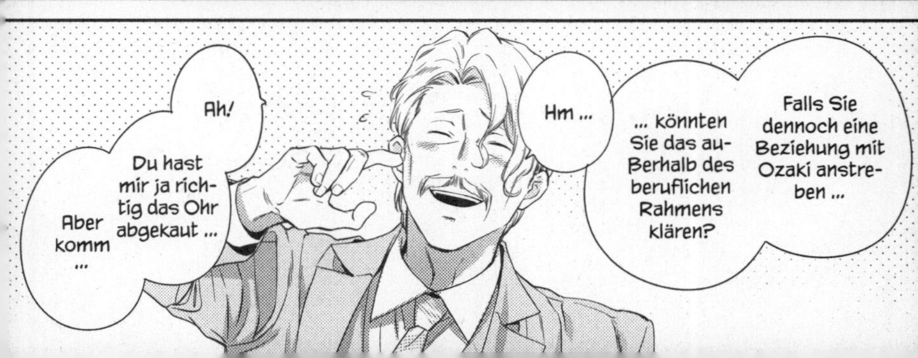

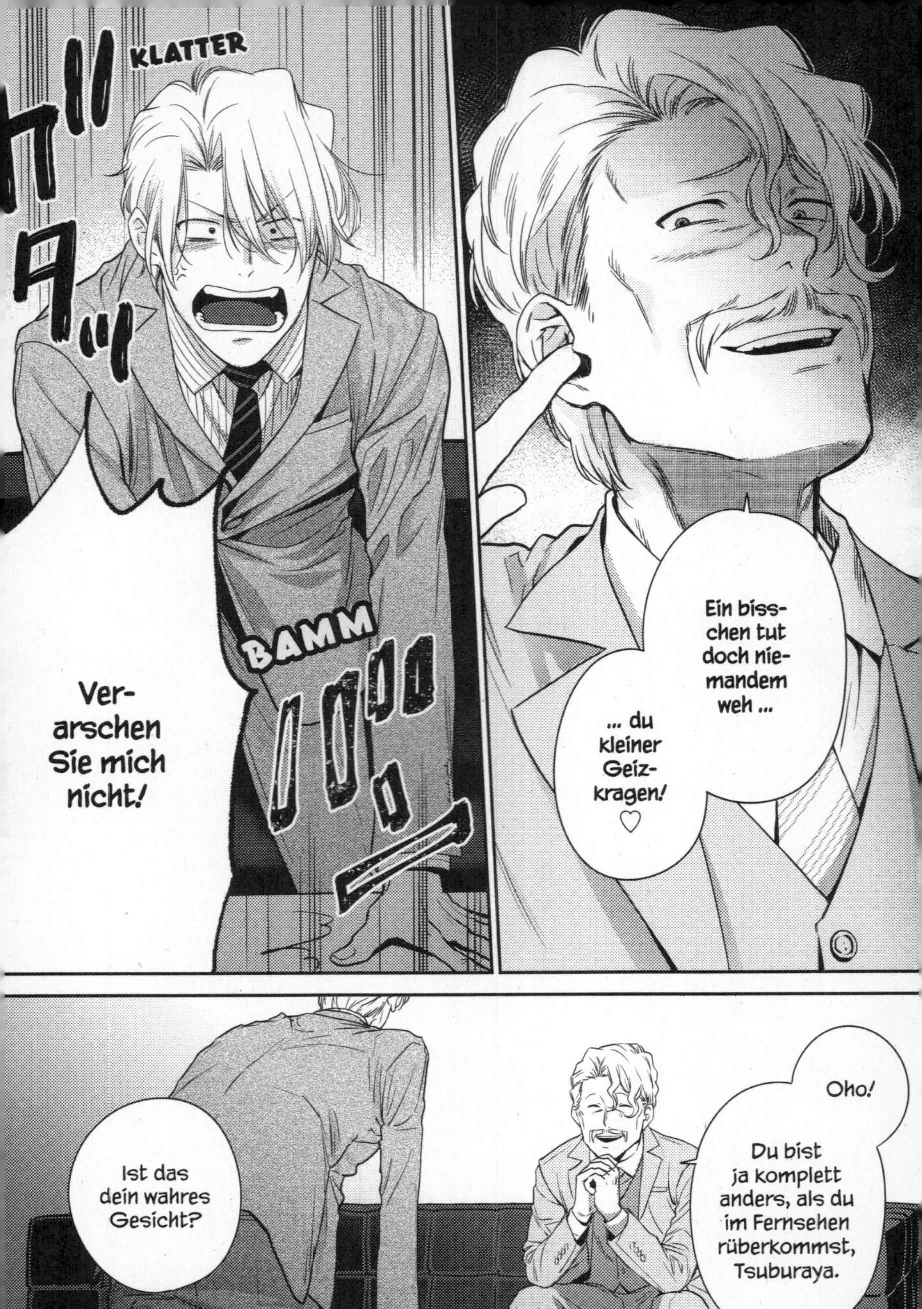
Ein bisschen tut doch niemandem weh ...
... du kleiner Geizkragen! ♡
KLATTER
BAMM
Verarschen Sie mich nicht!
Oho!
Du bist ja komplett anders, als du im Fernsehen rüberkommst, Tsuburaya.
Ist das dein wahres Gesicht?

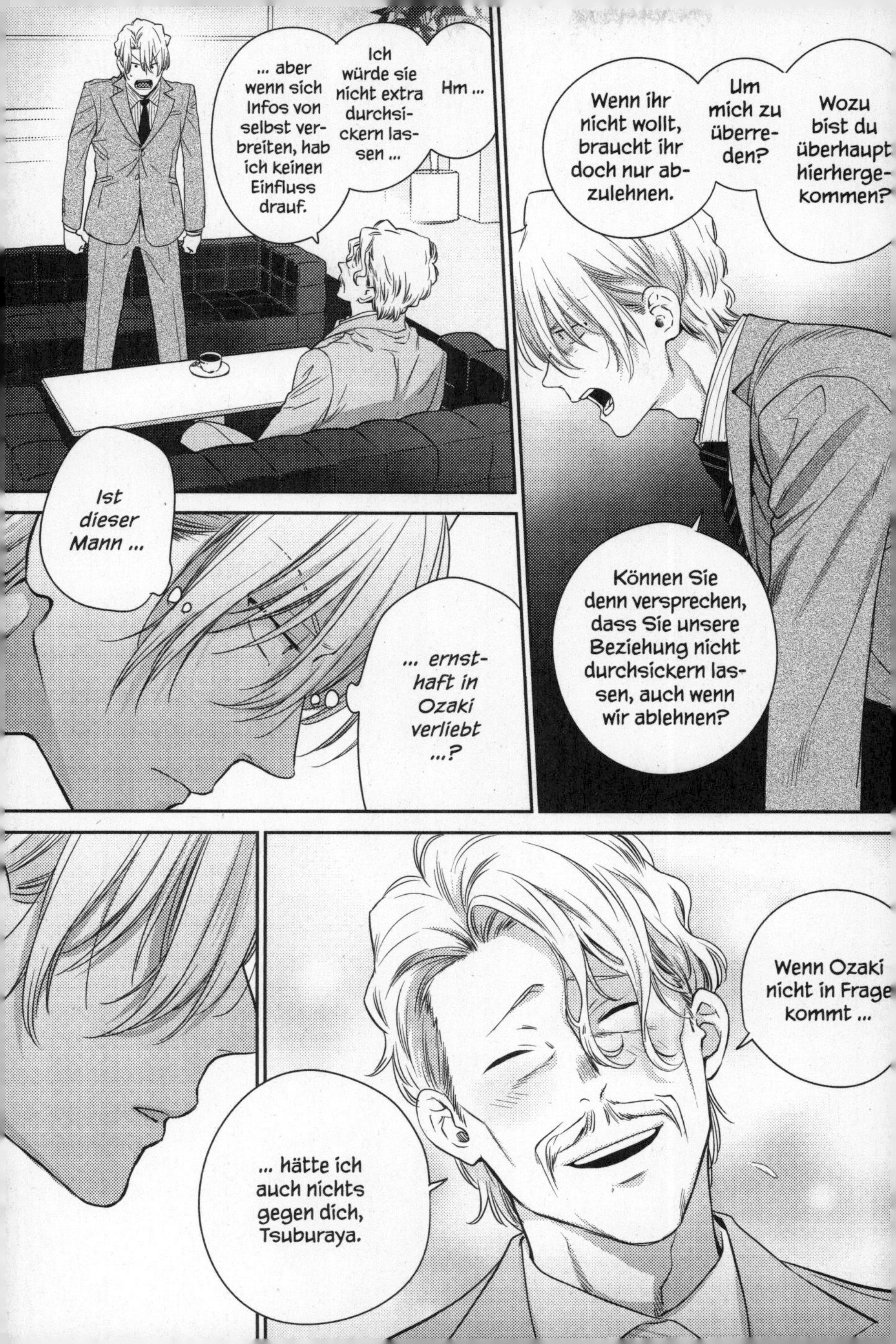
Wozu bist du überhaupt hierhergekommen?
Um mich zu überreden?
Wenn ihr nicht wollt, braucht ihr doch nur abzulehnen.
Können Sie denn versprechen, dass Sie unsere Beziehung nicht durchsickern lassen, auch wenn wir ablehnen?
Hm ...
Ich würde sie nicht extra durchsickern lassen ...
... aber wenn sich Infos von selbst verbreiten, hab ich keinen Einfluss drauf.
Ist dieser Mann ...
... ernsthaft in Ozaki verliebt ...?
Wenn Ozaki nicht in Frage kommt ...
... hätte ich auch nichts gegen dich, Tsuburaya.

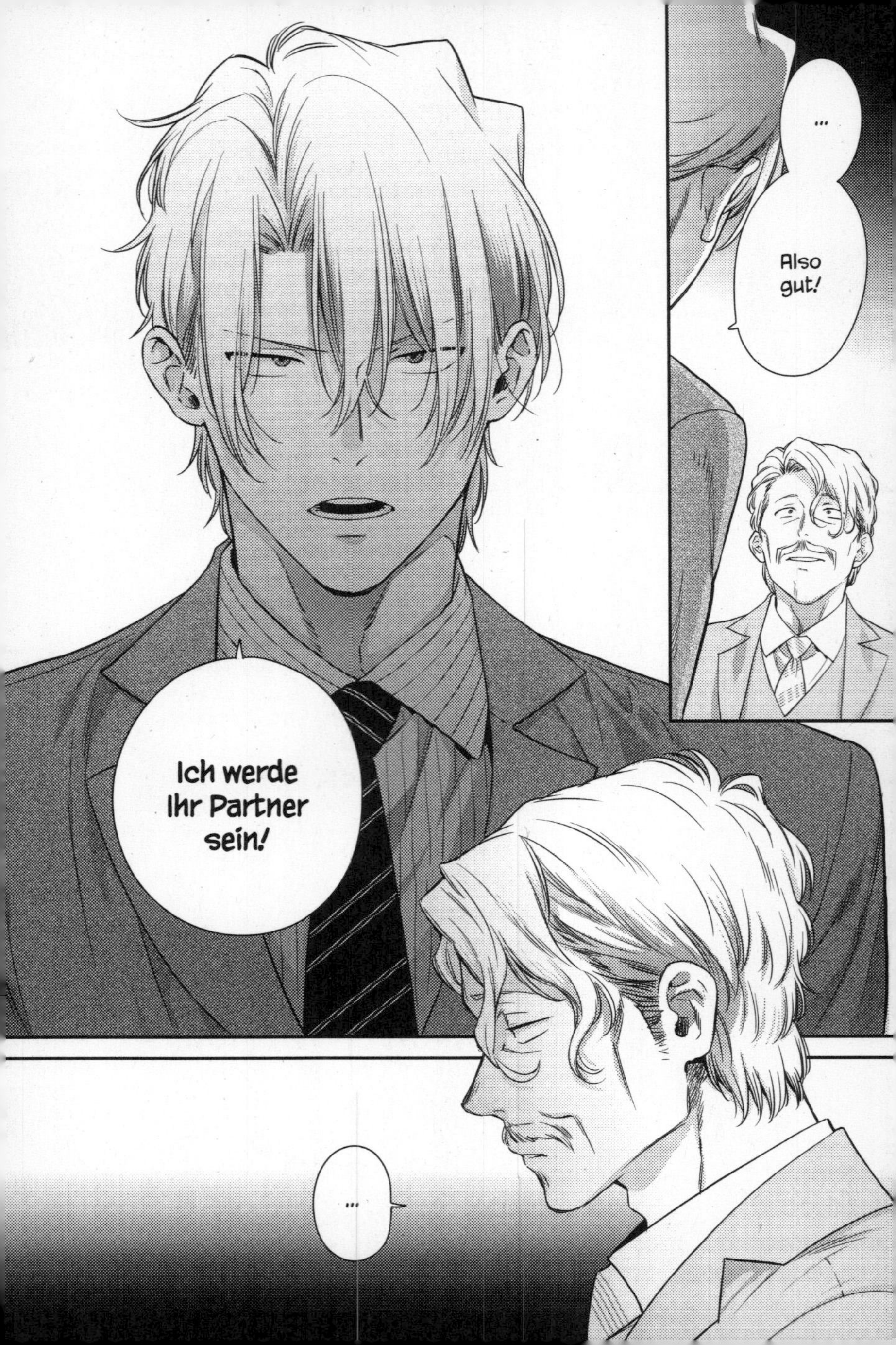
...
Also gut!
Ich werde Ihr Partner sein!
...

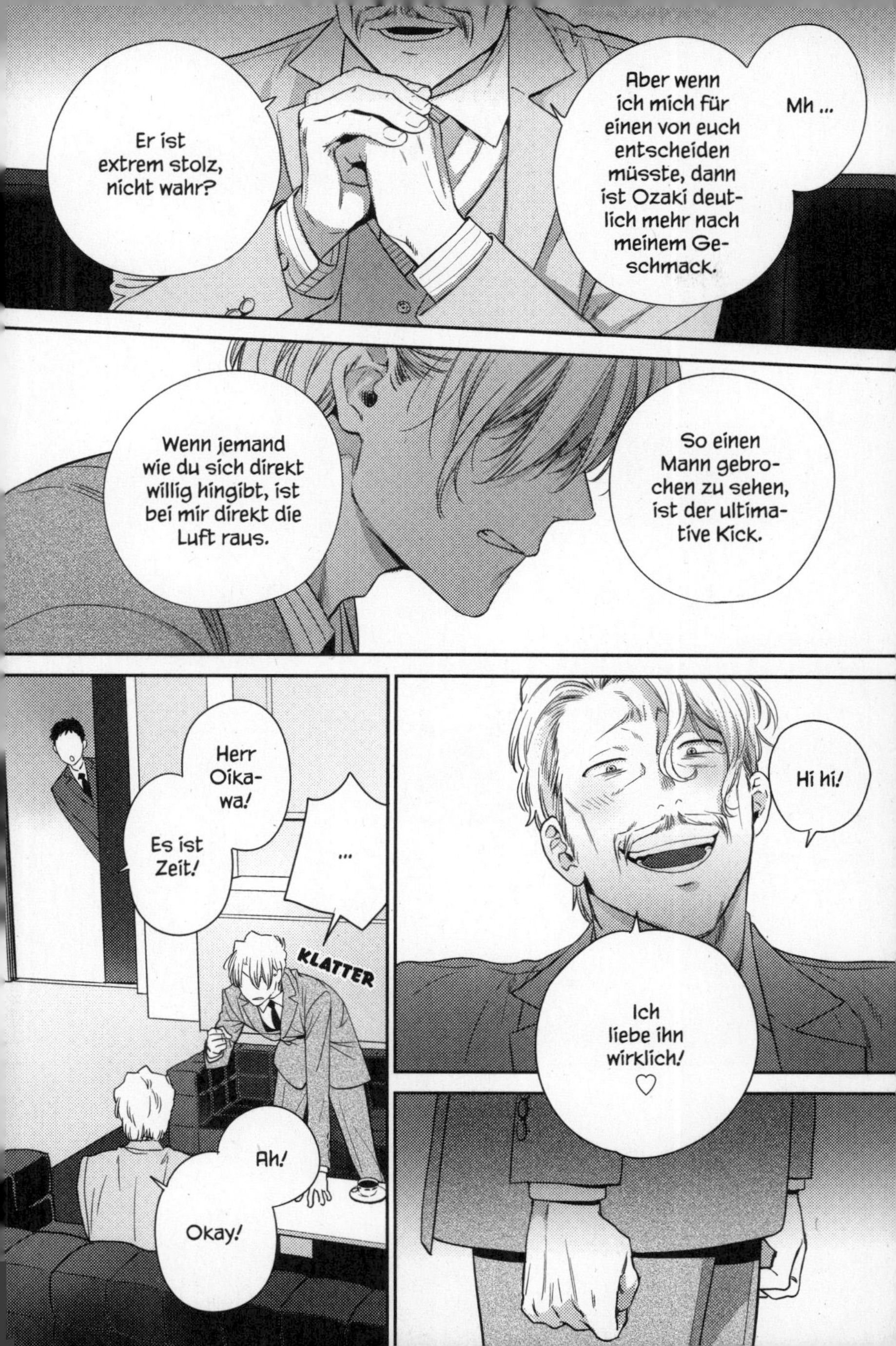
Mh ...
Aber wenn ich mich für einen von euch entscheiden müsste, dann ist Ozaki deutlich mehr nach meinem Geschmack.
Er ist extrem stolz, nicht wahr?
So einen Mann gebrochen zu sehen, ist der ultimative Kick.
Wenn jemand wie du sich direkt willig hingibt, ist bei mir direkt die Luft raus.
Hi hi!
Ich liebe ihn wirklich! ♡
Herr Oikawa!
Es ist Zeit!
...
KLATTER
Ah!
Okay!

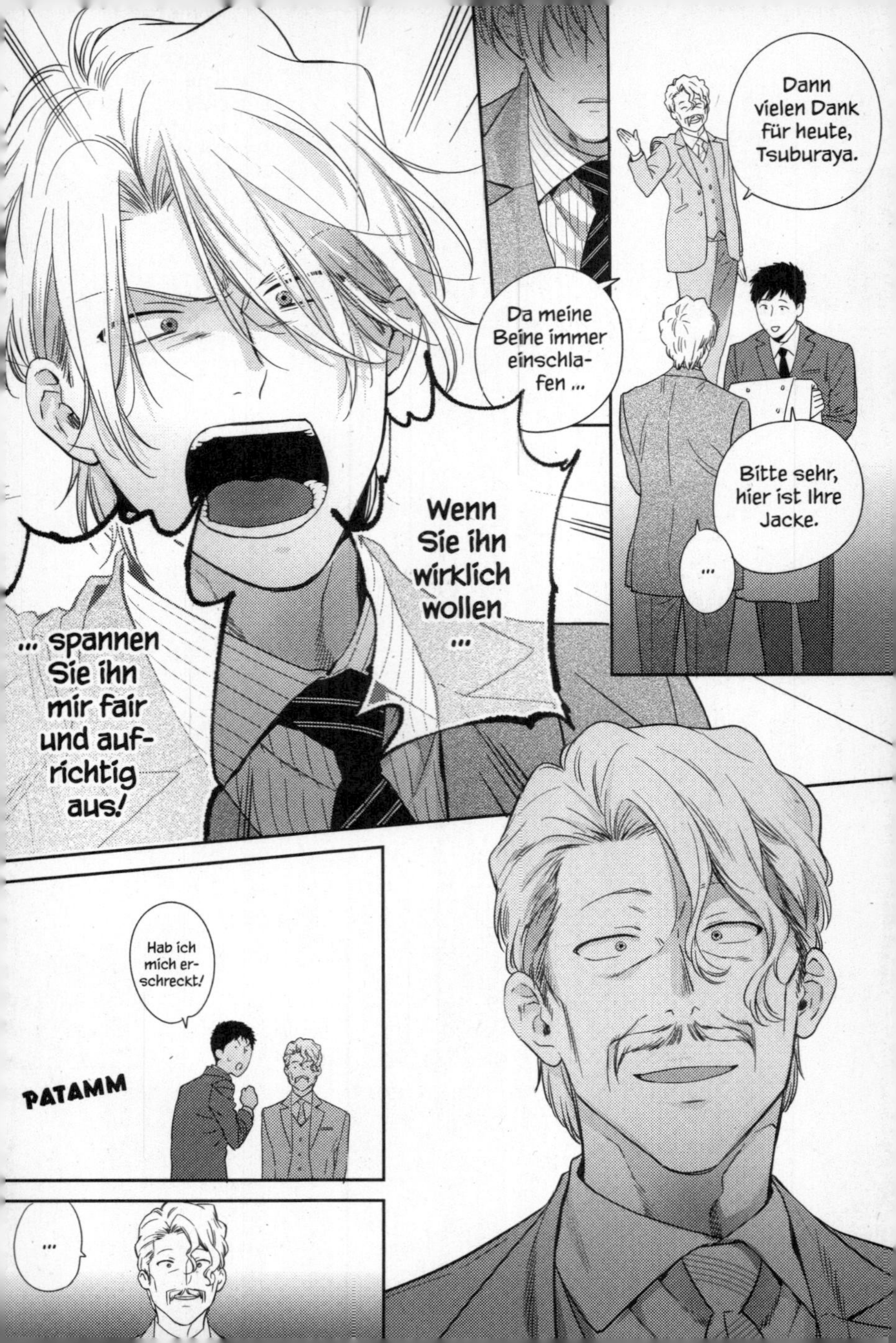
Dann vielen Dank für heute, Tsuburaya.
Bitte sehr, hier ist Ihre Jacke.
...
Da meine Beine immer einschla-fen ...
Wenn Sie ihn wirklich wollen ...
... spannen Sie ihn mir fair und auf-richtig aus!
Hab ich mich er-schreckt!
PATAMM
...

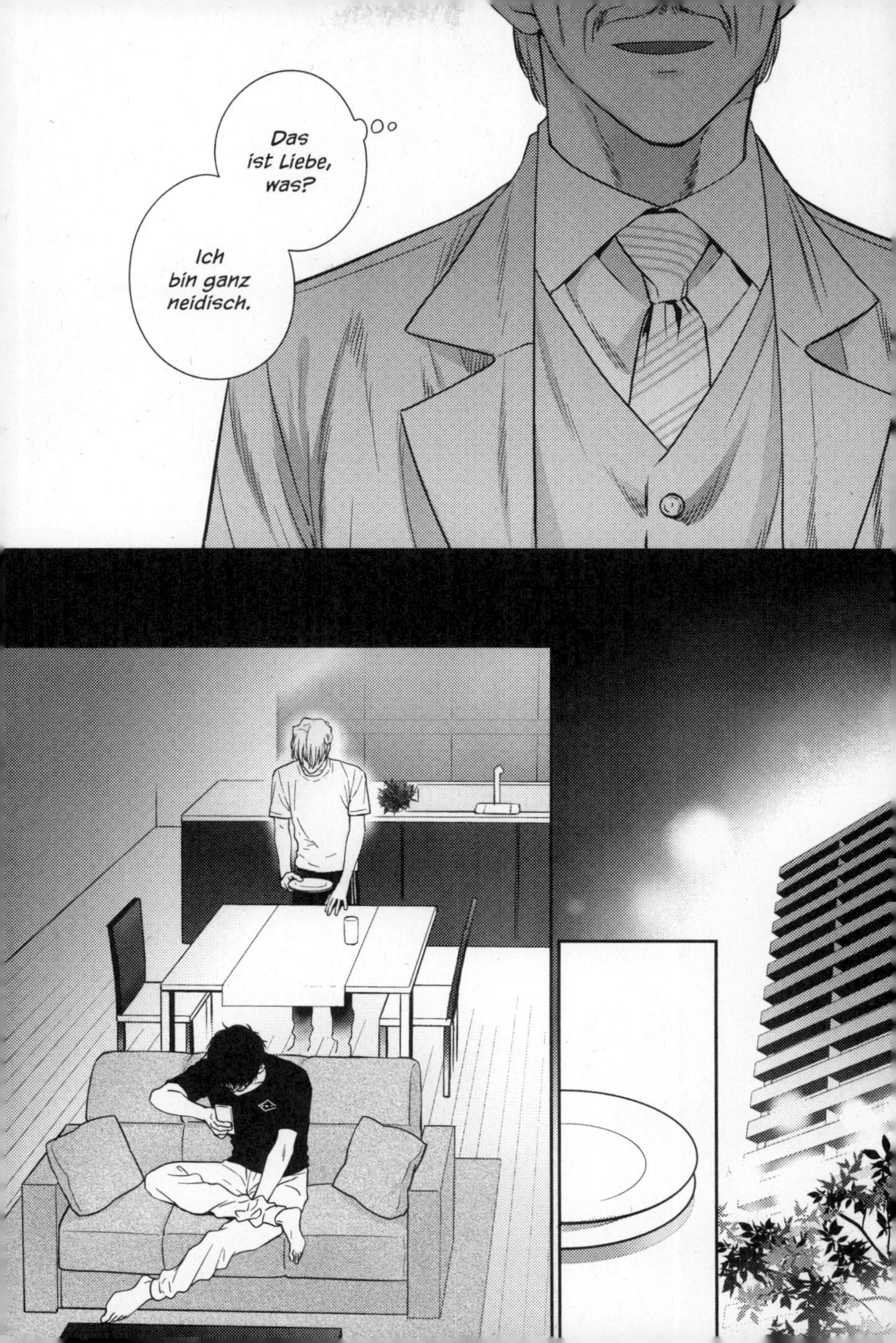
Das ist Liebe, was?
Ich bin ganz neidisch.

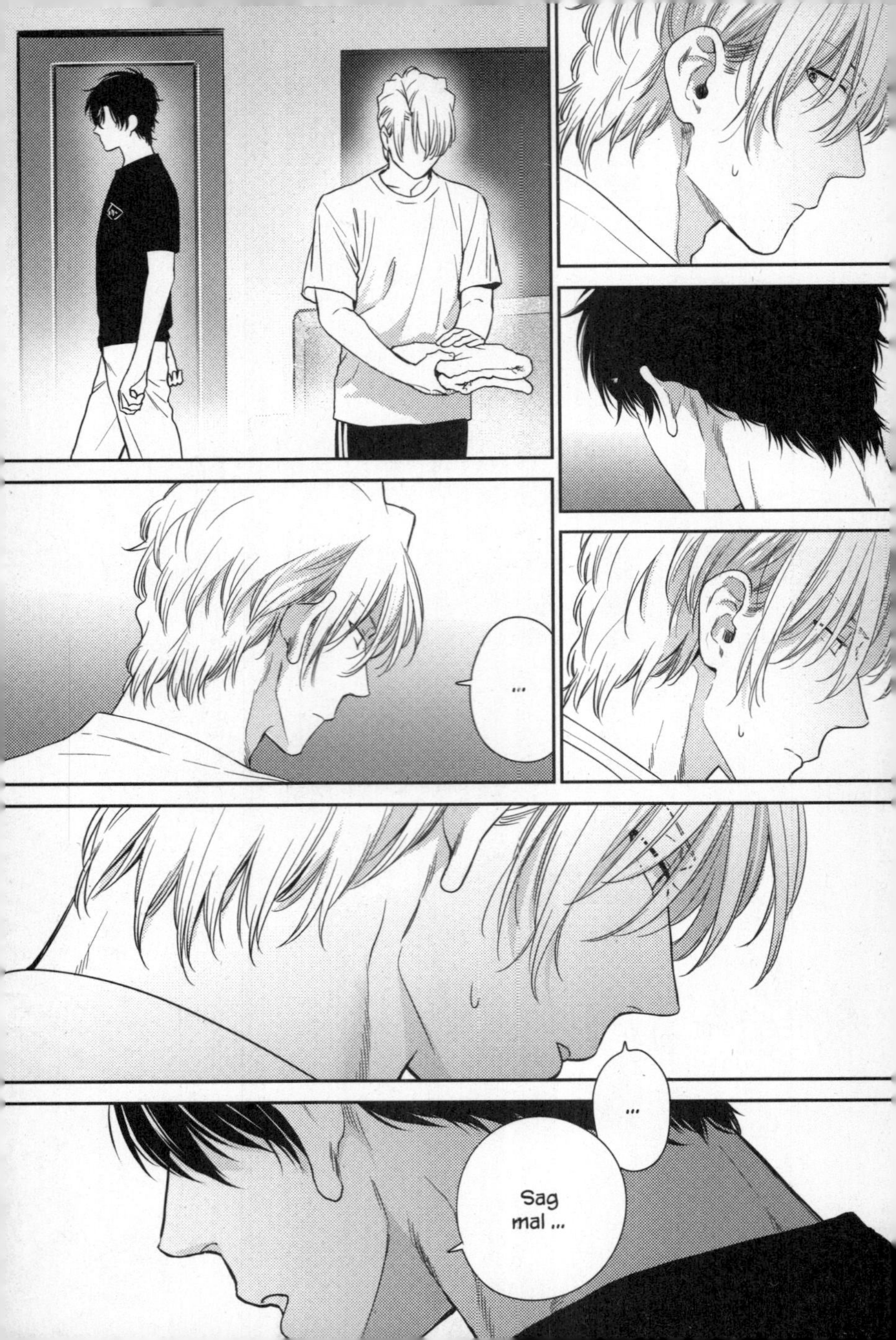
...
...
Sag mal ...

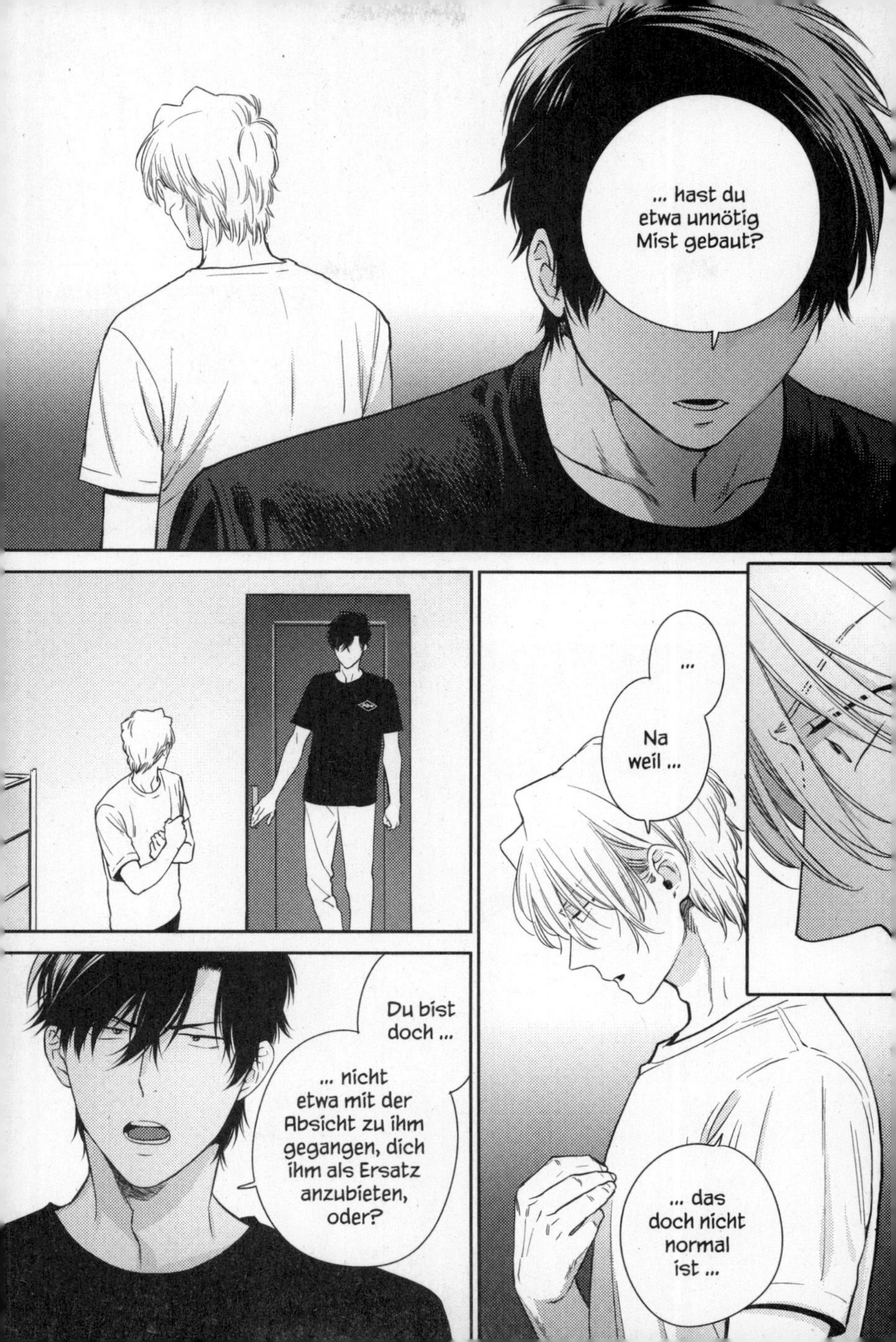
... hast du etwa unnötig Mist gebaut?
...
Na weil ...
... das doch nicht normal ist ...
Du bist doch ...
... nicht etwa mit der Absicht zu ihm gegangen, dich ihm als Ersatz anzubieten, oder?

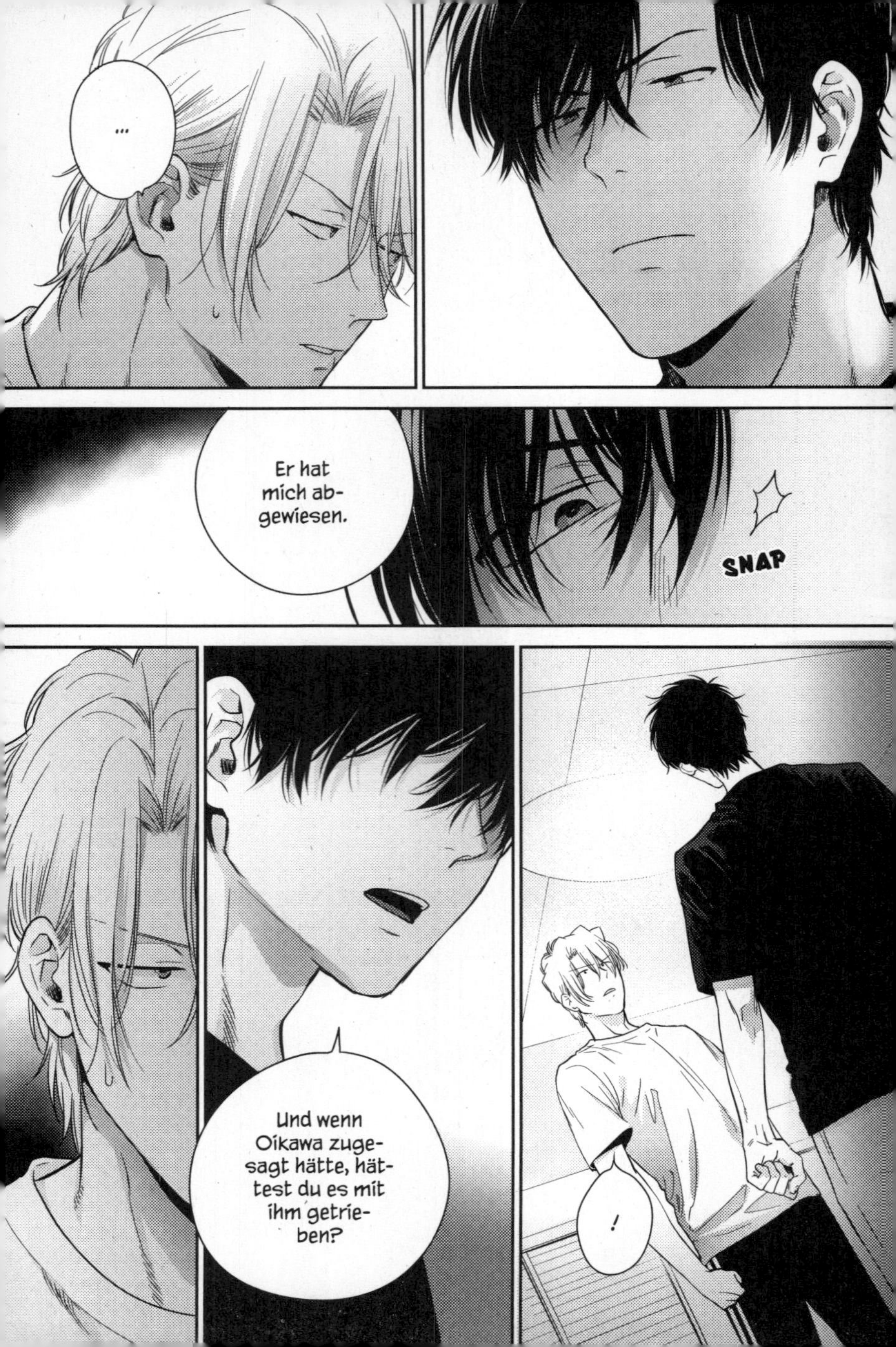
...
Er hat mich abgewiesen.
SNAP
!
Und wenn Oikawa zugesagt hätte, hättest du es mit ihm getrieben?

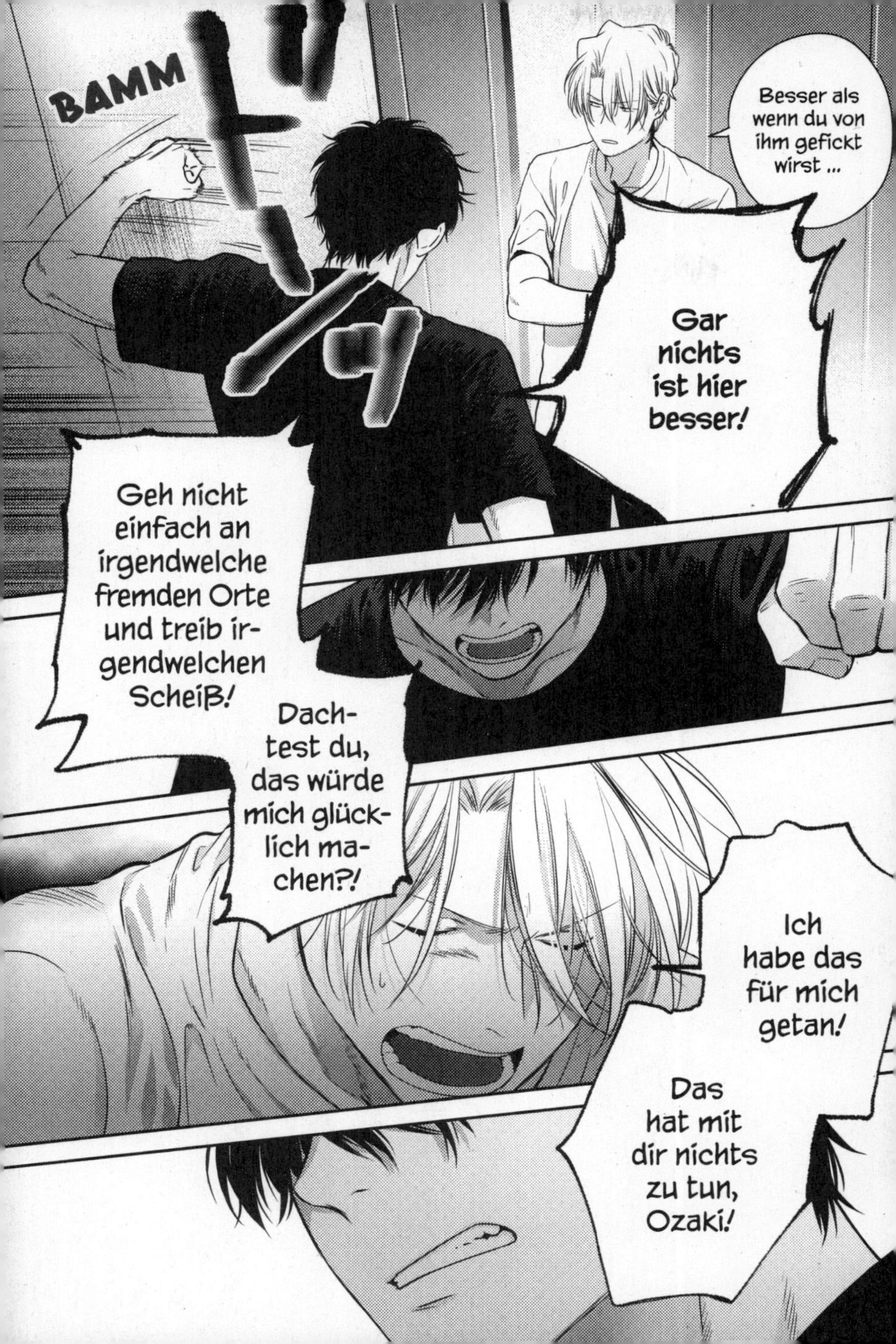
BAMM
Besser als wenn du von ihm gefickt wirst ...
Gar nichts ist hier besser!
Geh nicht einfach an irgendwelche fremden Orte und treib irgendwelchen Scheiß!
Dachtest du, das würde mich glücklich machen?!
Ich habe das für mich getan!
Das hat mit dir nichts zu tun, Ozaki!

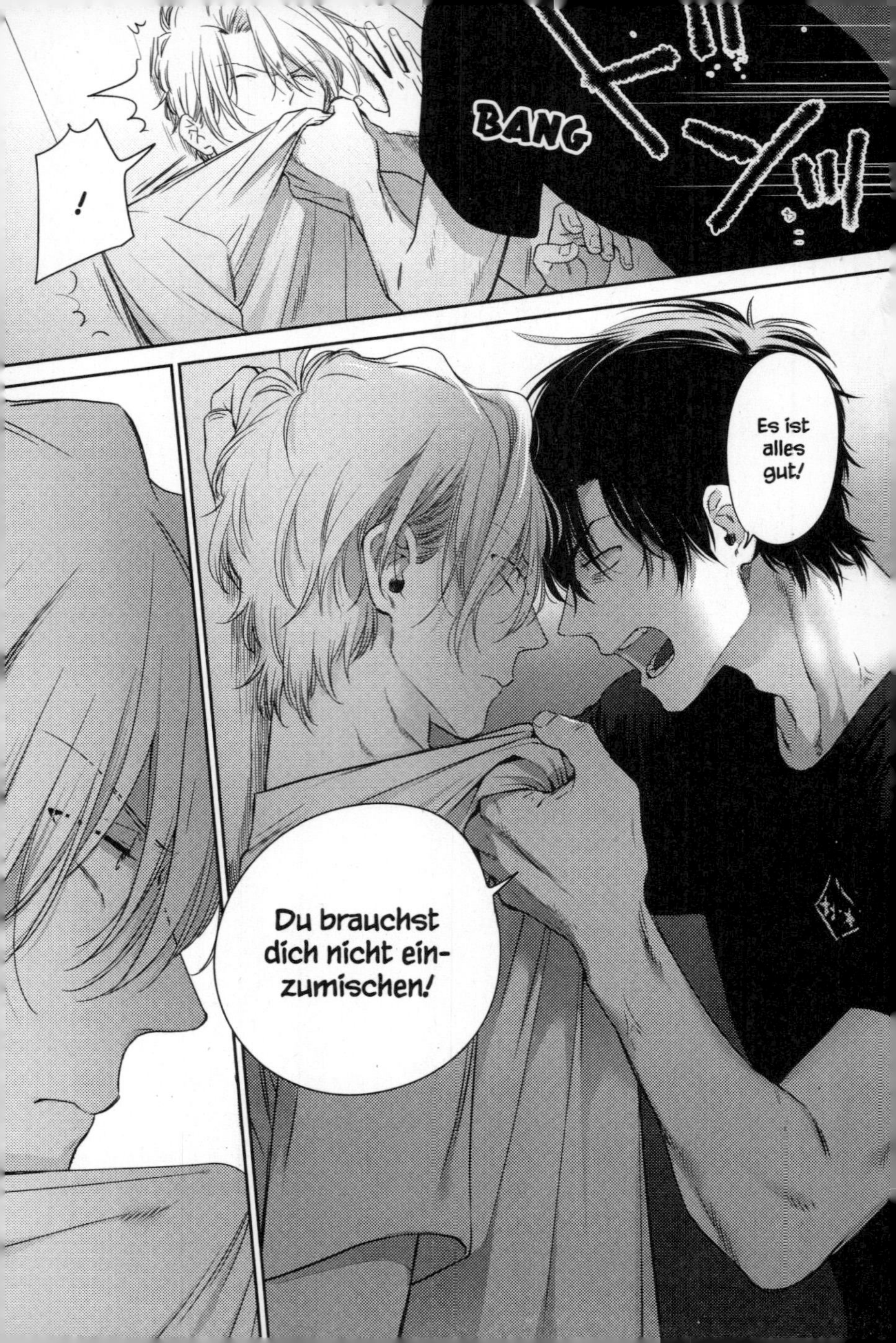
!
BANG
Es ist alles gut!
Du brauchst dich nicht ein-zumischen!

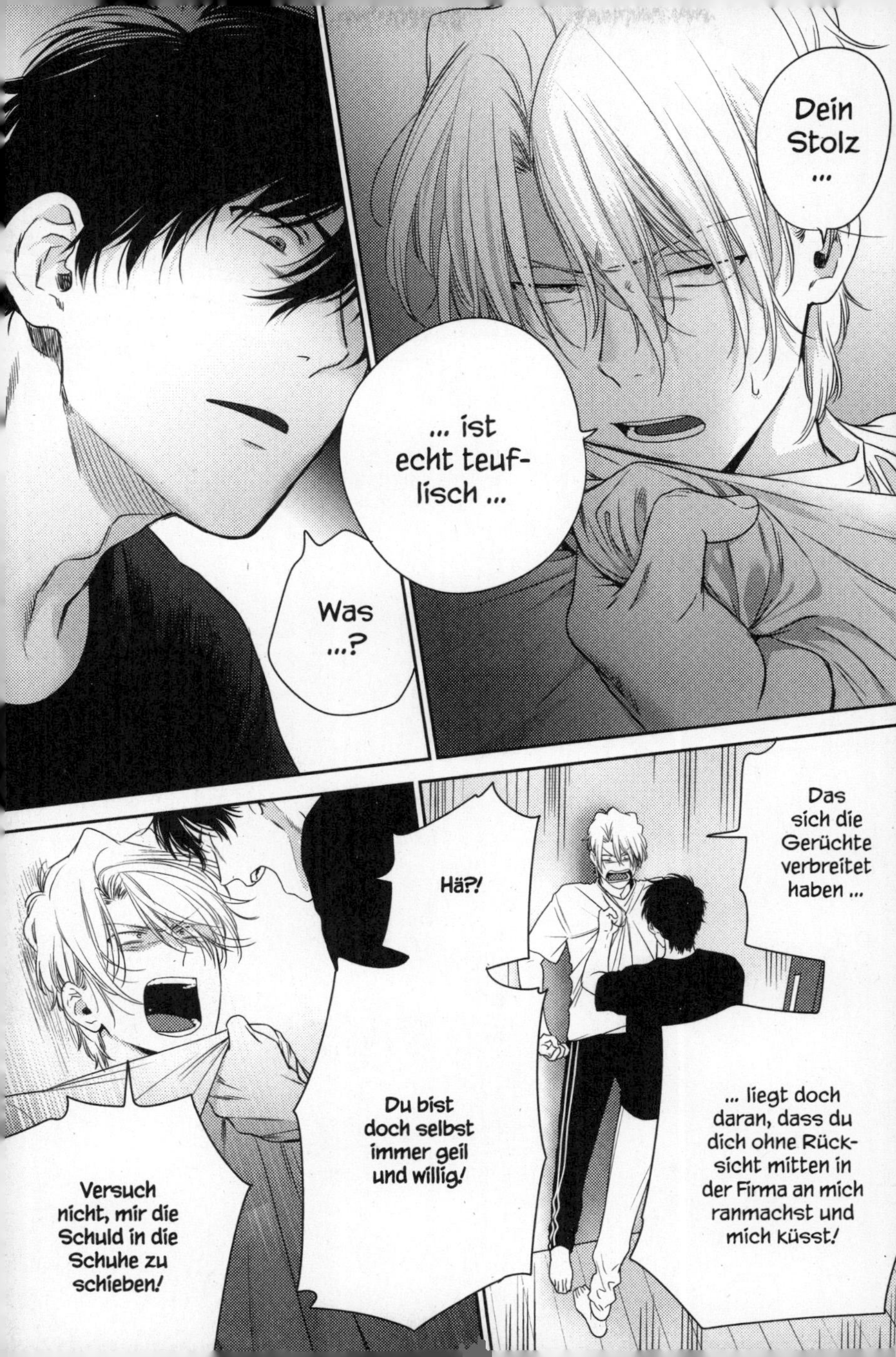
Dein Stolz ...
... ist echt teuflisch ...
Was ...?
Das sich die Gerüchte verbreitet haben ...
... liegt doch daran, dass du dich ohne Rücksicht mitten in der Firma an mich ranmachst und mich küsst!
Hä?!
Du bist doch selbst immer geil und willig!
Versuch nicht, mir die Schuld in die Schuhe zu schieben!

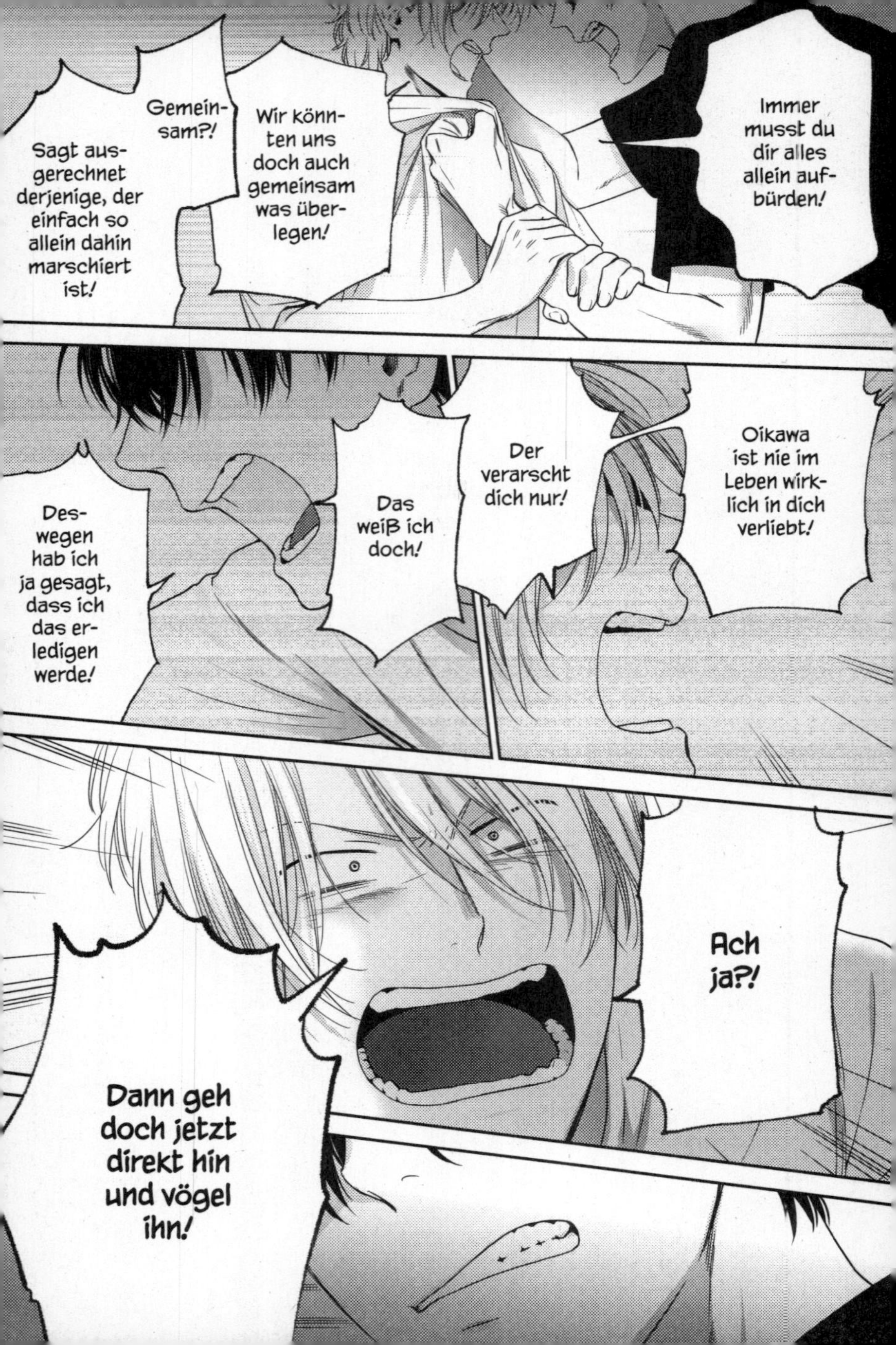
Immer musst du dir alles allein aufbürden!
Wir könnten uns doch auch gemeinsam was überlegen!
Gemeinsam?!
Sagt ausgerechnet derjenige, der einfach so allein dahin marschiert ist!
Oikawa ist nie im Leben wirklich in dich verliebt!
Der verarscht dich nur!
Das weiß ich doch!
Deswegen hab ich ja gesagt, dass ich das erledigen werde!
Ach ja?!
Dann geh doch jetzt direkt hin und vögel ihn!

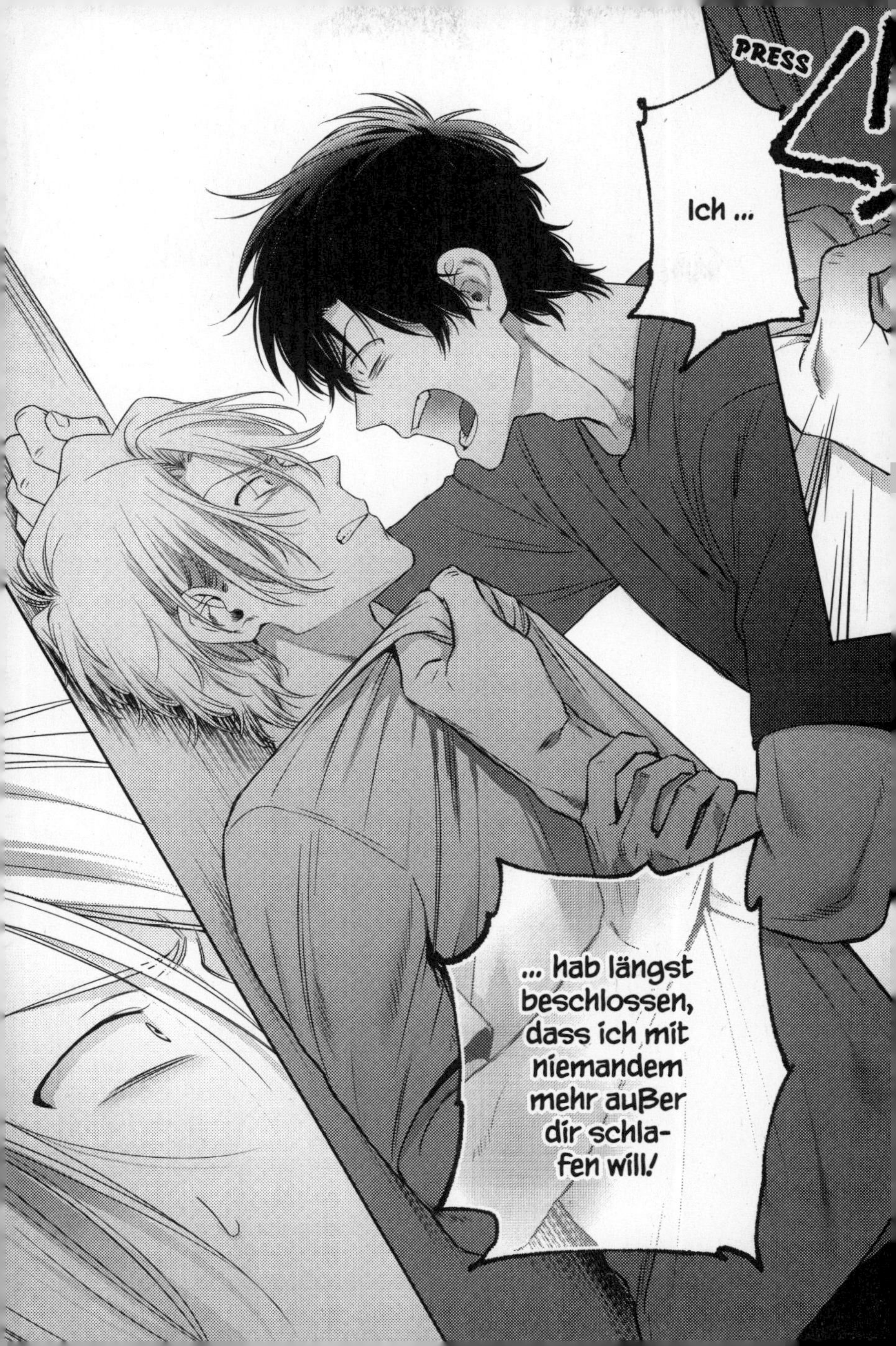
PRESS
Ich ...
... hab längst beschlossen, dass ich mit niemandem mehr außer dir schla-fen will!

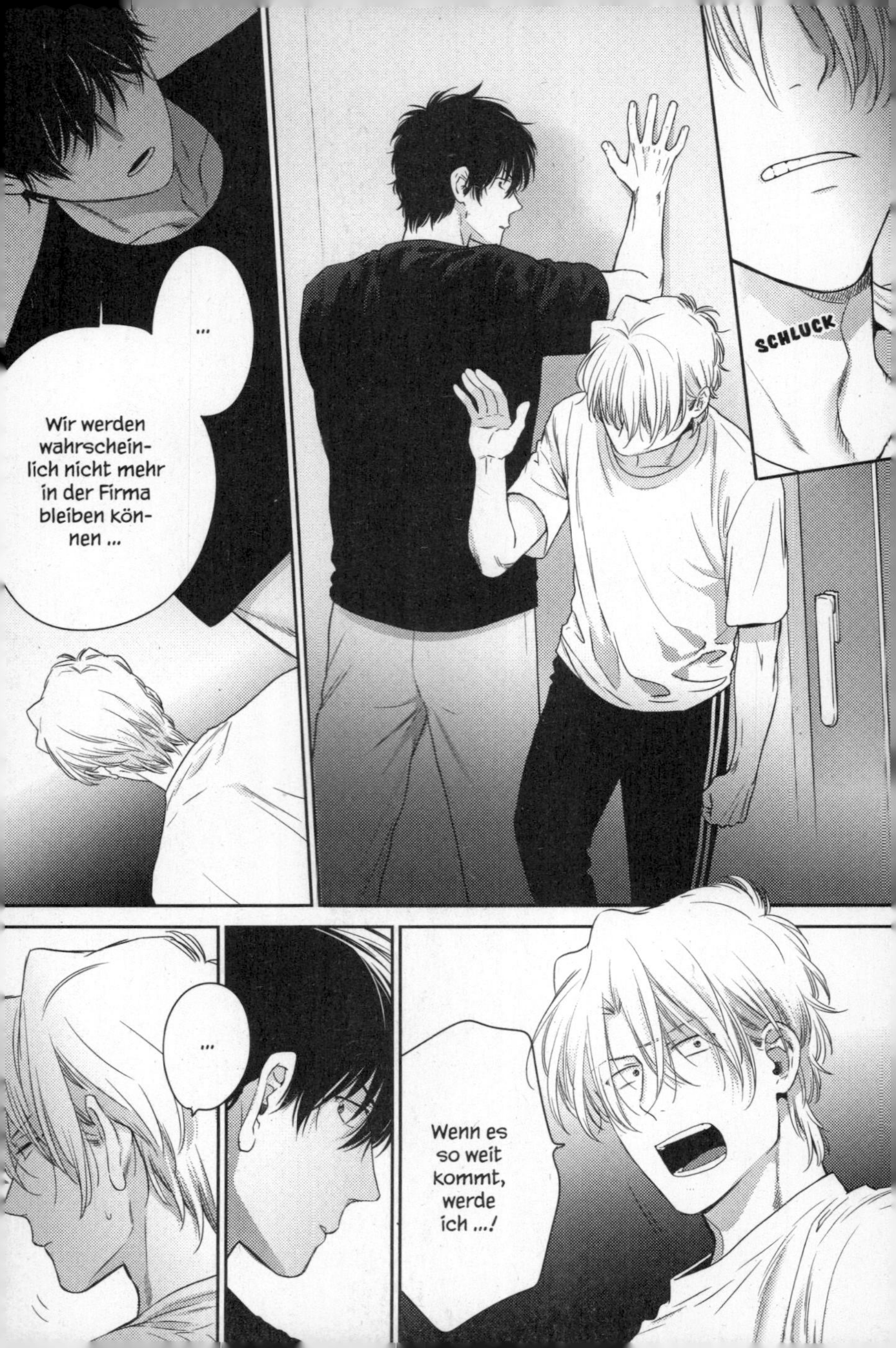
SCHLUCK
...
Wir werden wahrschein-lich nicht mehr in der Firma bleiben kön-nen ...
Wenn es so weit kommt, werde ich ...!
...

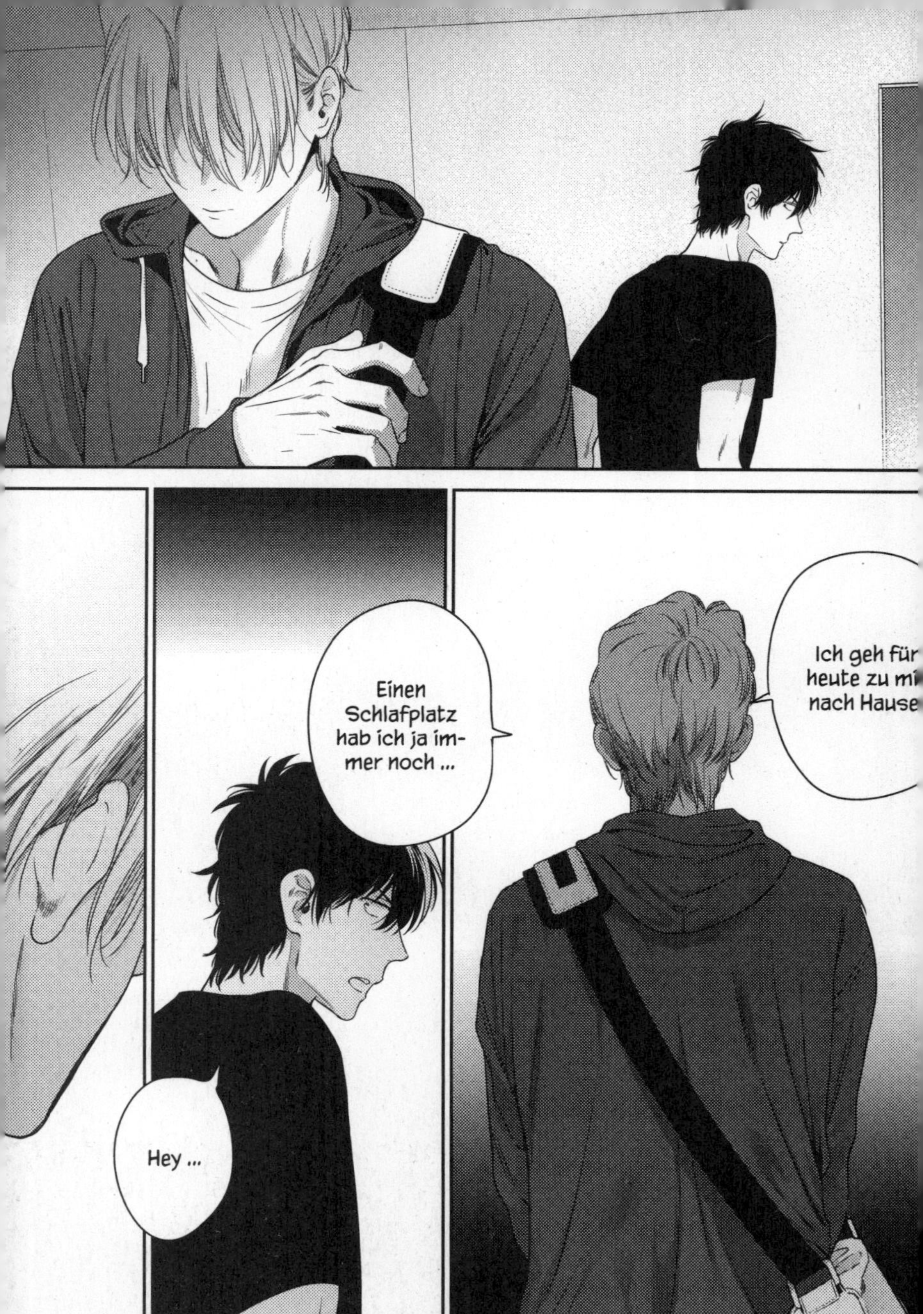
Ich geh für heute zu mi nach Hause
Einen Schlafplatz hab ich ja immer noch ...
Hey ...

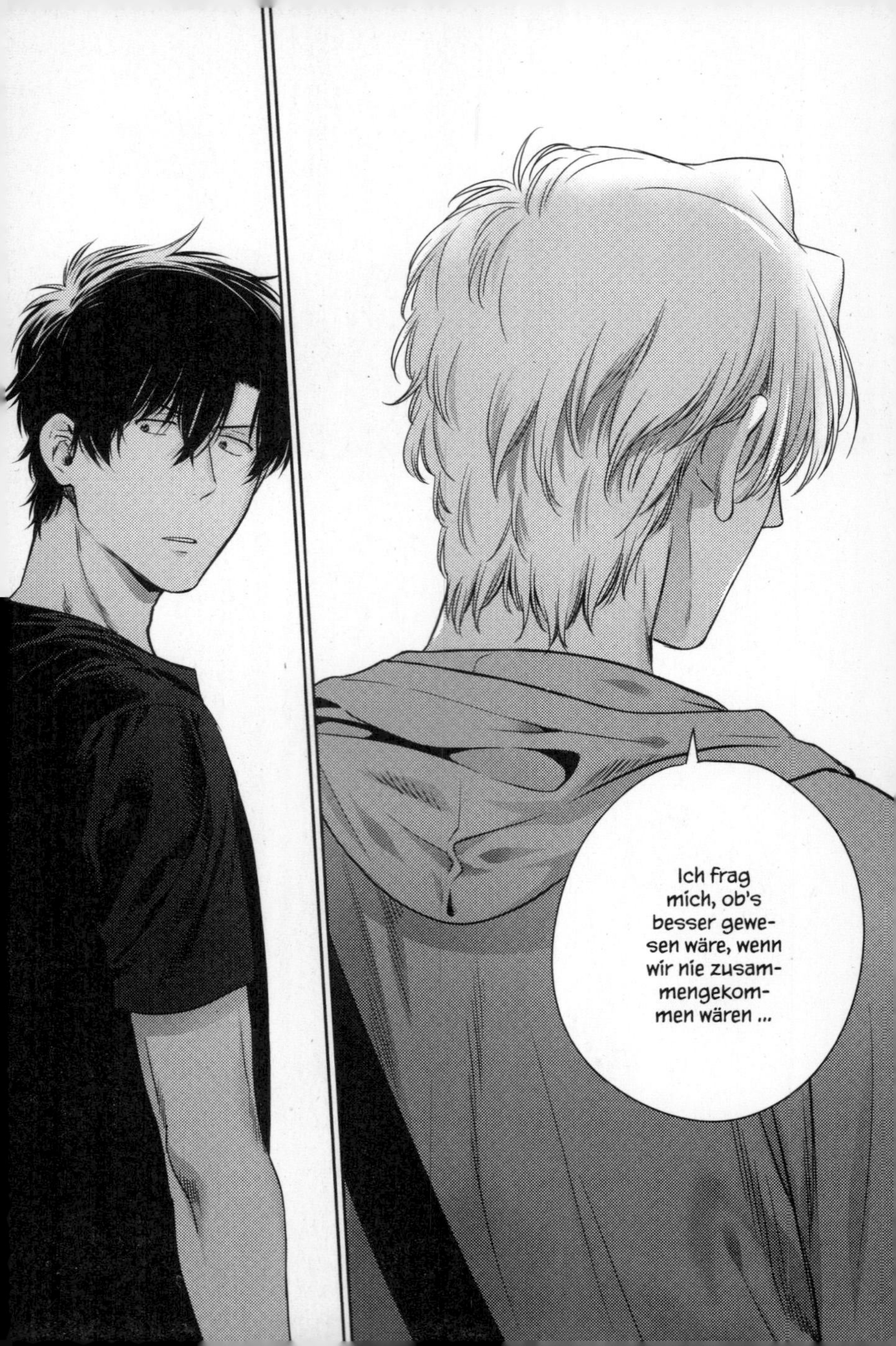
Ich frag mich, ob's besser gewesen wäre, wenn wir nie zusammengekommen wären ...

Ganz verschieden gleich

Runde 25

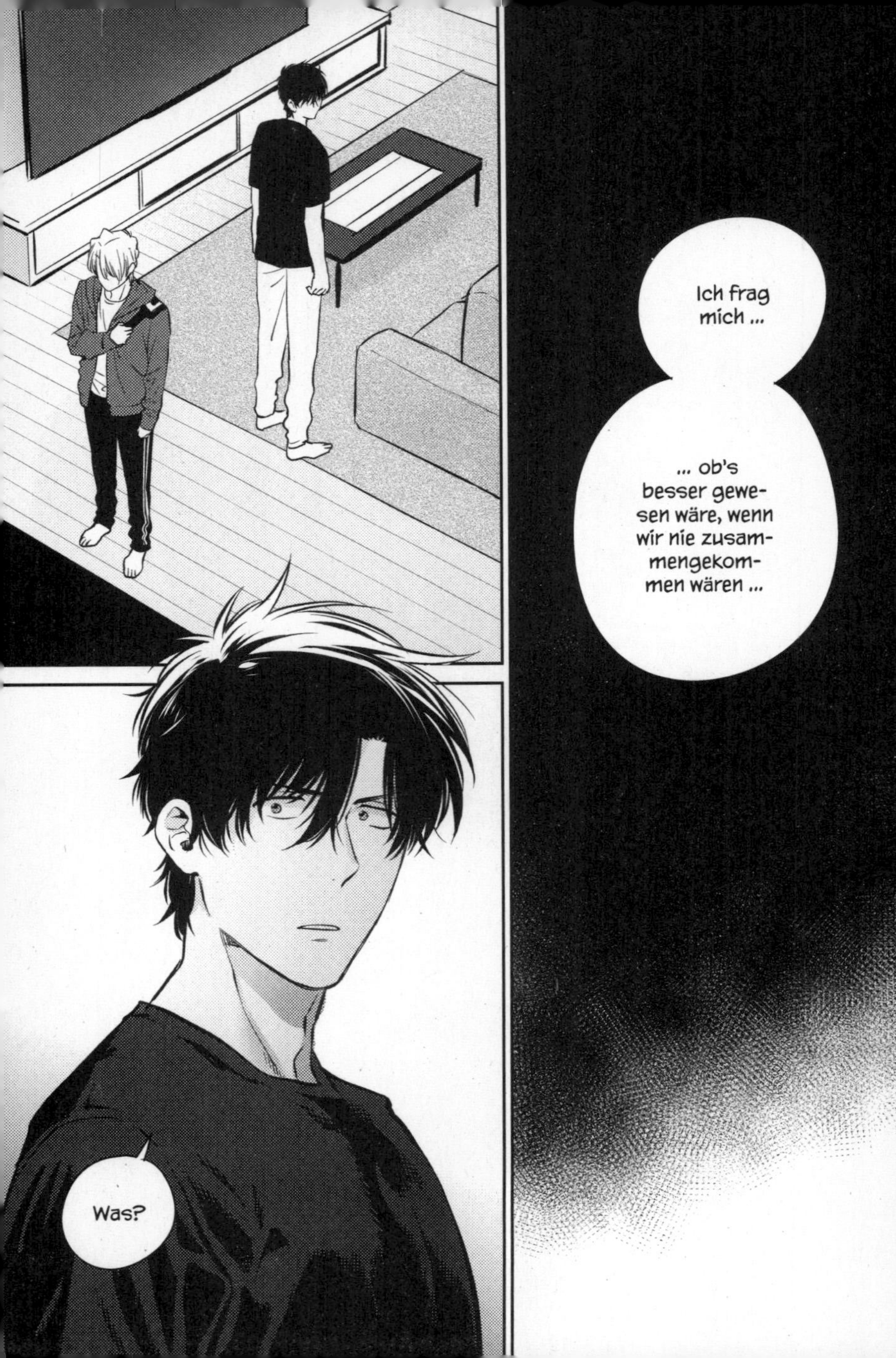
Ich frag mich ...
... ob's besser gewesen wäre, wenn wir nie zusammengekommen wären ...
Was?

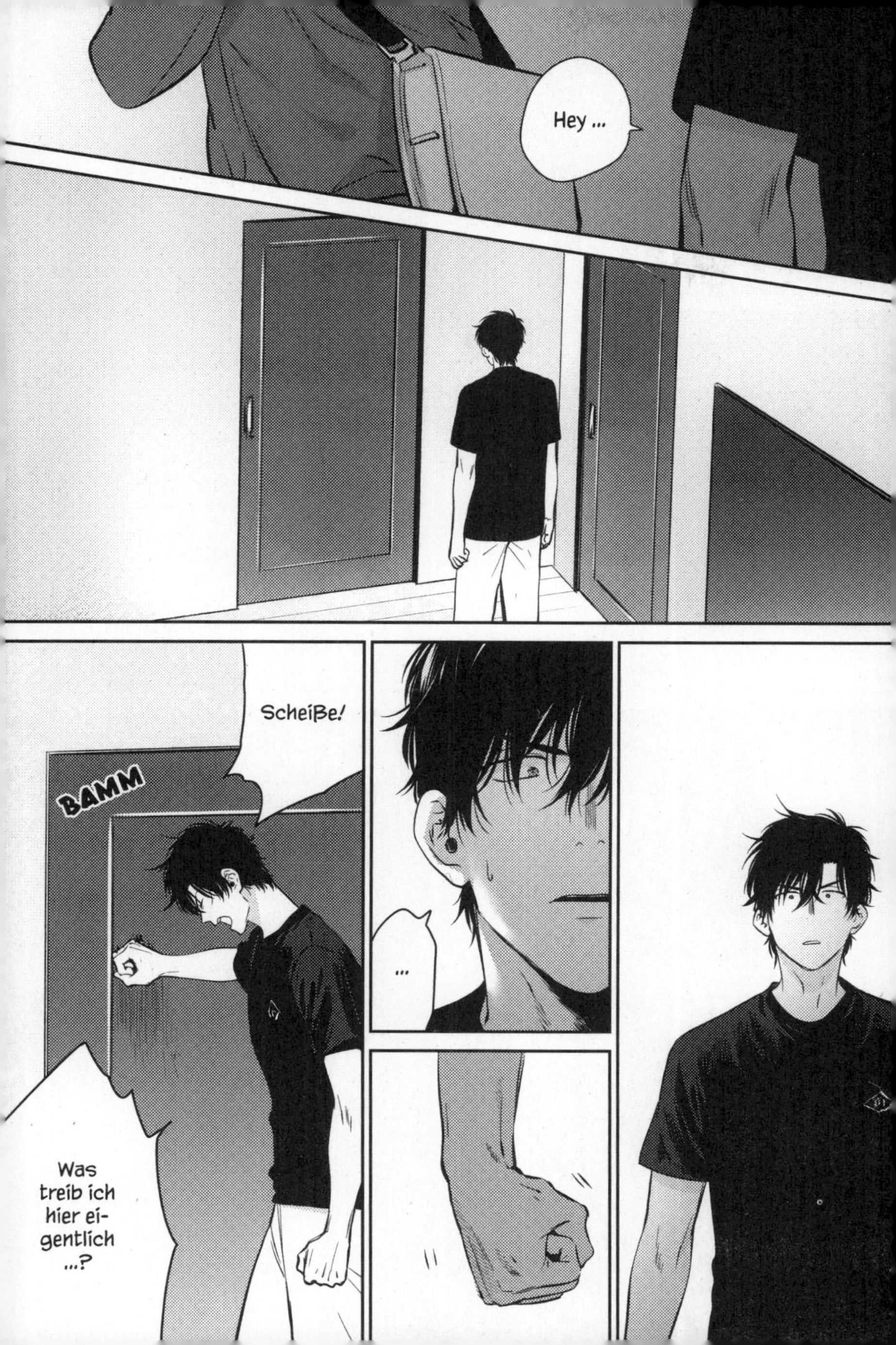

Hey ...

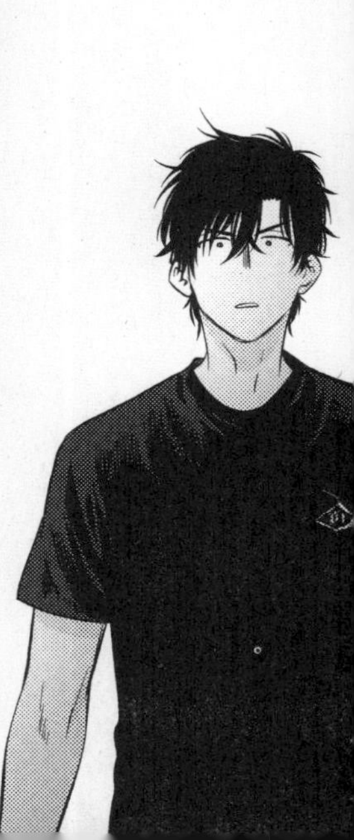

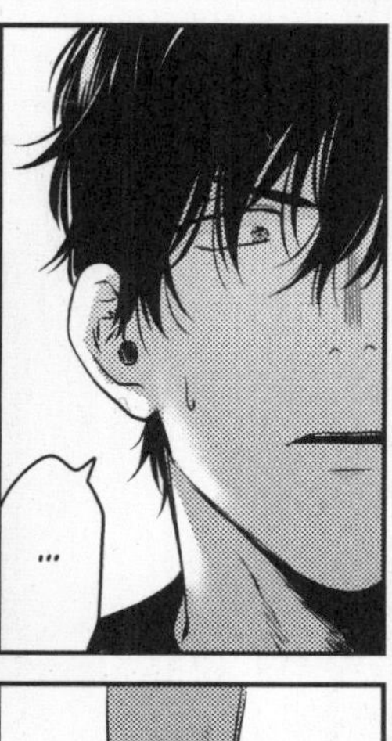

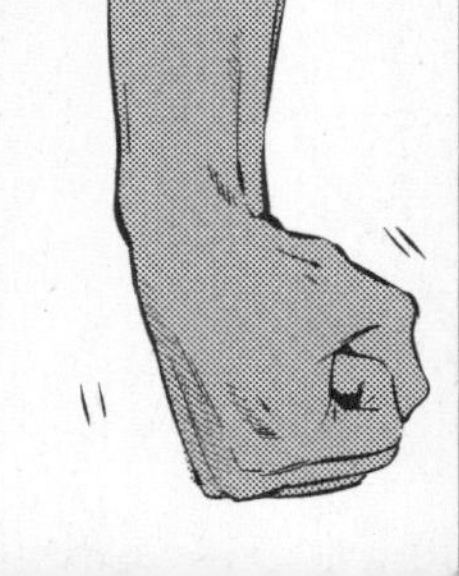

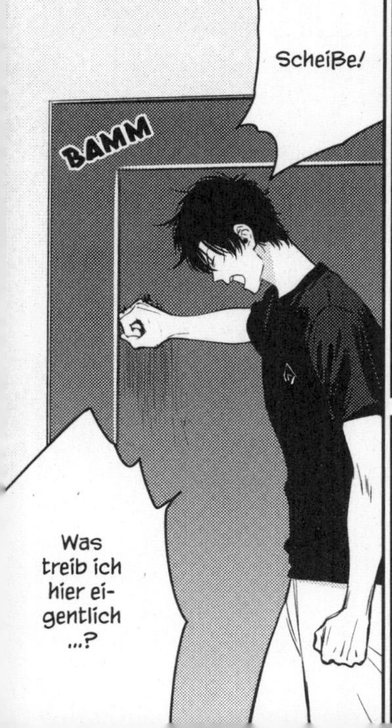

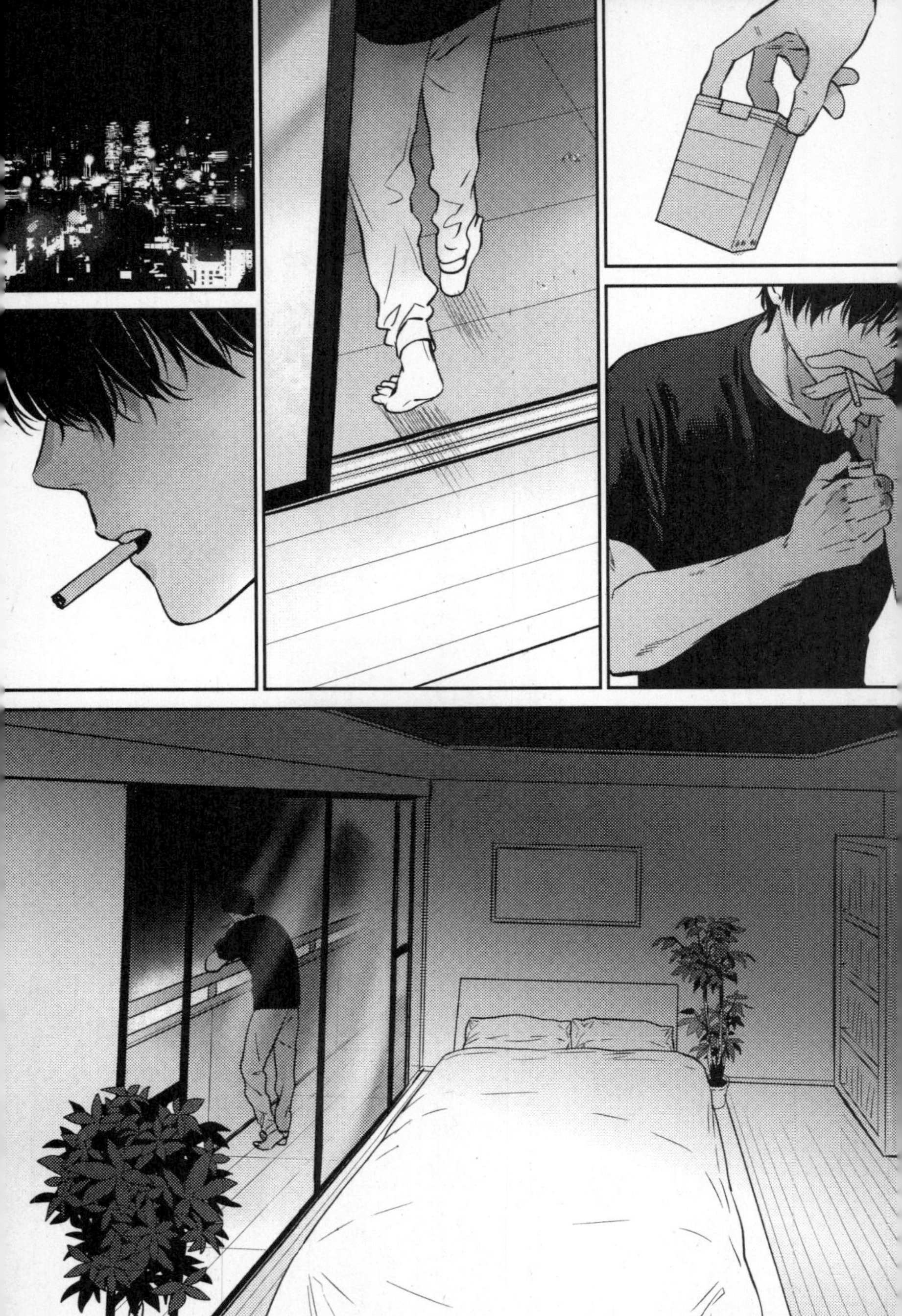

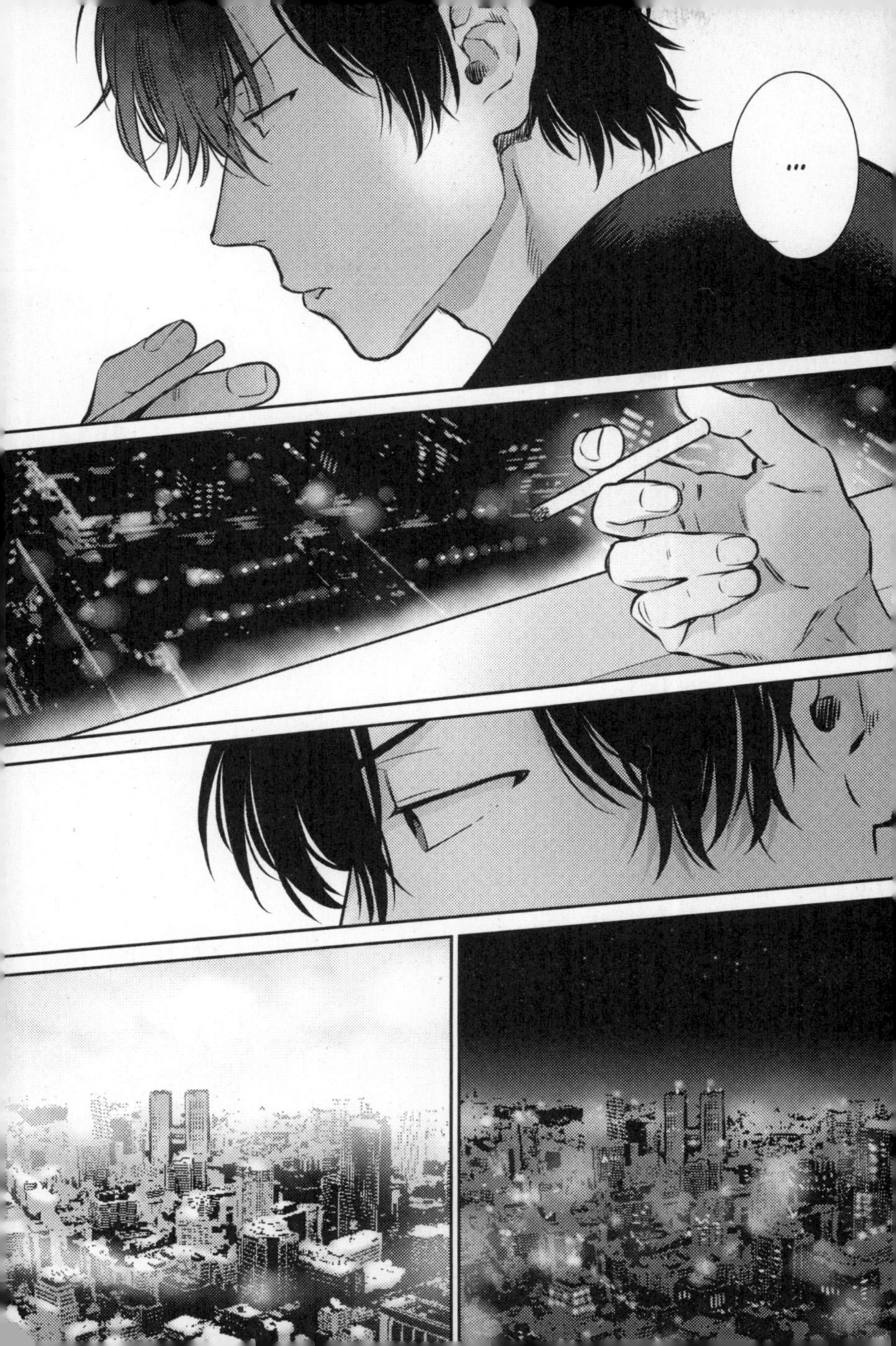

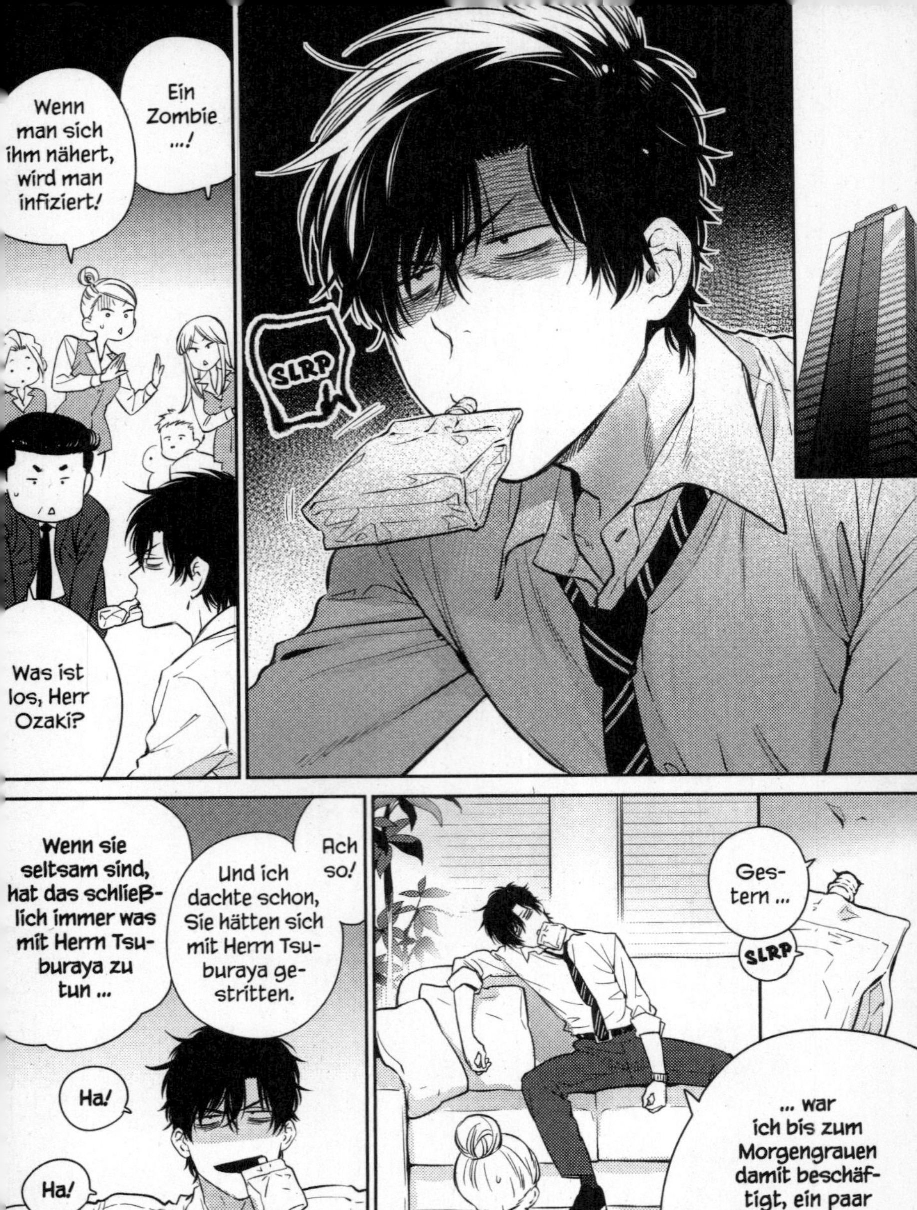
SLRP
Ein Zombie ...!
Wenn man sich ihm nähert, wird man infiziert!
Was ist los, Herr Ozaki?
Ges-tern ...
SLRP
... war ich bis zum Morgengrauen damit beschäf-tigt, ein paar harte Nüsse zu knacken, so-dass ich kaum geschlafen hab.
Aha ...
Ach so!
Und ich dachte schon, Sie hätten sich mit Herrn Tsu-buraya ge-stritten.
Wenn sie seltsam sind, hat das schließ-lich immer was mit Herrn Tsu-buraya zu tun ...
Ha!
Ha!
Ha!

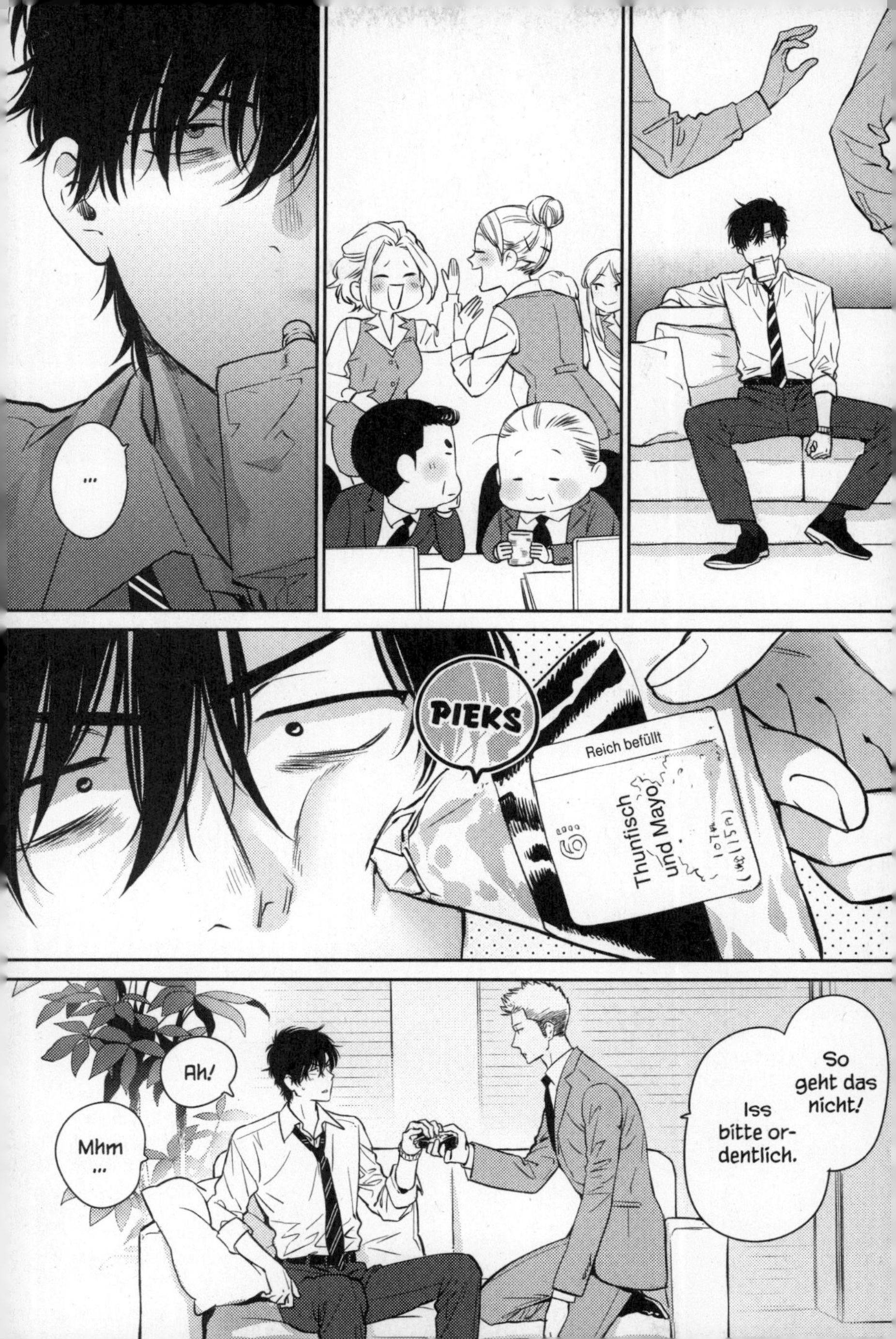

…
PIEKS
Reich befüllt
Thunfisch und Mayo
So geht das nicht!
Iss bitte ordentlich.
Ah!
Mhm …

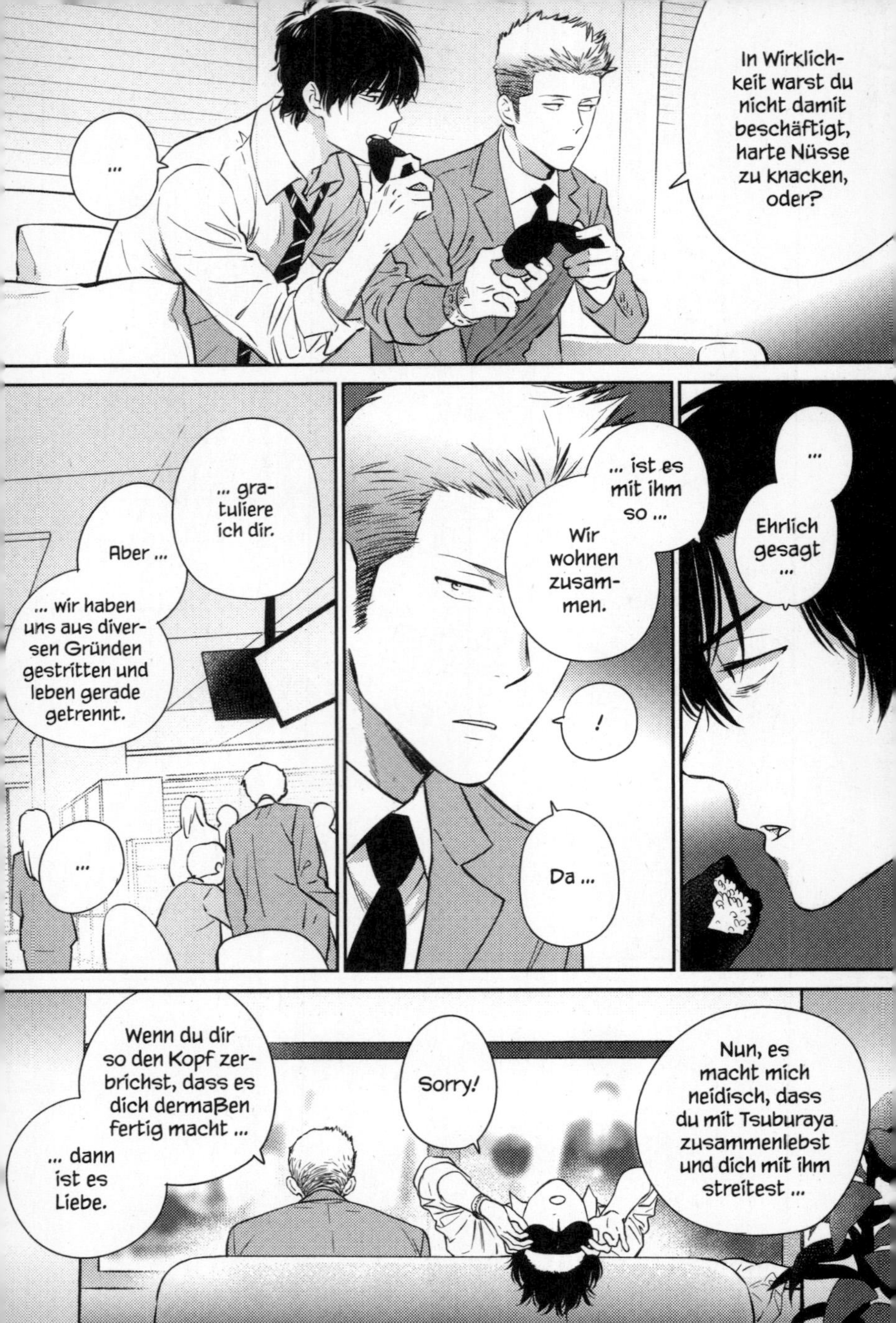
In Wirklichkeit warst du nicht damit beschäftigt, harte Nüsse zu knacken, oder?
...
...
Ehrlich gesagt ...
... ist es mit ihm so ...
Wir wohnen zusammen.
!
Da ...
... gratuliere ich dir.
Aber ...
... wir haben uns aus diversen Gründen gestritten und leben gerade getrennt.
...
Nun, es macht mich neidisch, dass du mit Tsuburaya zusammenlebst und dich mit ihm streitest ...
Sorry!
Wenn du dir so den Kopf zerbrichst, dass es dich dermaßen fertig macht ...
... dann ist es Liebe.

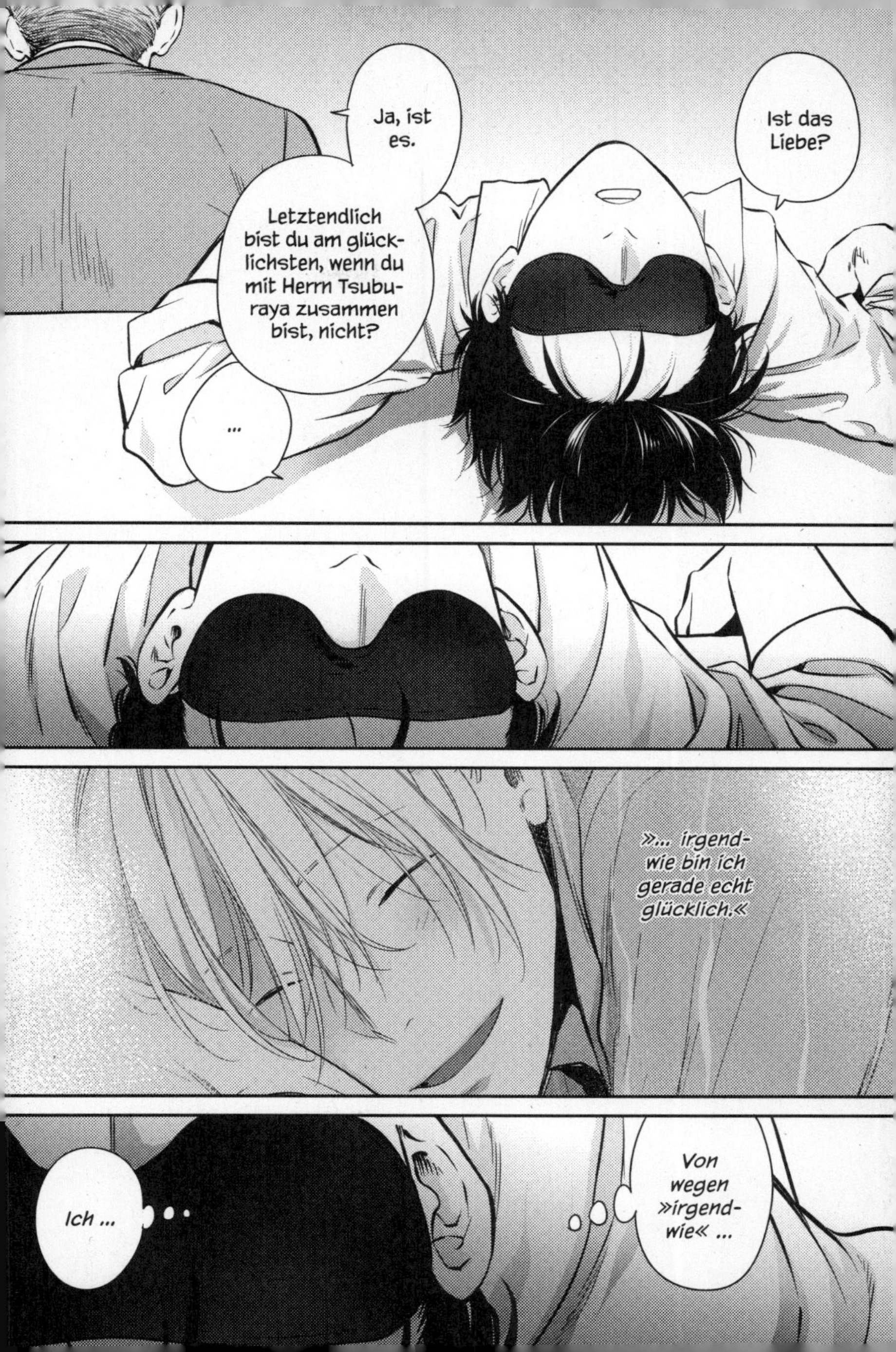

Ist das Liebe?
Ja, ist es.
Letztendlich bist du am glücklichsten, wenn du mit Herrn Tsuburaya zusammen bist, nicht?
...
»... irgendwie bin ich gerade echt glücklich.«
Von wegen »irgendwie« ...
Ich ...

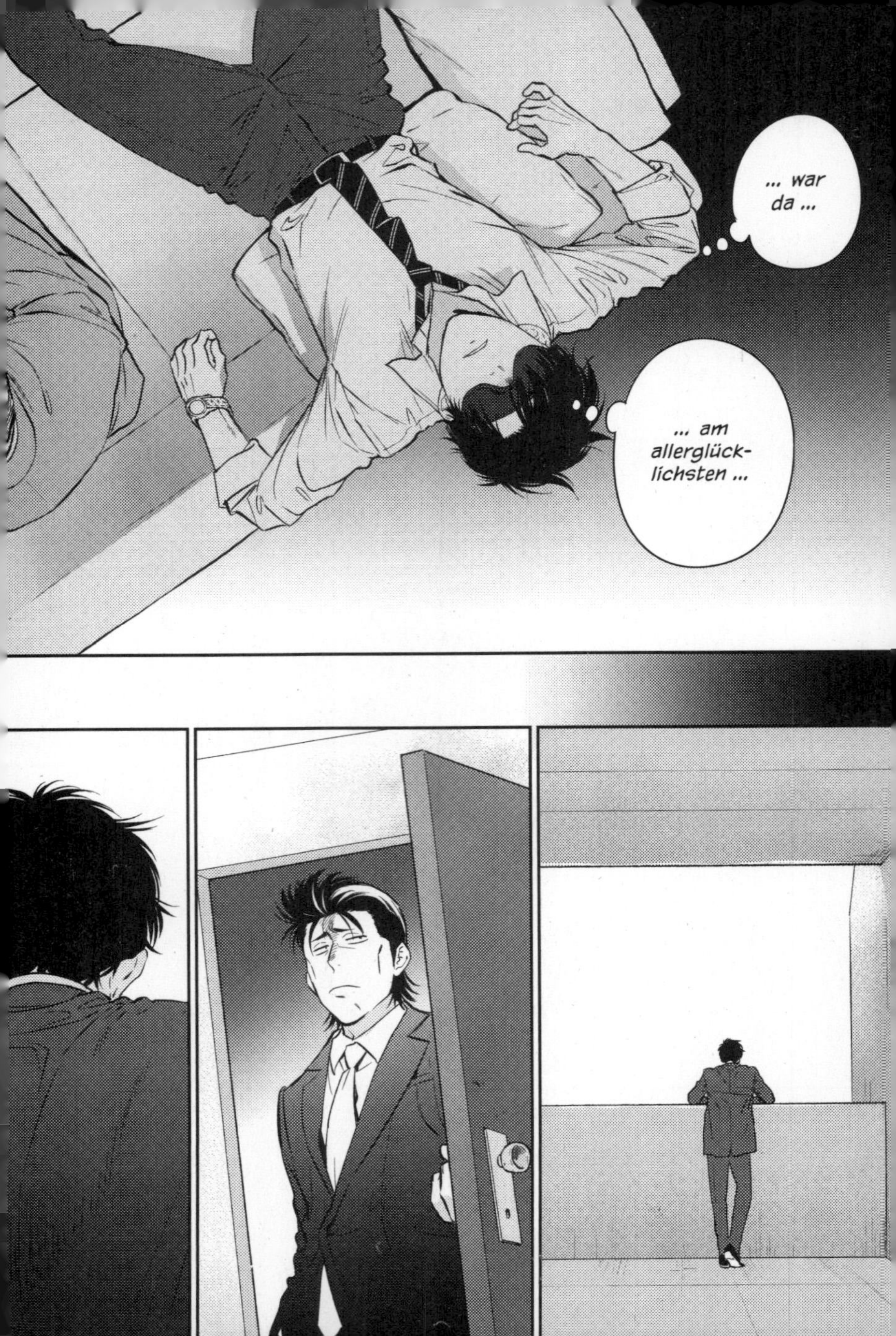
... war da ...
... am allerglücklichsten ...

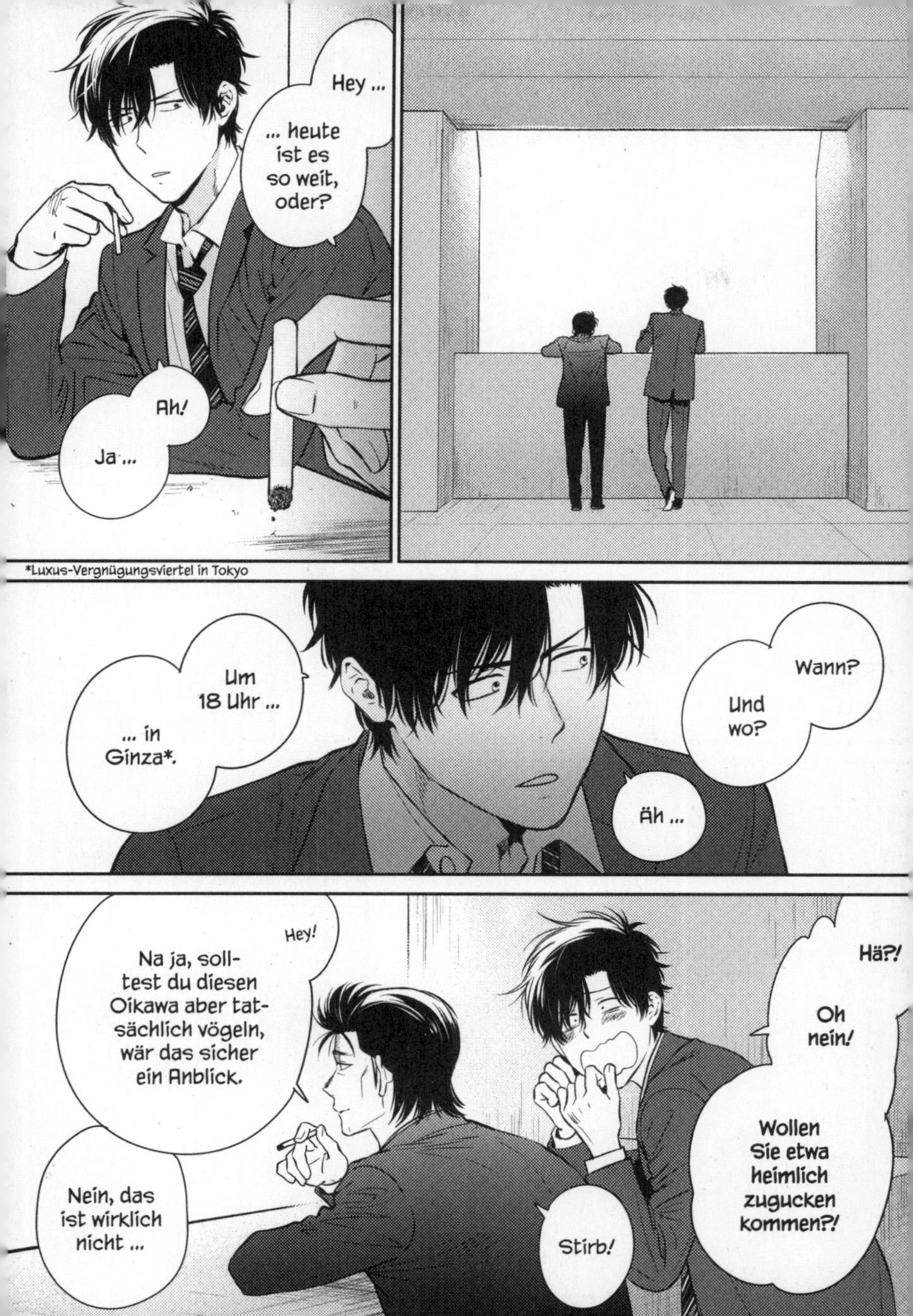

*Luxus-Vergnügungsviertel in Tokyo

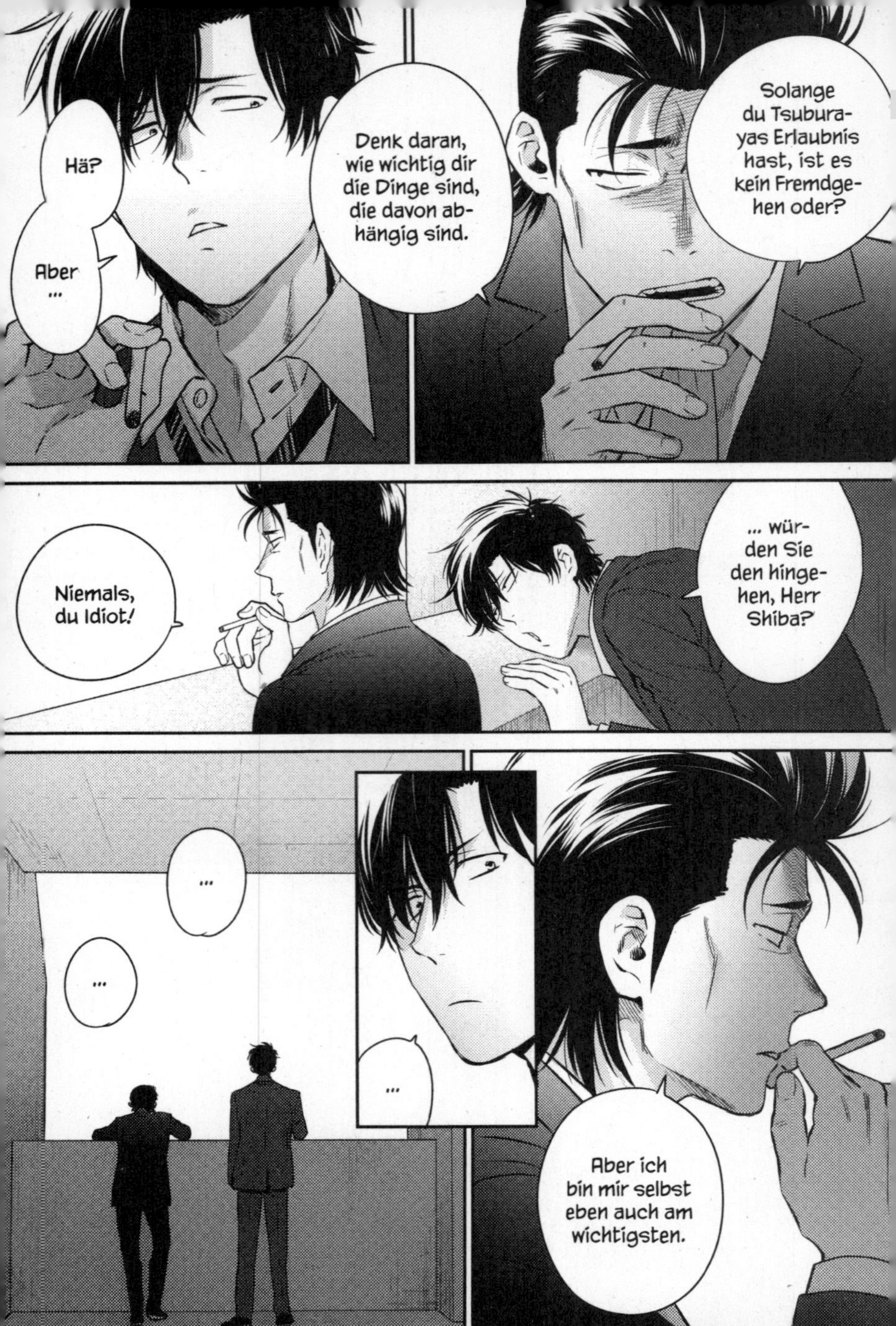

Solange du Tsuburayas Erlaubnis hast, ist es kein Fremdgehen oder?
Hä?
Denk daran, wie wichtig dir die Dinge sind, die davon abhängig sind.
Aber ...
... würden Sie den hingehen, Herr Shiba?
Niemals, du Idiot!
Aber ich bin mir selbst eben auch am wichtigsten.
...
...
...

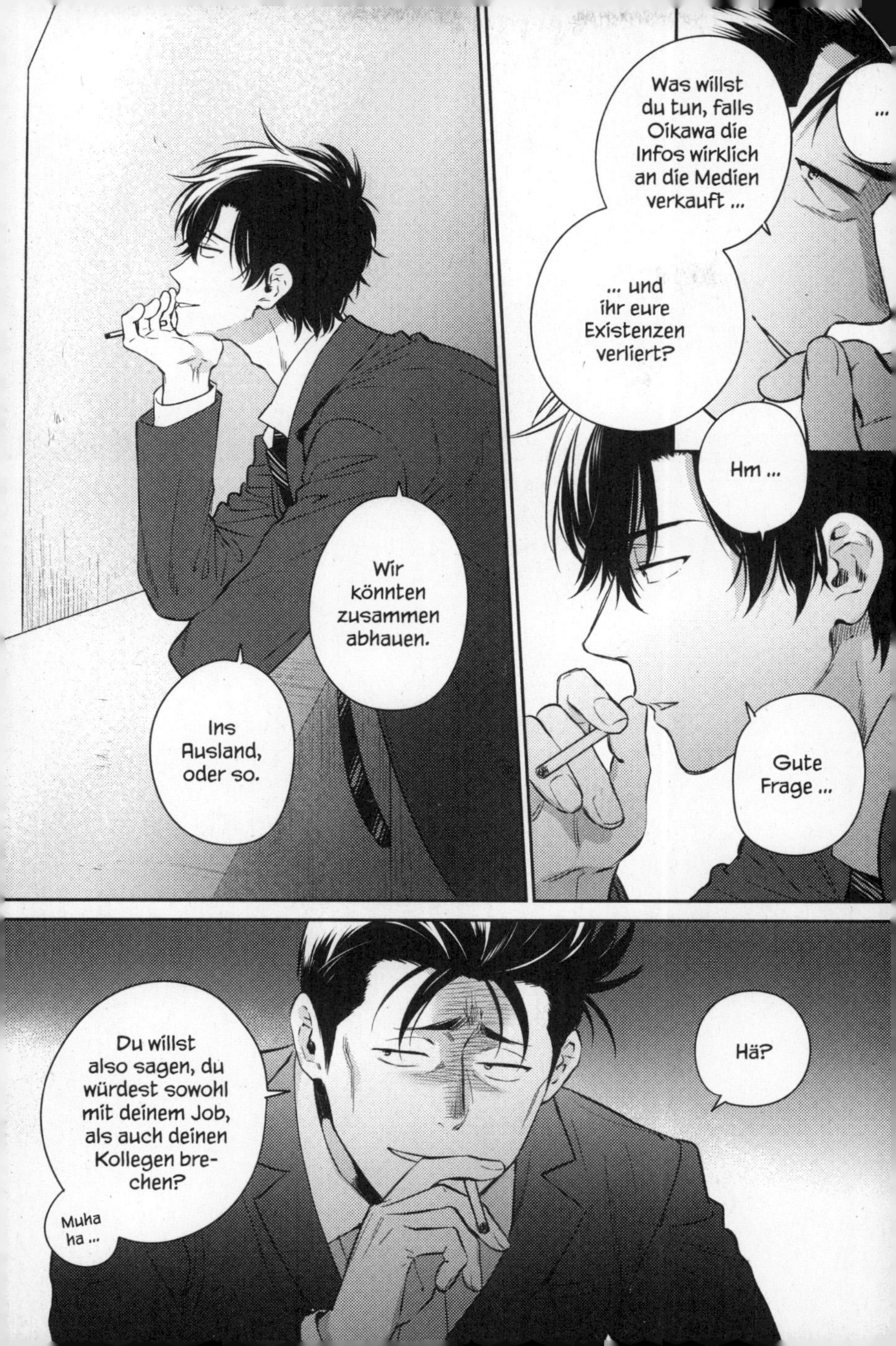

Was willst du tun, falls Oikawa die Infos wirklich an die Medien verkauft ...

...

... und ihr eure Existenzen verliert?

Hm ...

Gute Frage ...

Wir könnten zusammen abhauen.

Ins Ausland, oder so.

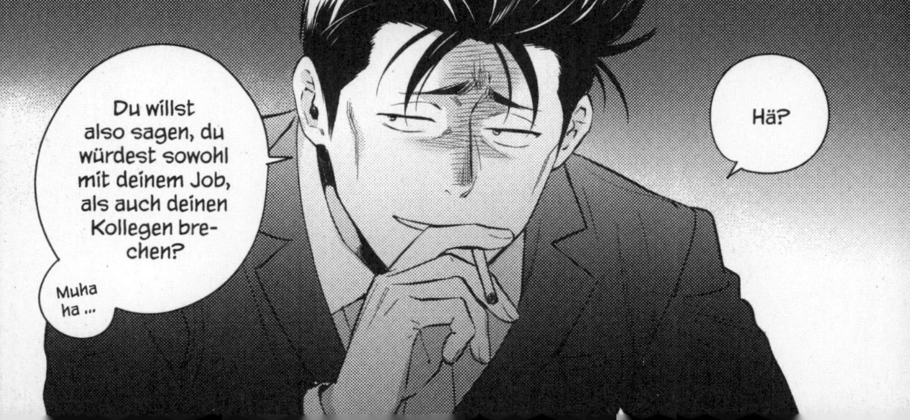

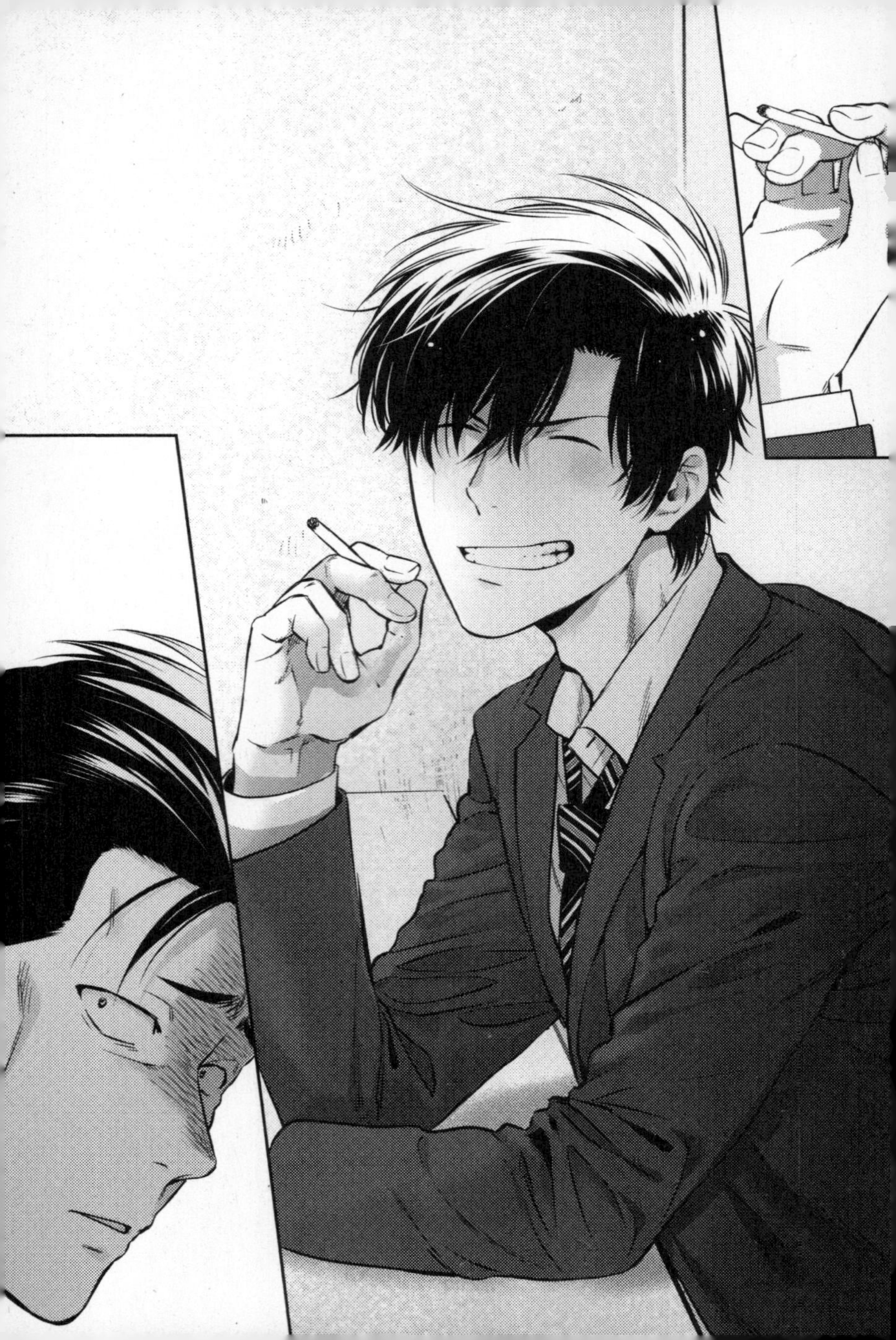

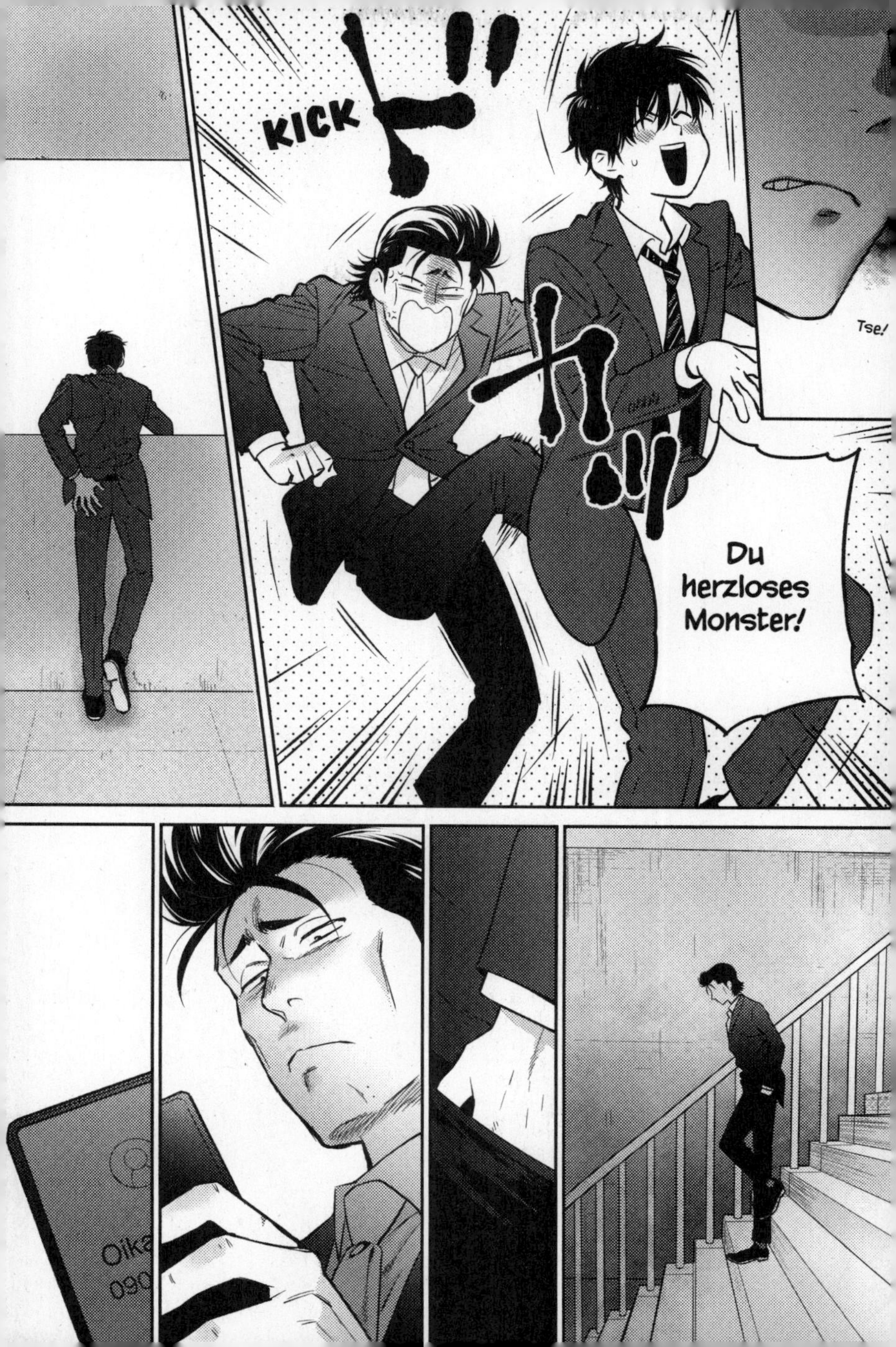

Tse!

KICK

Du herzloses Monster!

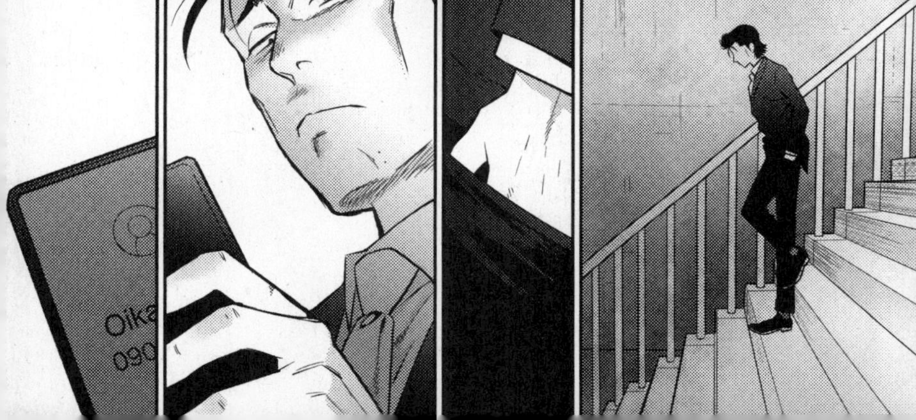

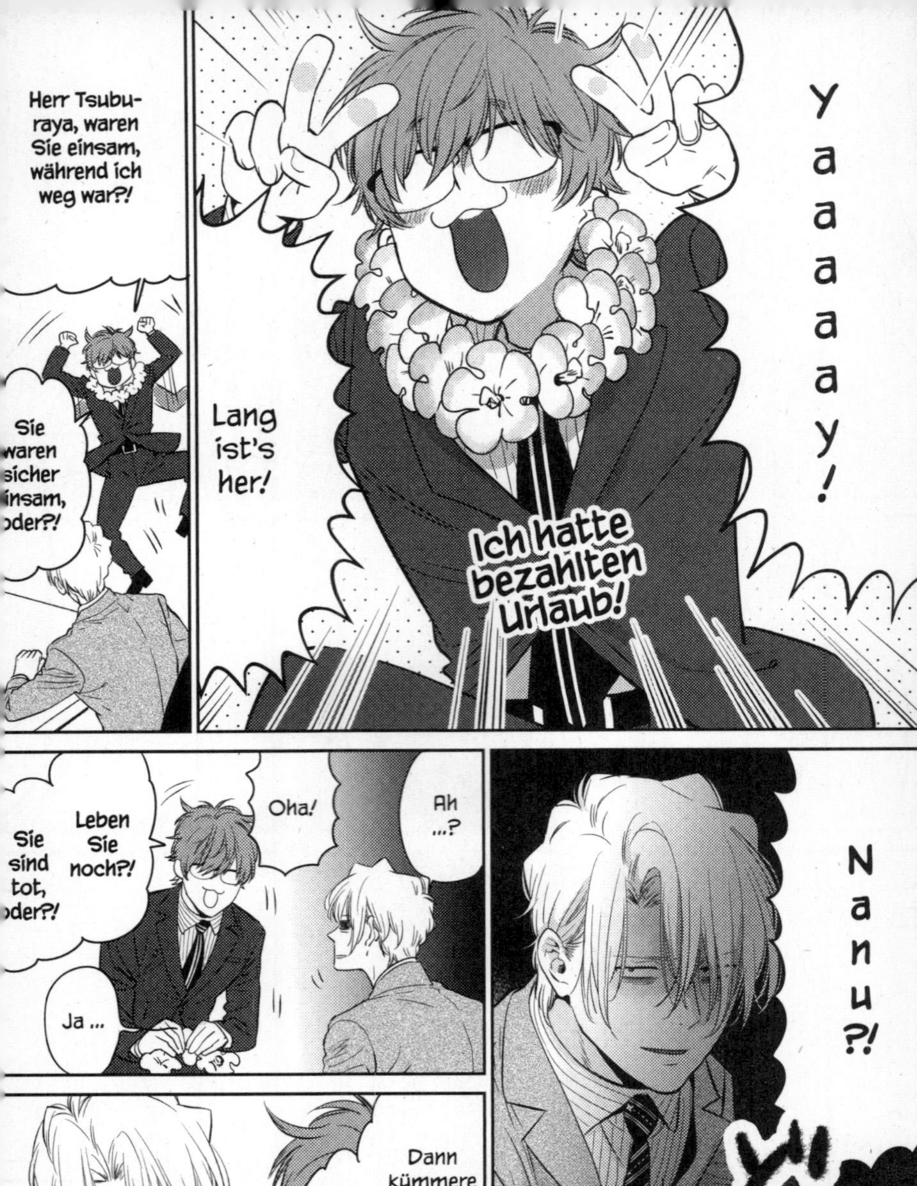
Yaaaaay!
Lang ist's her!
Ich hatte bezahlten Urlaub!
Herr Tsubu-raya, waren Sie einsam, während ich weg war?!
Sie waren sicher einsam, oder?!
Nanu?!
DEPRI
...
Ah ...?
Oha!
Leben Sie noch?!
Sie sind tot, oder?!
Ja ...
Dann kümmere ich mich heute um alles.
Legen Sie sich gern schla-fen!
Okay?

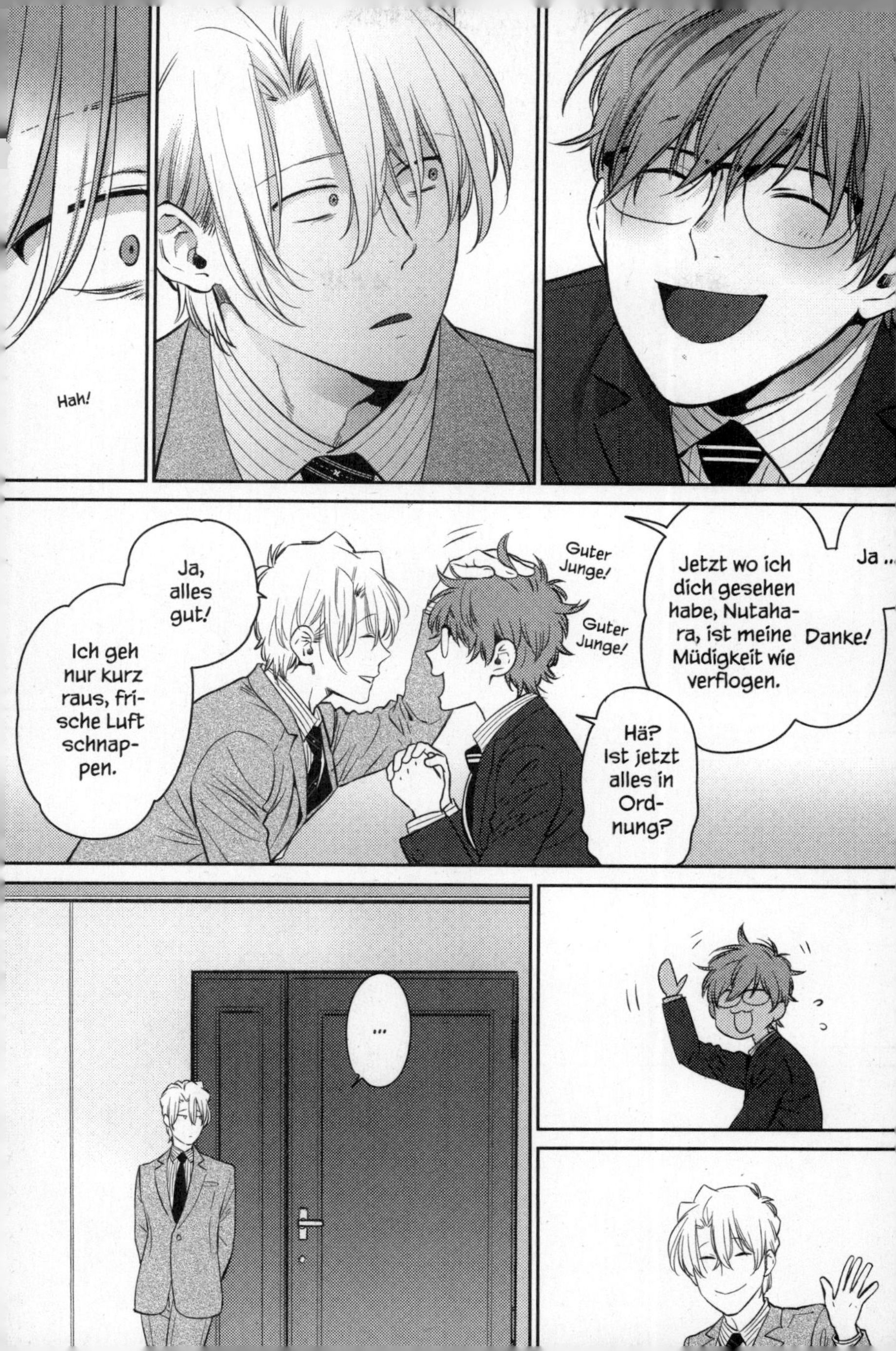
Hah!
Ja ... Danke!
Jetzt wo ich dich gesehen habe, Nutahara, ist meine Müdigkeit wie verflogen.
Guter Junge!
Guter Junge!
Hä? Ist jetzt alles in Ordnung?
Ja, alles gut!
Ich geh nur kurz raus, frische Luft schnappen.
...

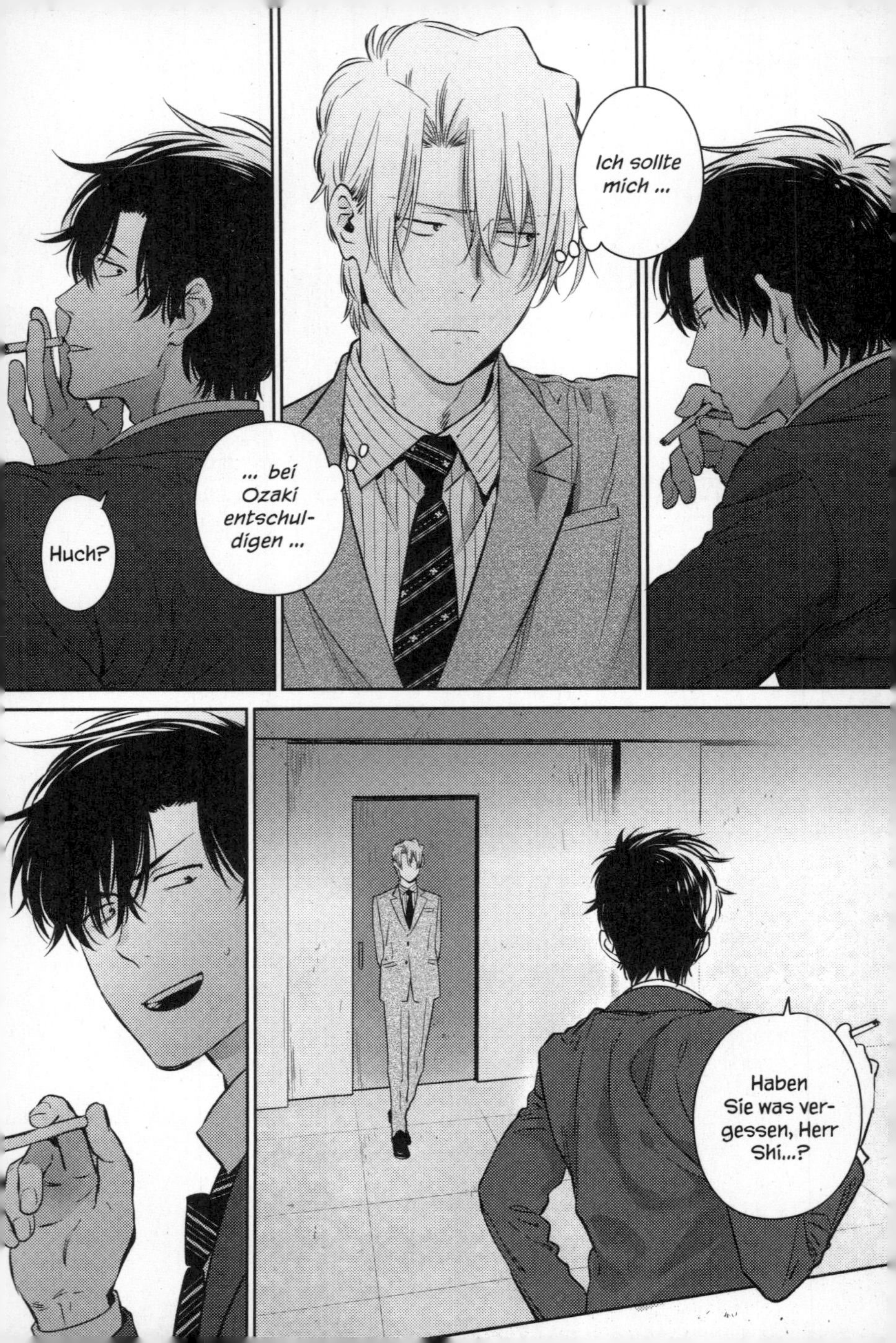

Ich sollte mich ...

... bei Ozaki entschuldigen ...

Huch?

Haben Sie was vergessen, Herr Shi...?

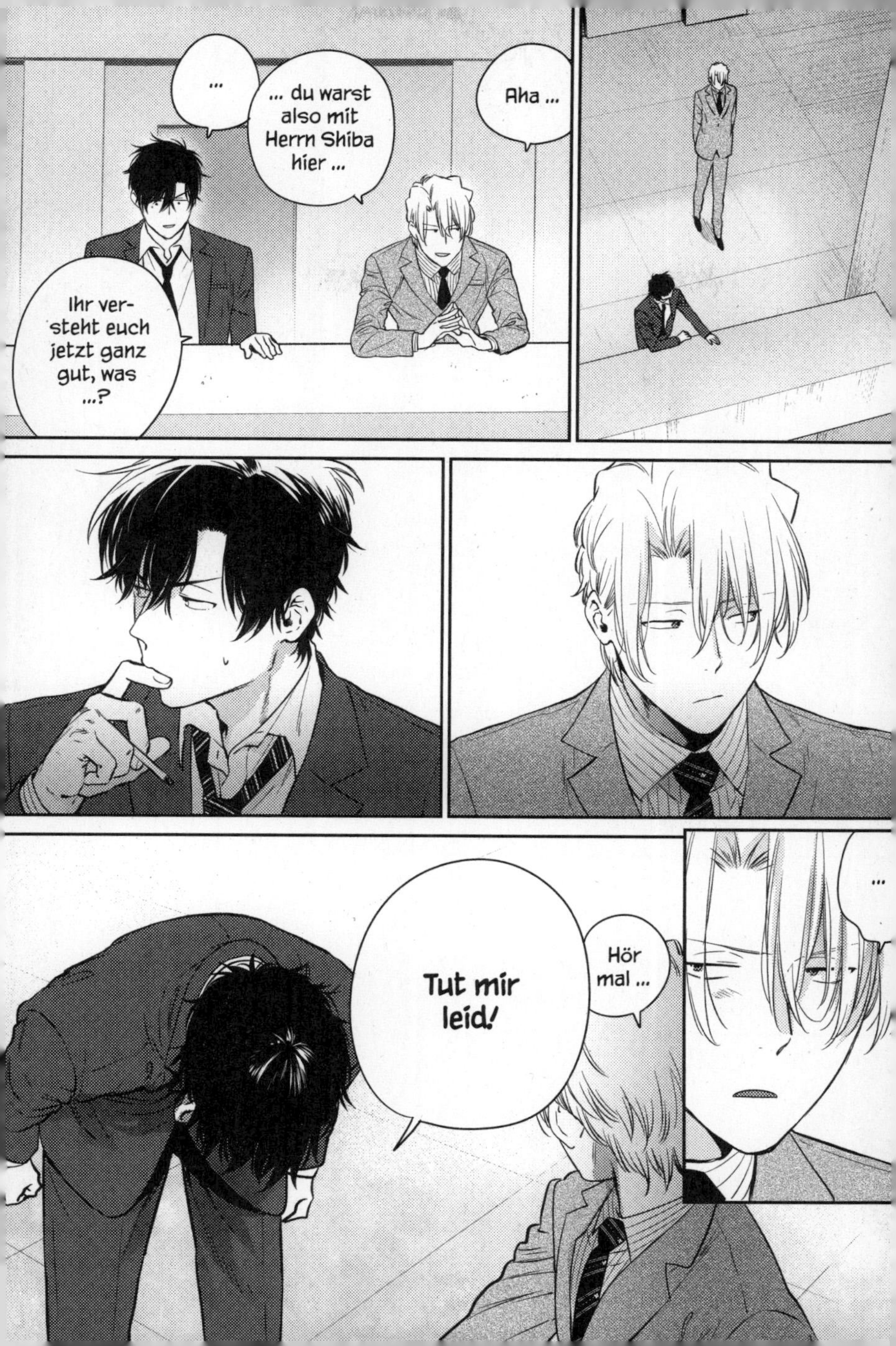

Aha ...

... du warst also mit Herrn Shiba hier ...

...

Ihr versteht euch jetzt ganz gut, was ...?

...

Hör mal ...

Tut mir leid!

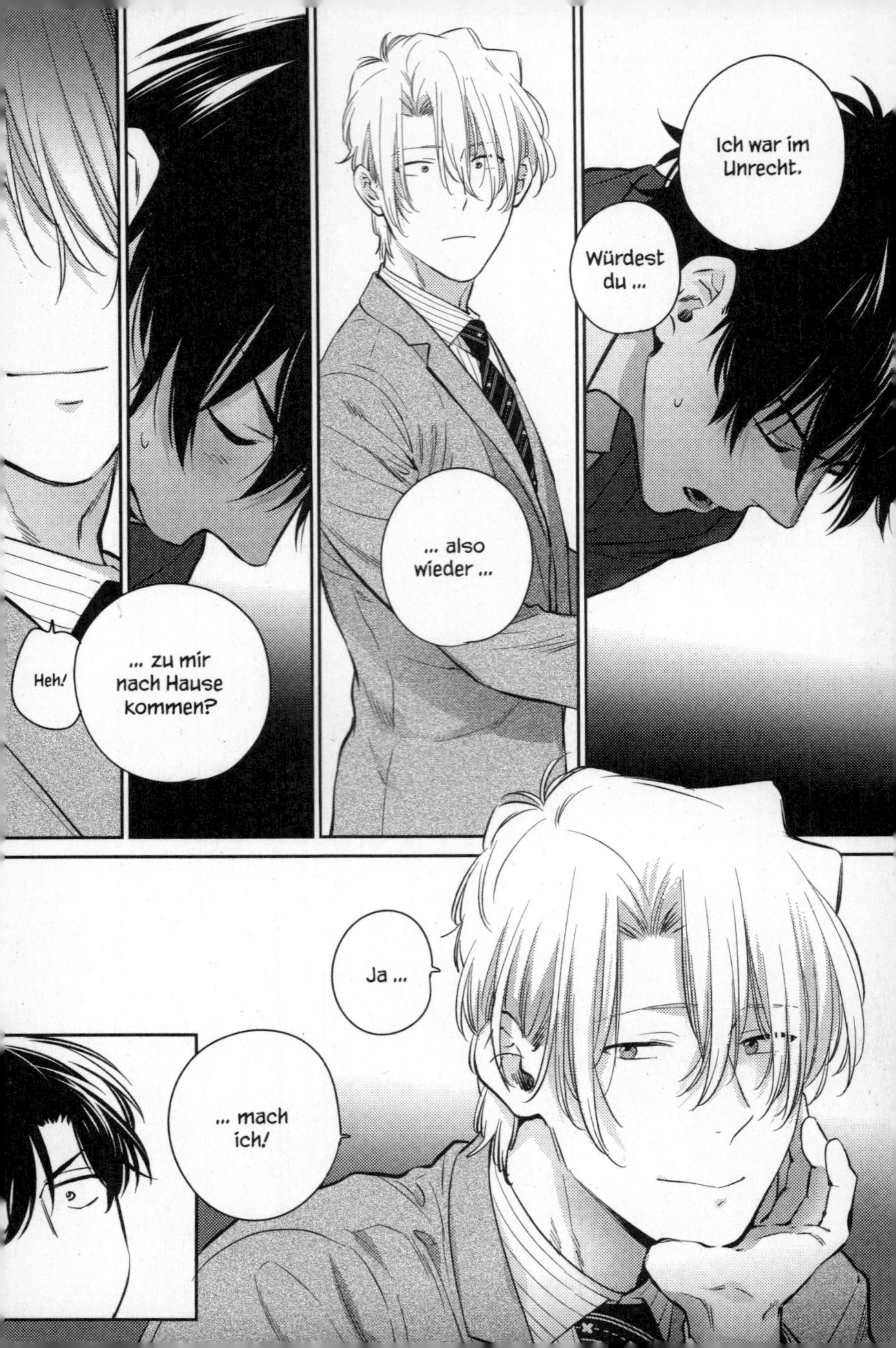
Ich war im Unrecht.
Würdest du ...
... also wieder ...
... zu mir nach Hause kommen?
Heh!
Ja ...
... mach ich!

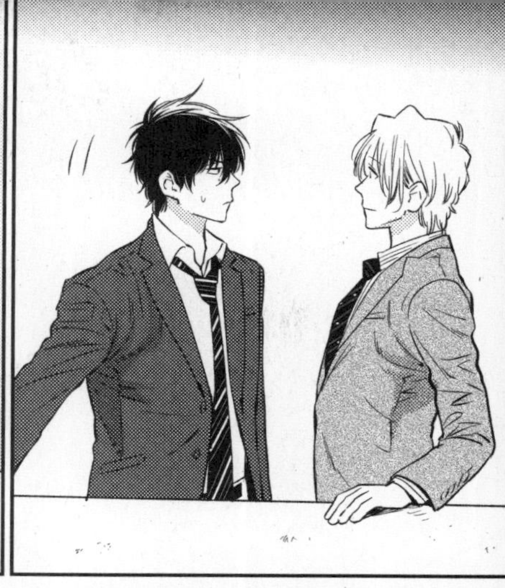
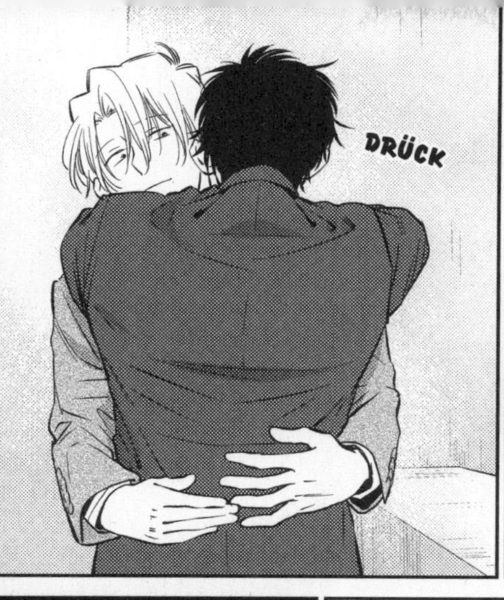
DRÜCK
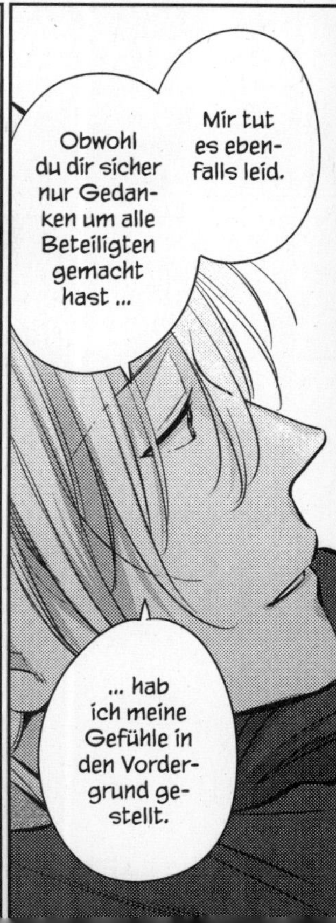
Mir tut es ebenfalls leid.
Obwohl du dir sicher nur Gedanken um alle Beteiligten gemacht hast ...
... hab ich meine Gefühle in den Vordergrund gestellt.
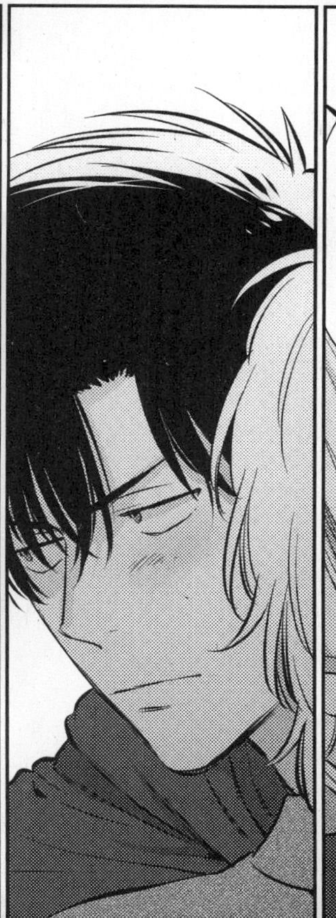
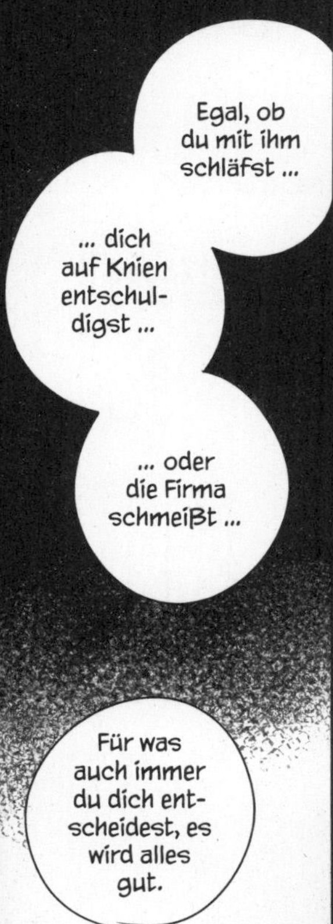
Egal, ob du mit ihm schläfst ...
... dich auf Knien entschuldigst ...
... oder die Firma schmeißt ...
Für was auch immer du dich entscheidest, es wird alles gut.

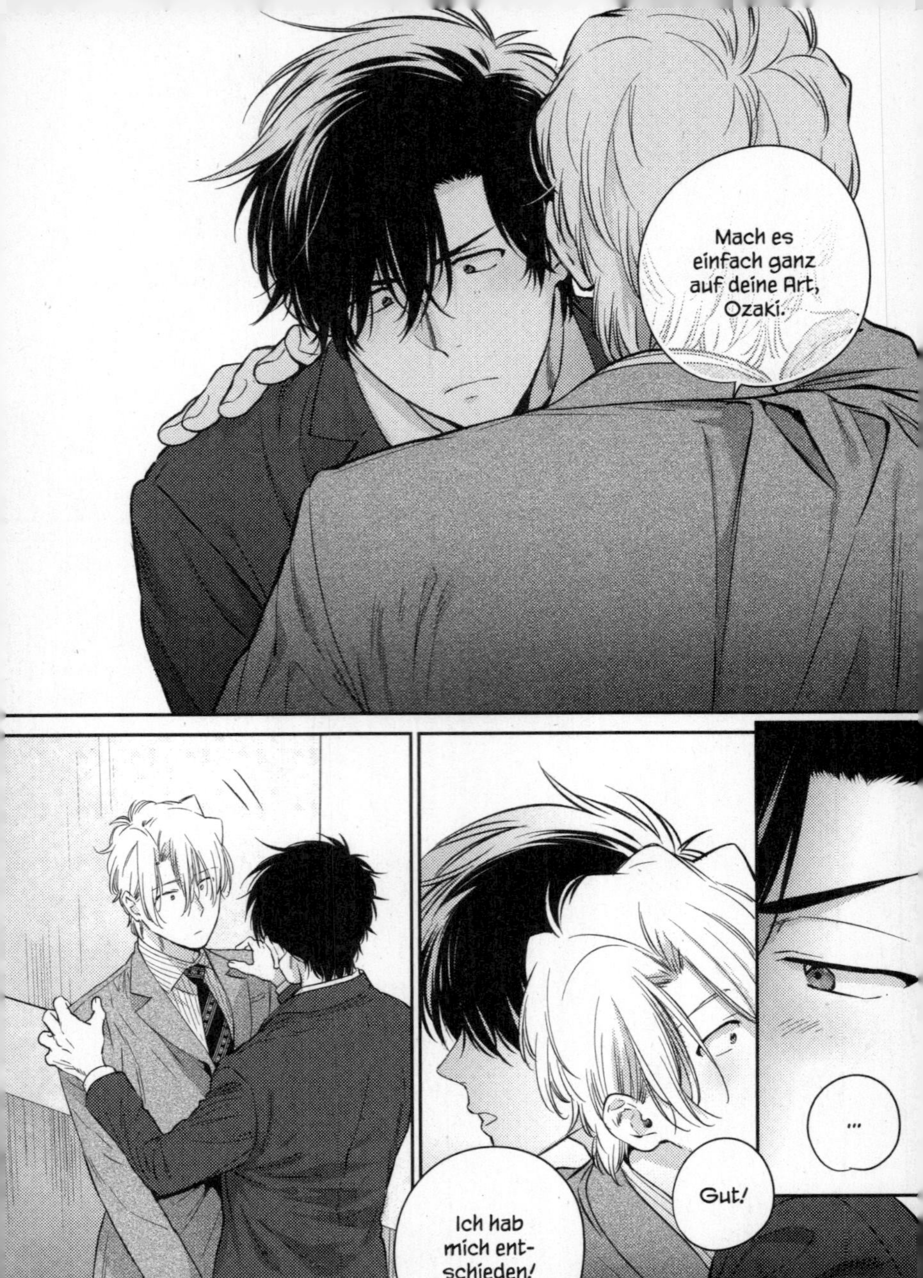
Mach es einfach ganz auf deine Art, Ozaki.
...
Gut!
Ich hab mich ent-schieden!

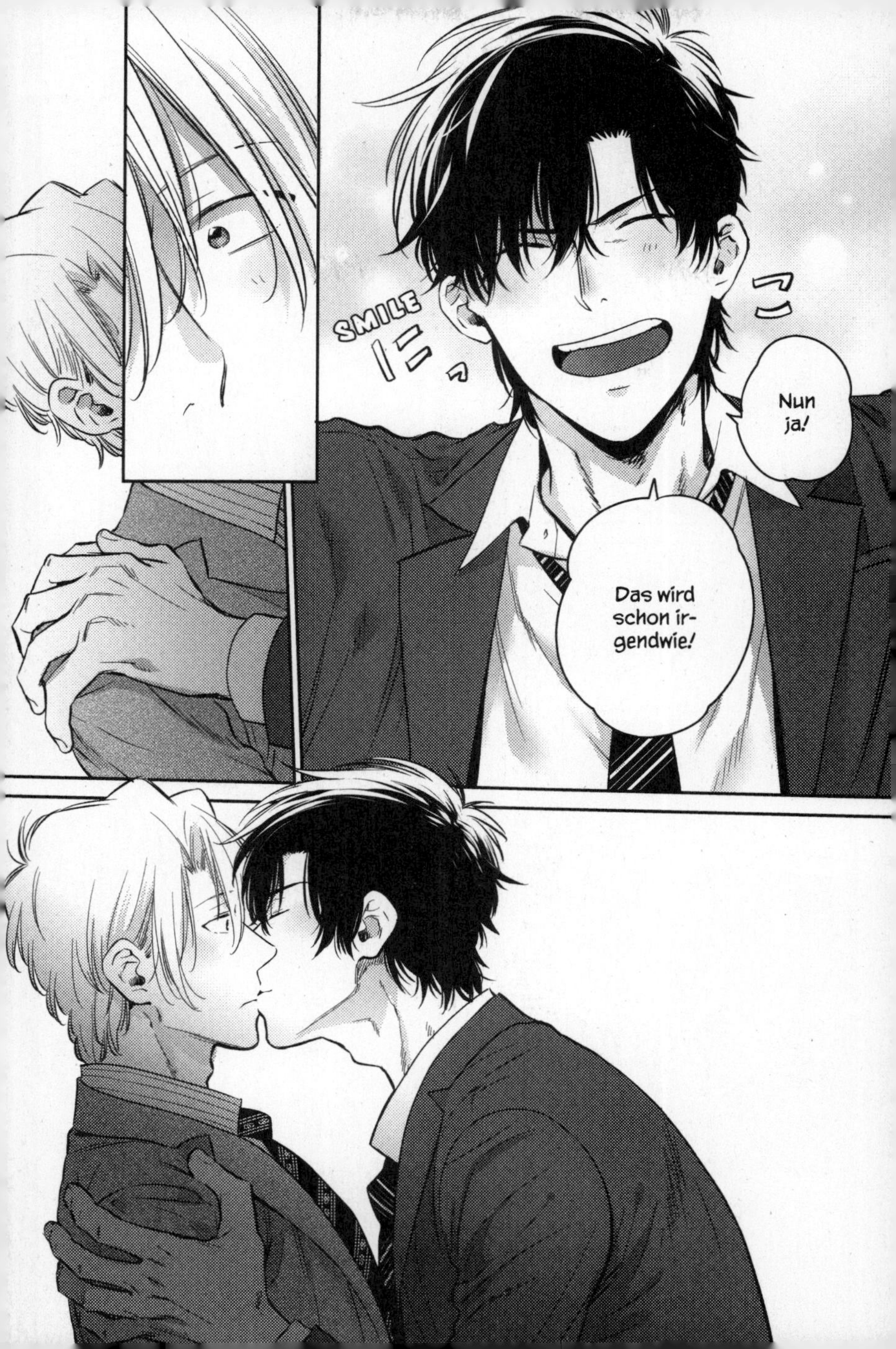
Nun ja!
Das wird schon irgendwie!
SMILE

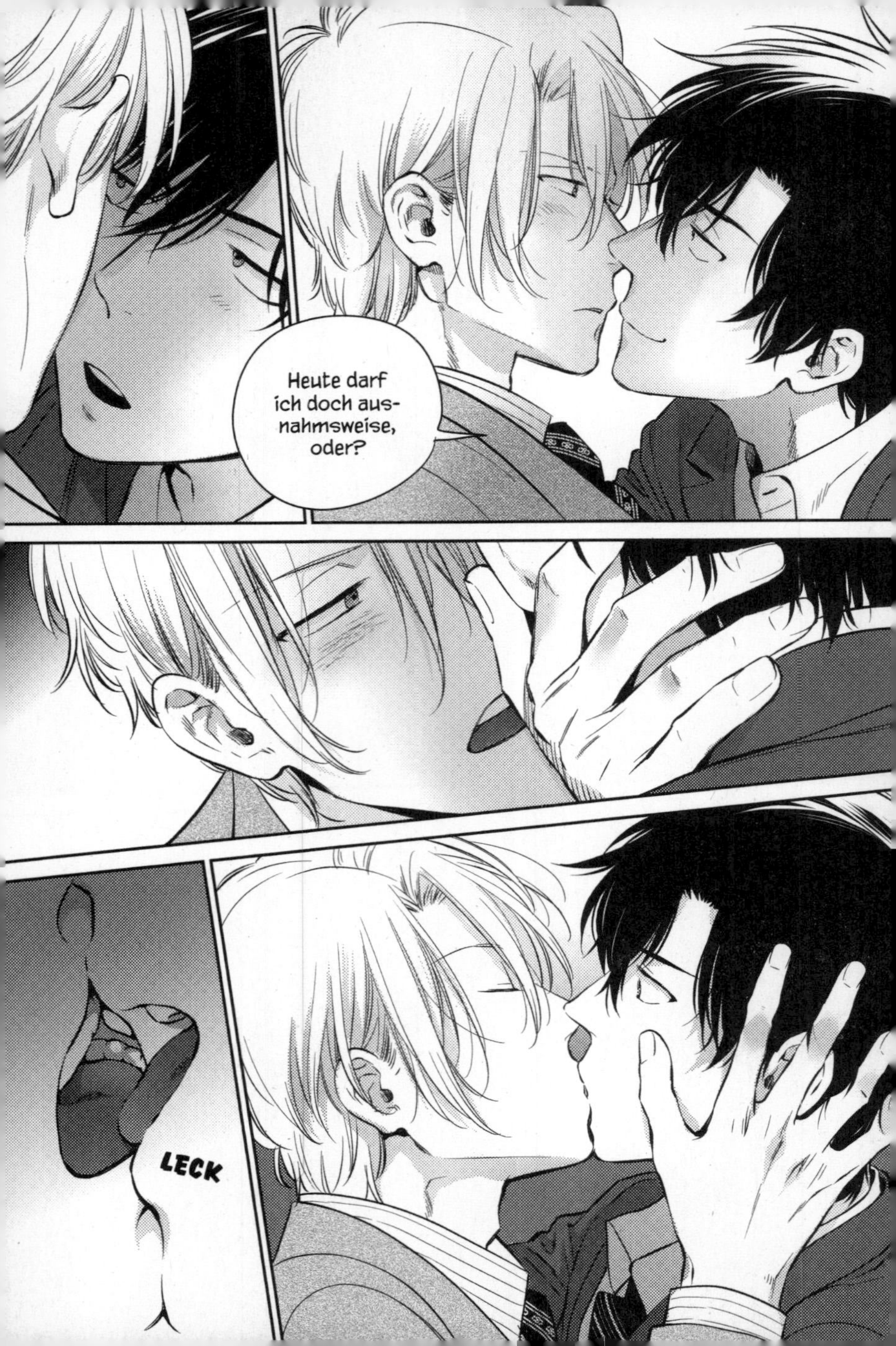

Heute darf ich doch ausnahmsweise, oder?

LECK

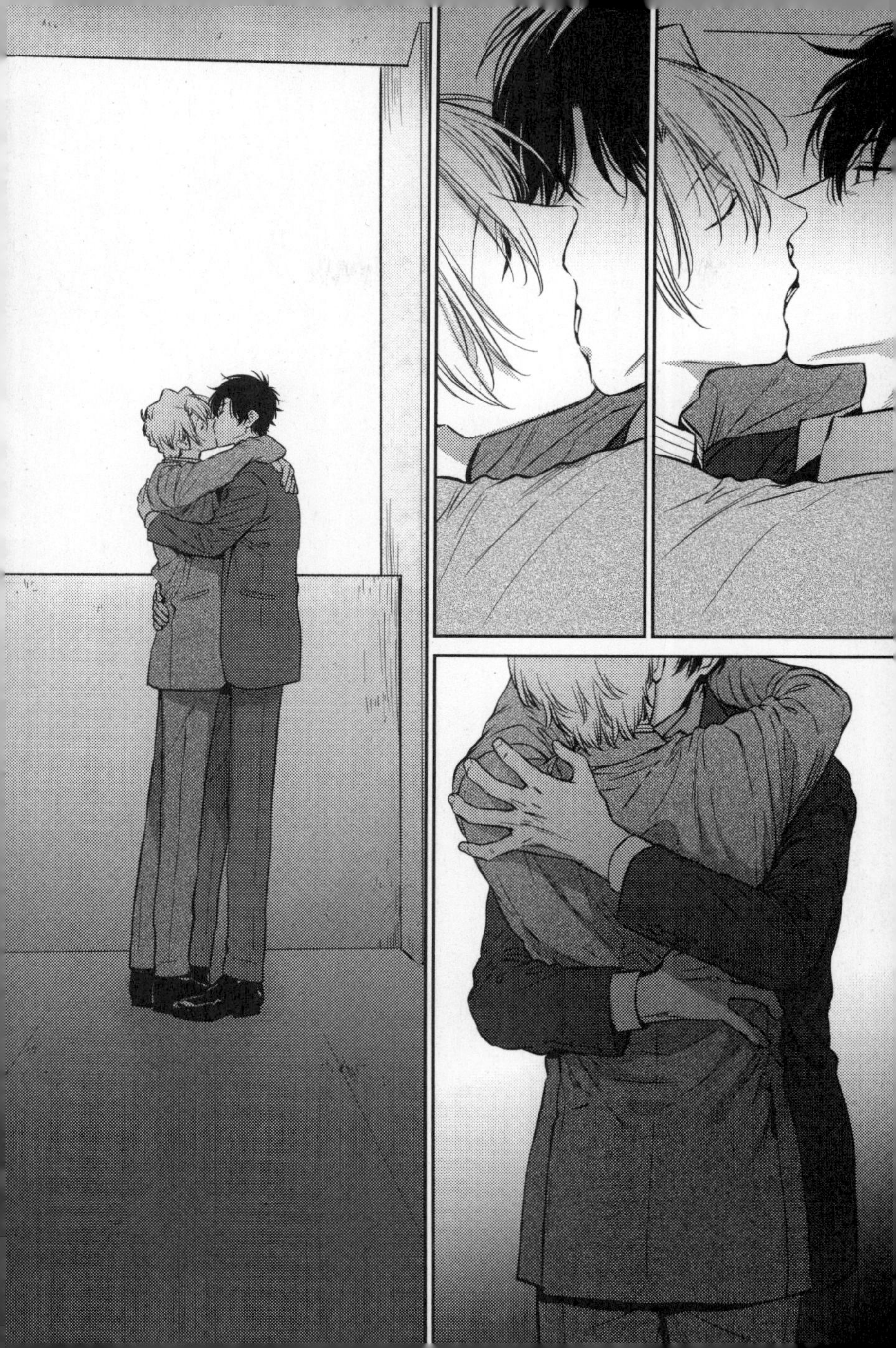

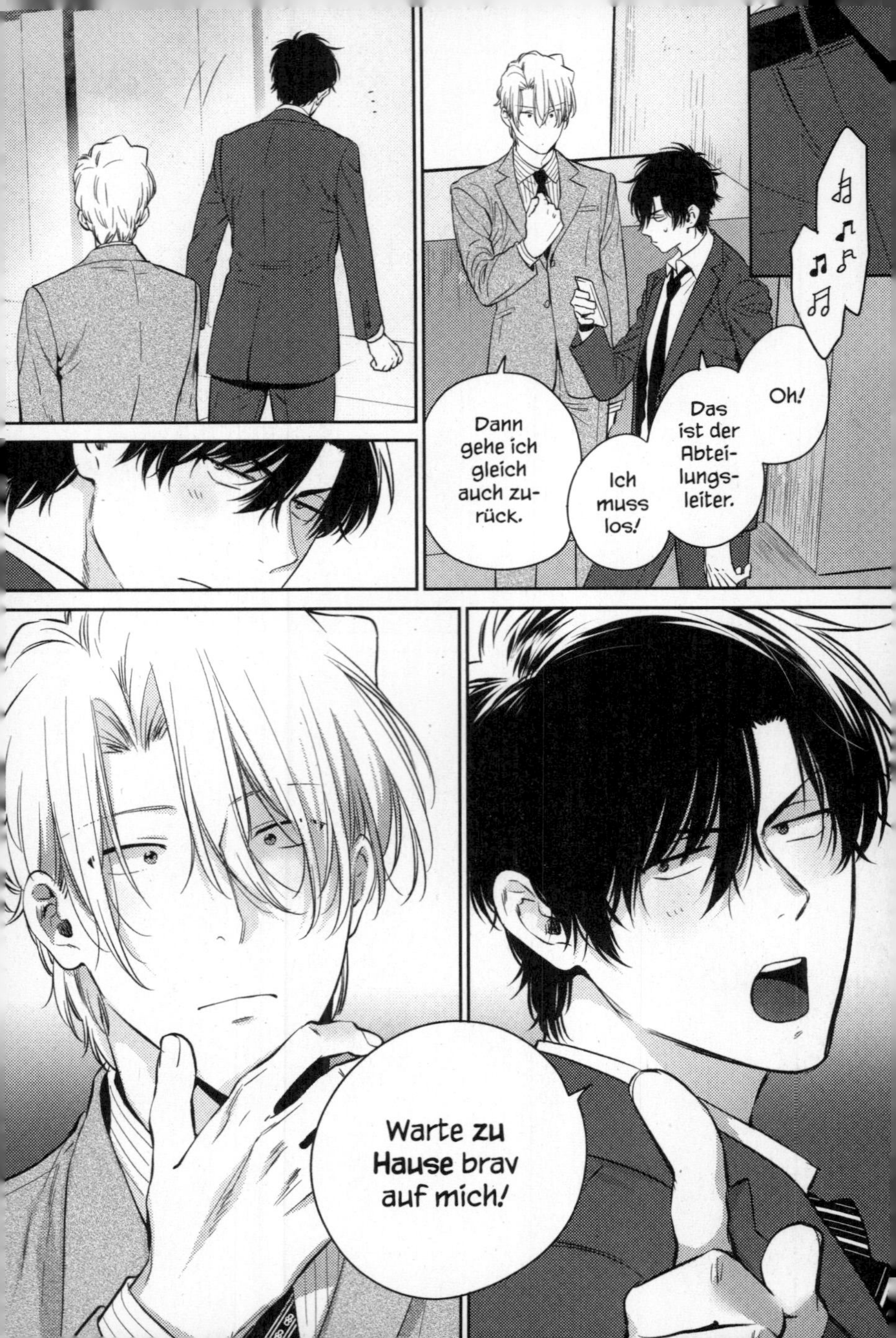
Oh!
Das ist der Abteilungsleiter.
Ich muss los!
Dann gehe ich gleich auch zurück.
Warte zu Hause brav auf mich!

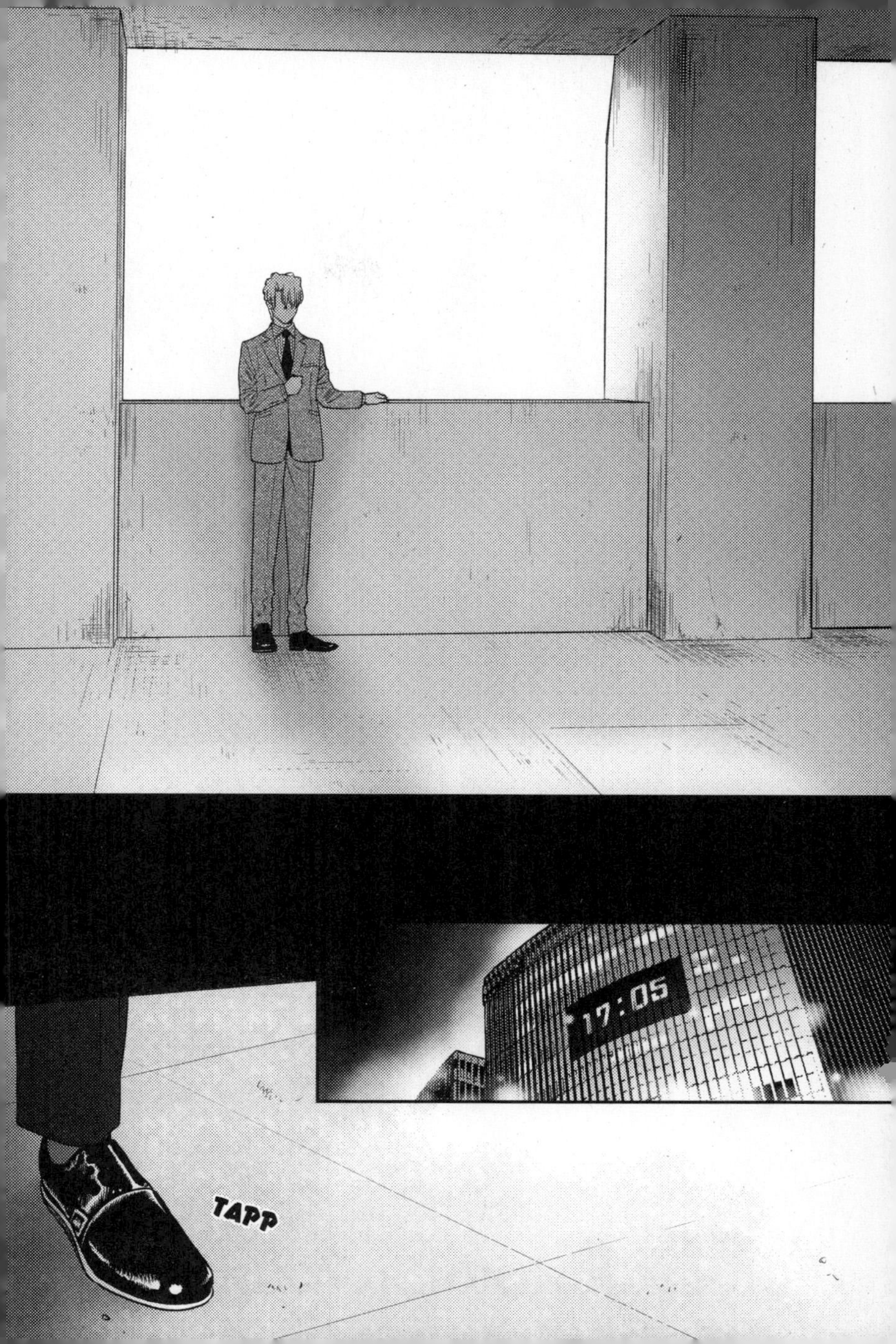
17:05
TAPP

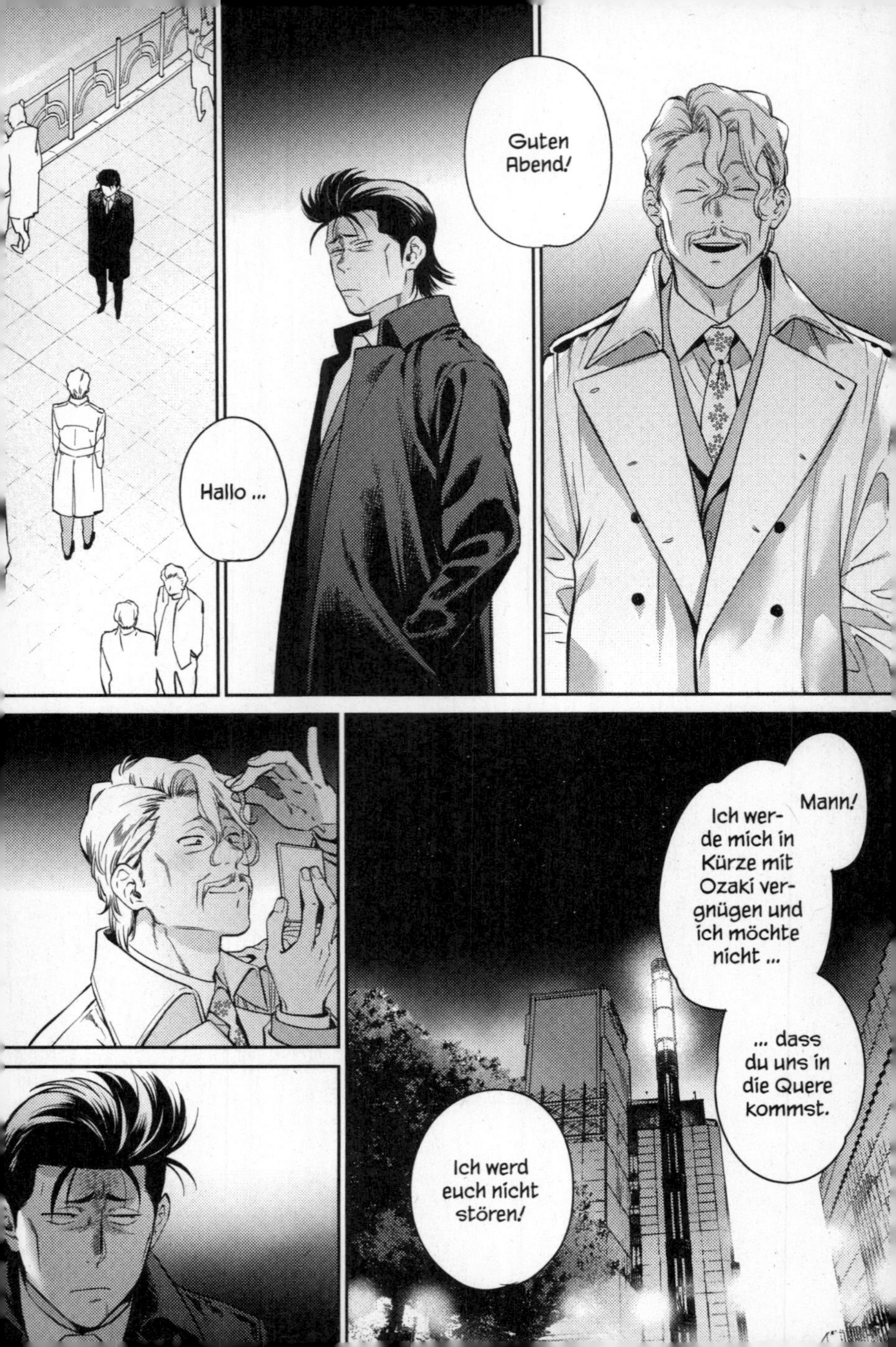

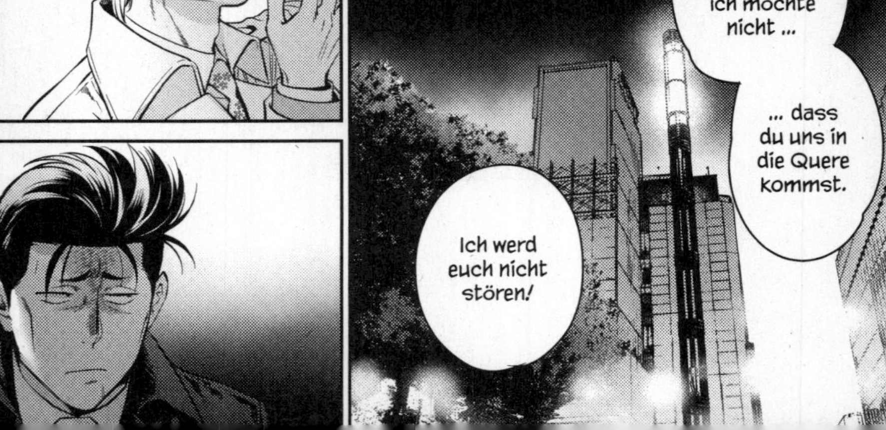
Guten Abend!
Hallo ...
Mann! Ich wer-de mich in Kürze mit Ozaki ver-gnügen und ich möchte nicht ...
... dass du uns in die Quere kommst.
Ich werd euch nicht stören!

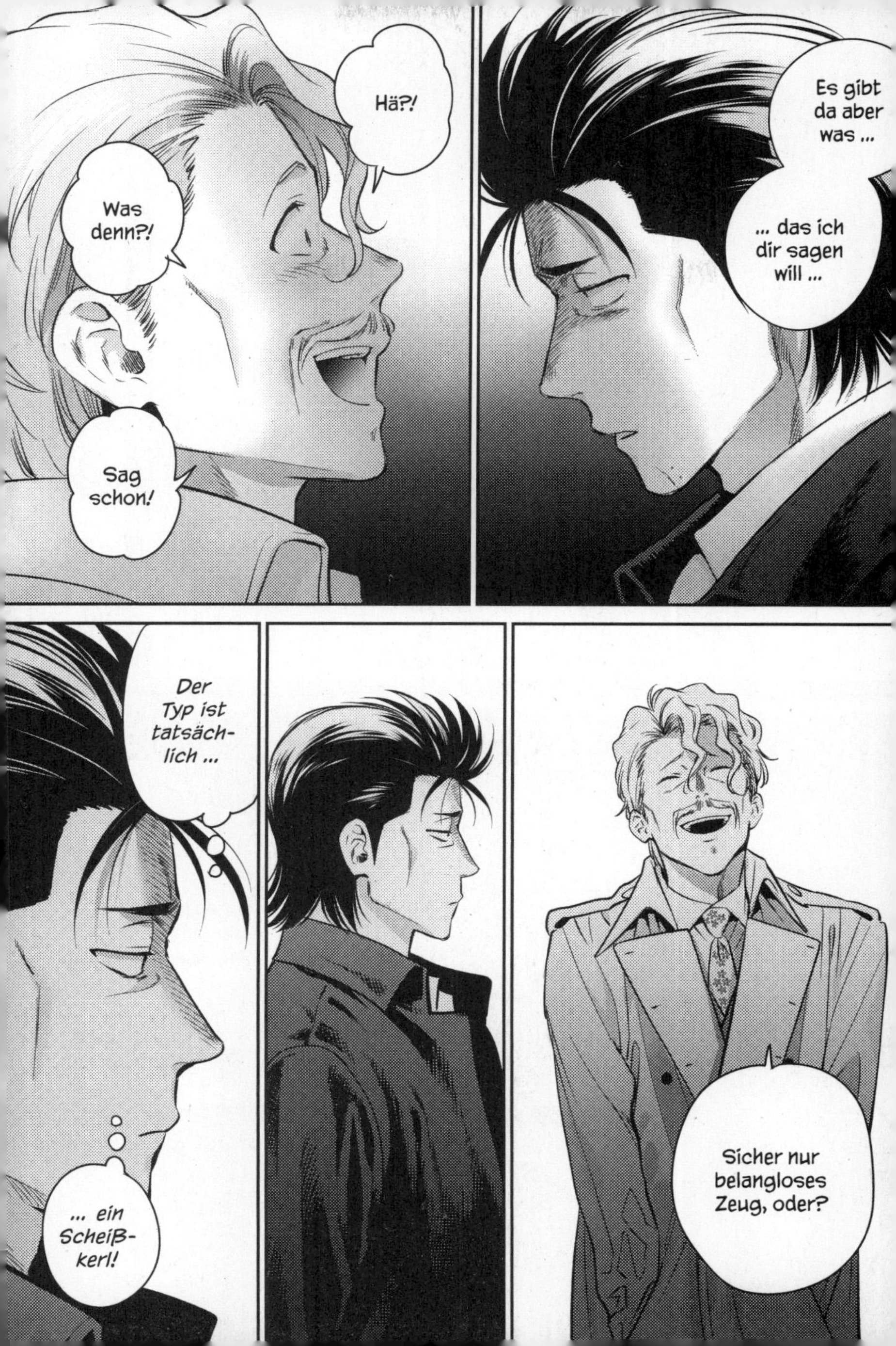

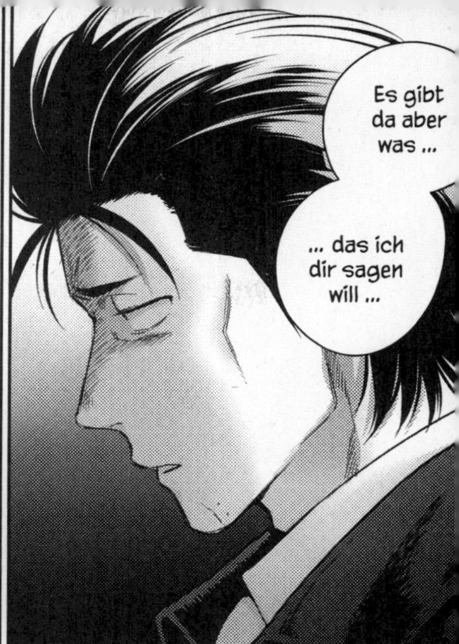
Es gibt da aber was ...
... das ich dir sagen will ...

Hä?!
Was denn?!
Sag schon!

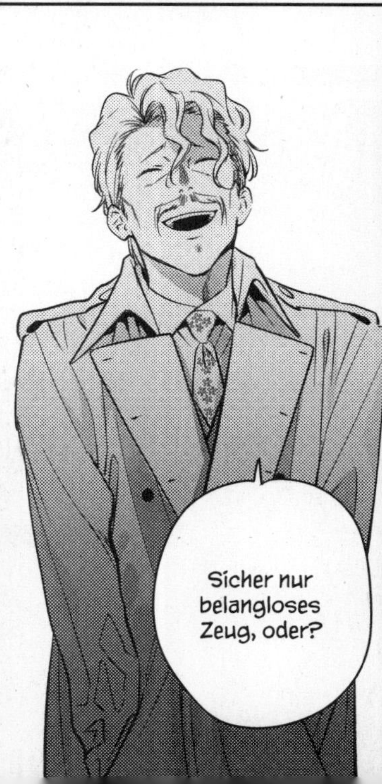
Sicher nur belangloses Zeug, oder?

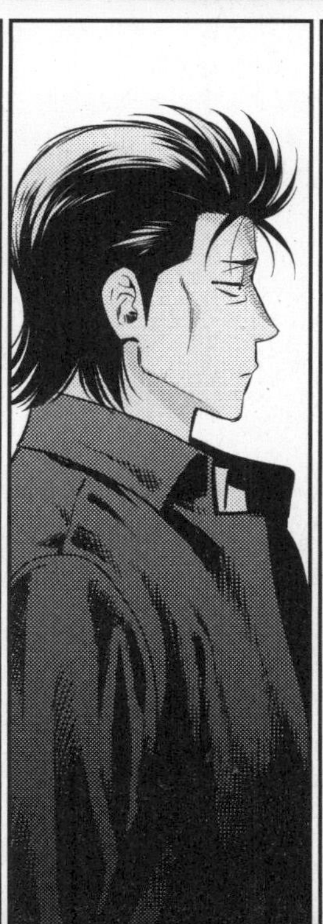

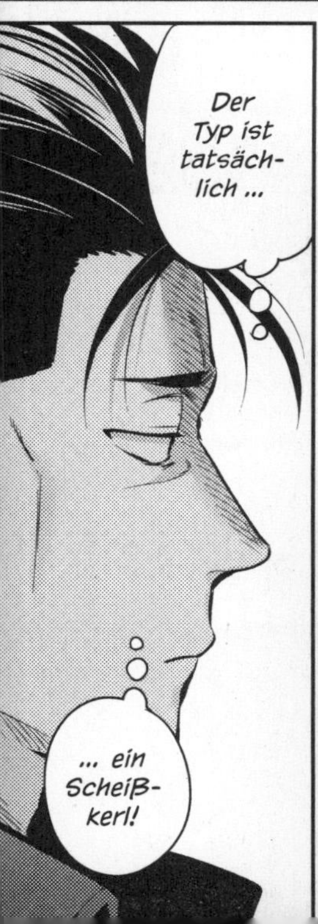
Der Typ ist tatsächlich ...
... ein Scheißkerl!

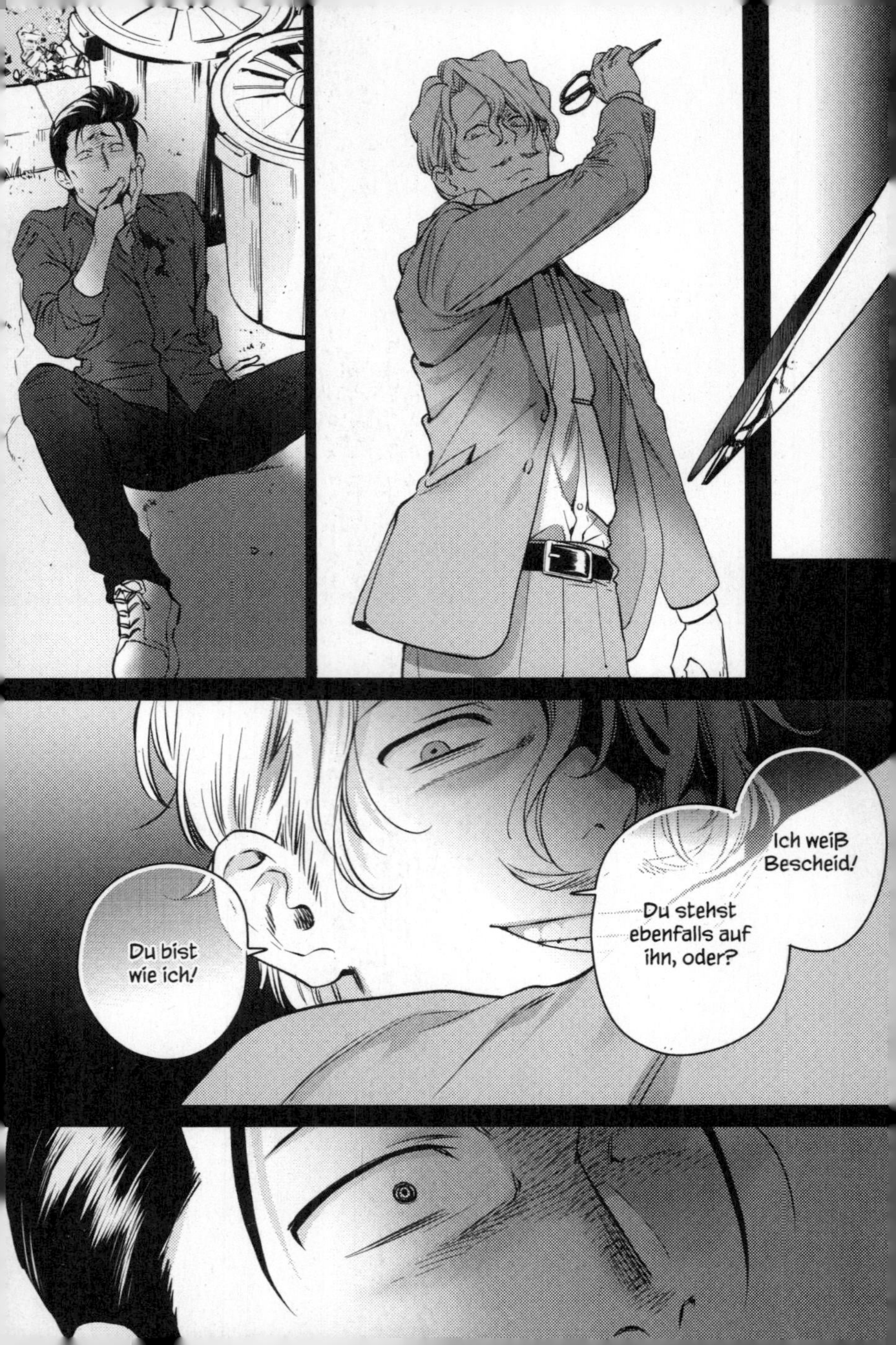
Ich weiß
Bescheid!
Du stehst
ebenfalls auf
ihn, oder?
Du bist
wie ich!

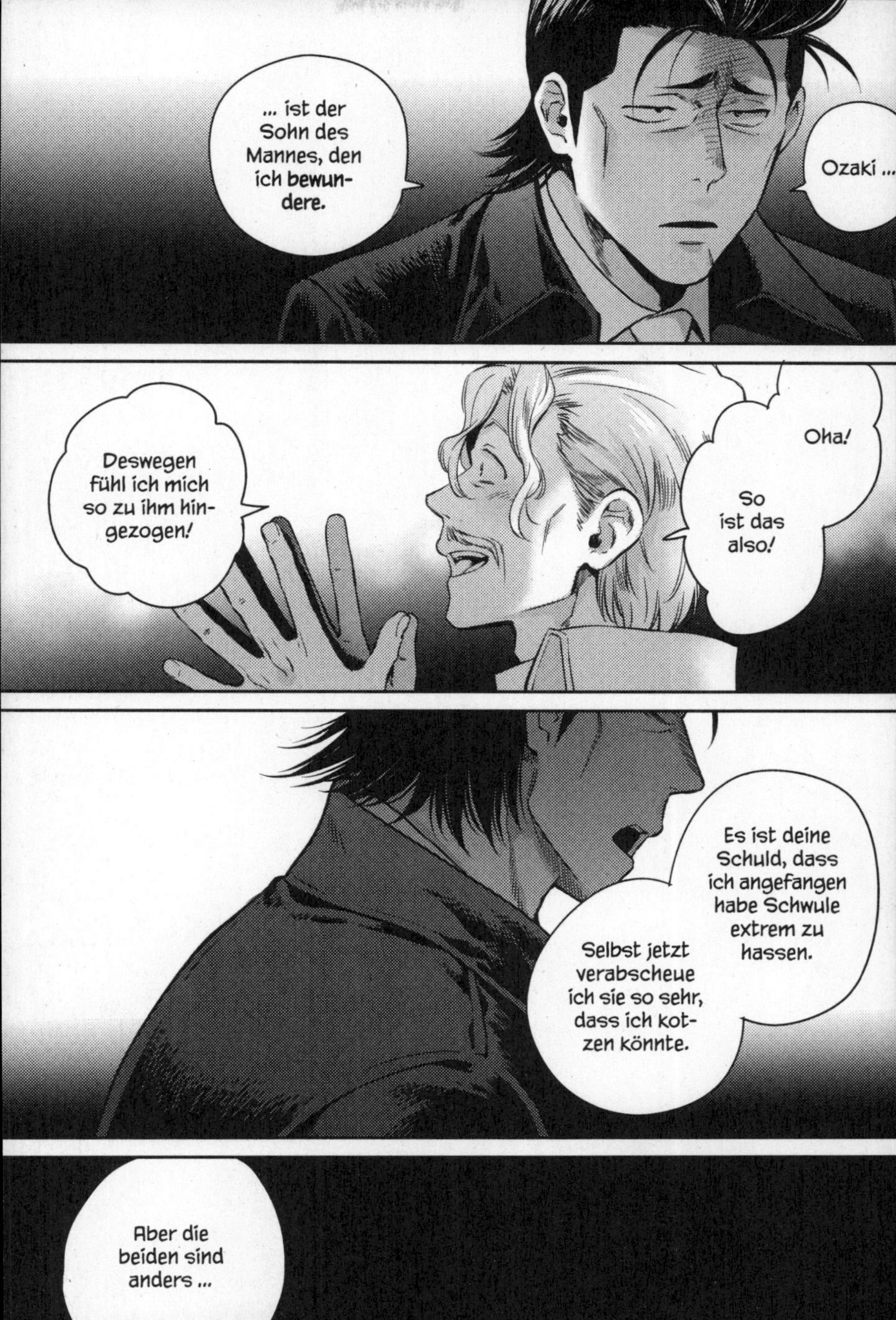
Ozaki ...
... ist der Sohn des Mannes, den ich bewundere.
Oha! So ist das also!
Deswegen fühl ich mich so zu ihm hingezogen!
Es ist deine Schuld, dass ich angefangen habe Schwule extrem zu hassen.
Selbst jetzt verabscheue ich sie so sehr, dass ich kotzen könnte.
Aber die beiden sind anders ...

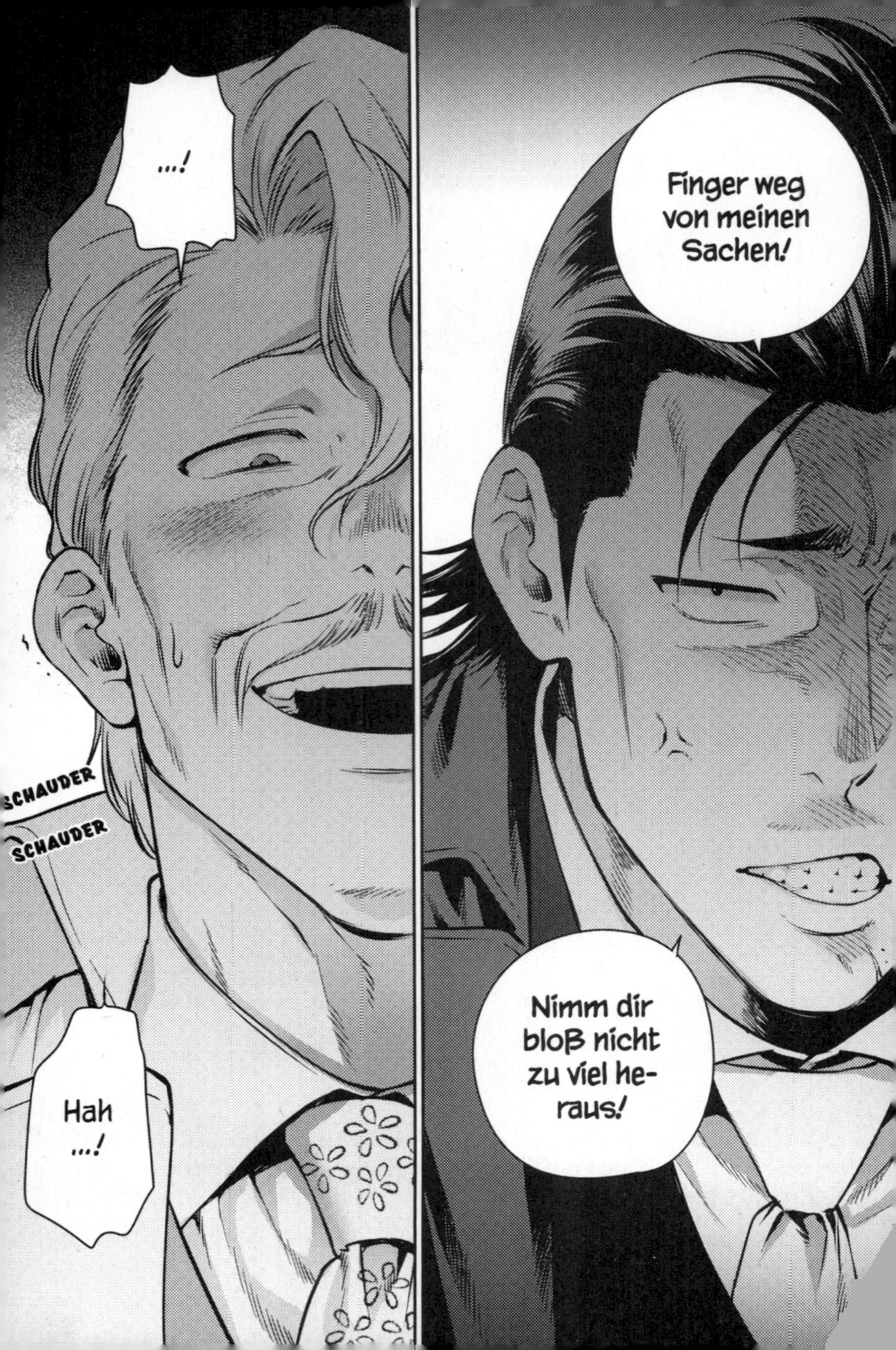
Finger weg von meinen Sachen!
Nimm dir bloß nicht zu viel heraus!
...!
SCHAUDER
SCHAUDER
Hah ...!

Ganz verschieden gleich

Runde 26

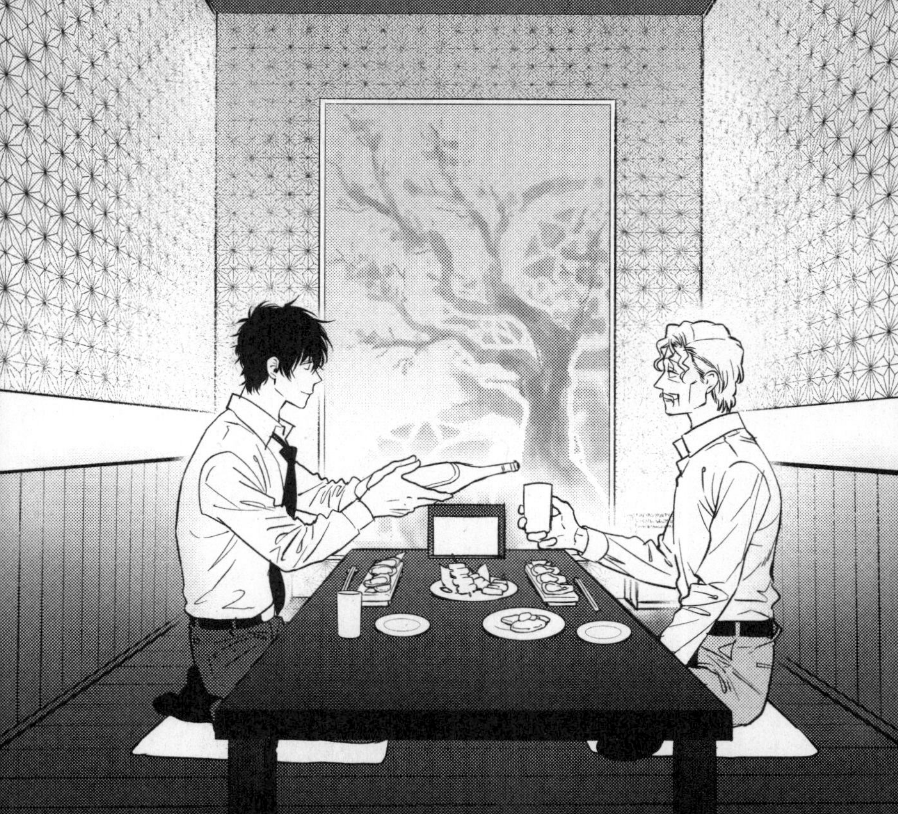

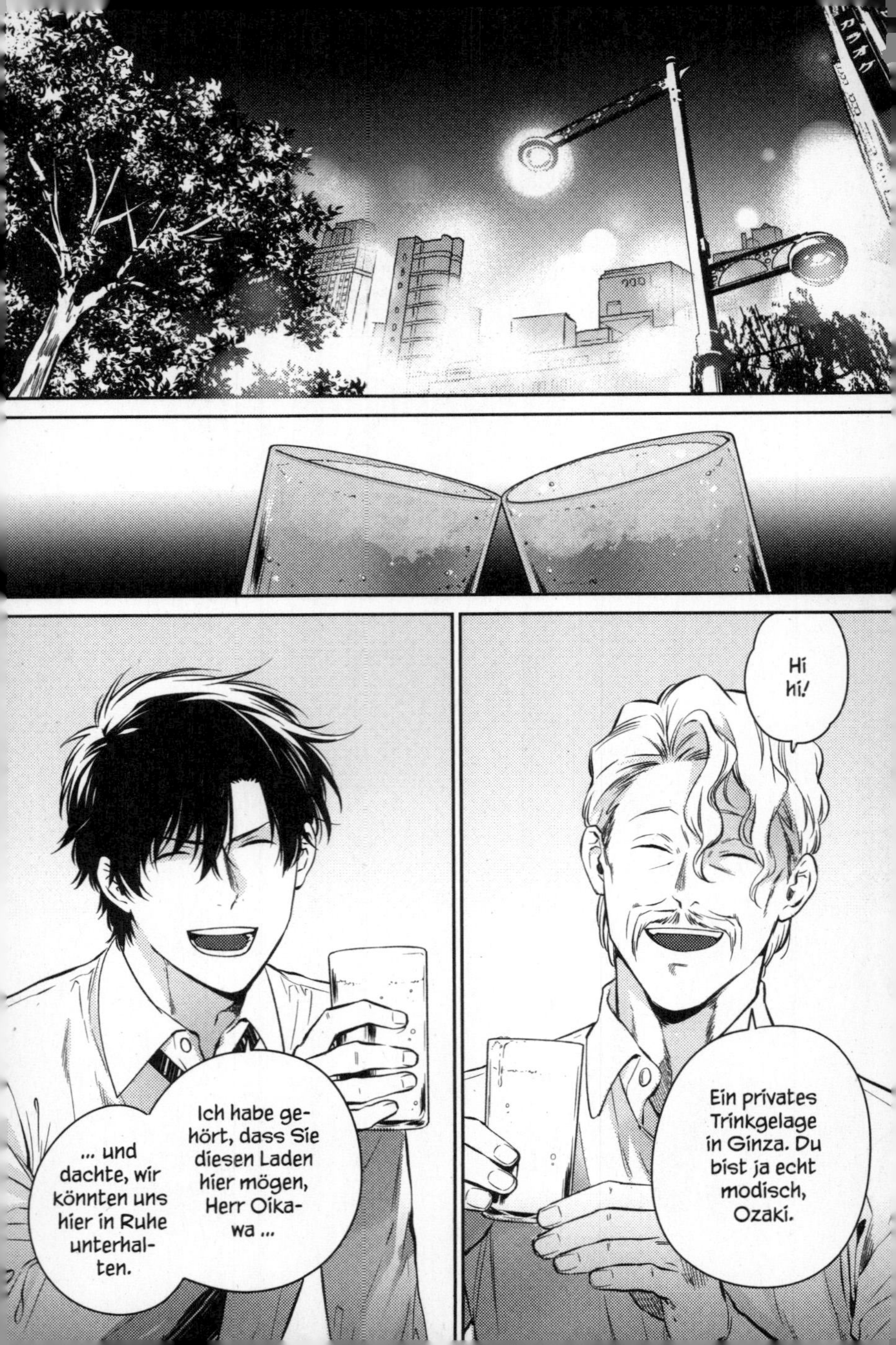

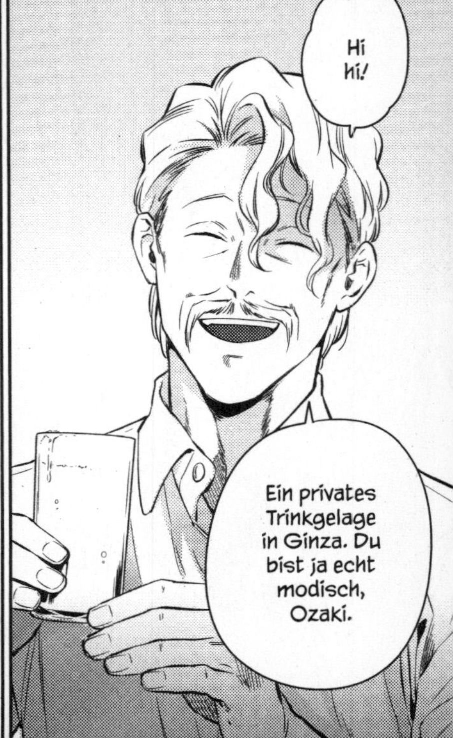
Hi hi!
Ein privates Trinkgelage in Ginza. Du bist ja echt modisch, Ozaki.

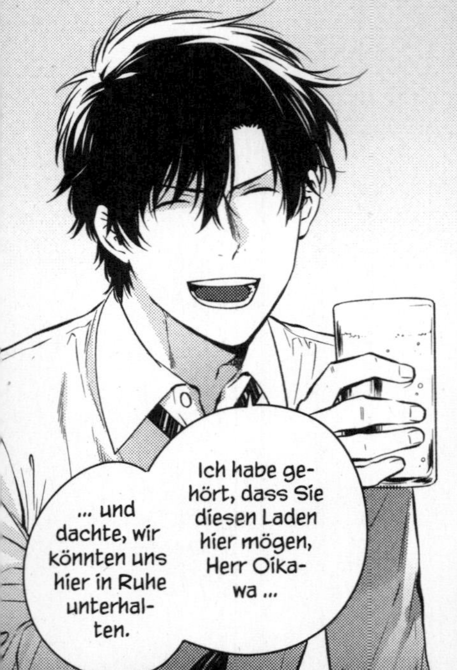
Ich habe gehört, dass Sie diesen Laden hier mögen, Herr Oikawa ...
... und dachte, wir könnten uns hier in Ruhe unterhalten.

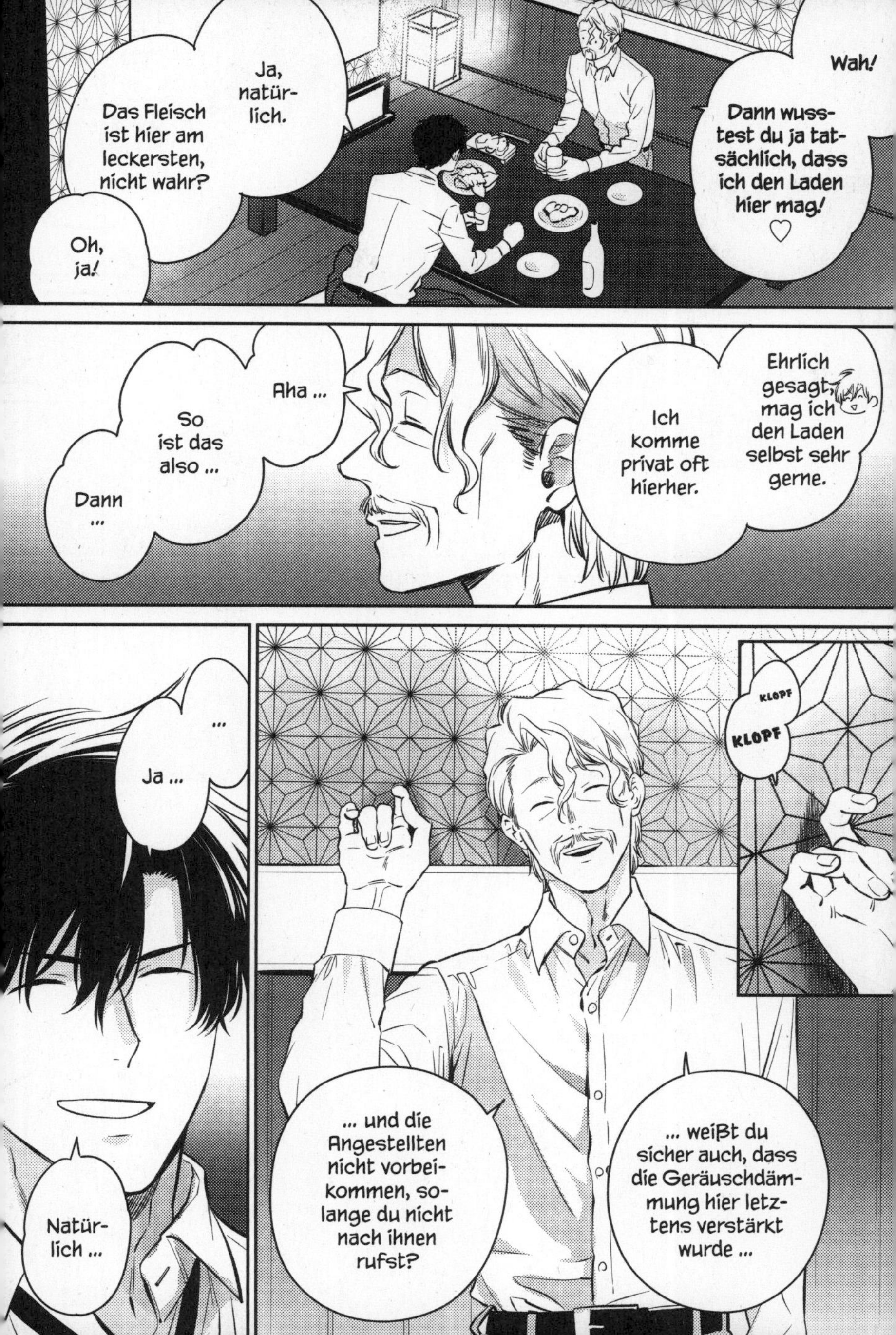
Wah!
Dann wusstest du ja tatsächlich, dass ich den Laden hier mag! ♡
Ja, natürlich.
Das Fleisch ist hier am leckersten, nicht wahr?
Oh, ja!
Ehrlich gesagt, mag ich den Laden selbst sehr gerne.
Ich komme privat oft hierher.
Aha ...
So ist das also ...
Dann ...
KLOPF
KLOPF
... weißt du sicher auch, dass die Geräuschdämmung hier letztens verstärkt wurde ...
... und die Angestellten nicht vorbeikommen, solange du nicht nach ihnen rufst?
...
Ja ...
Natürlich ...

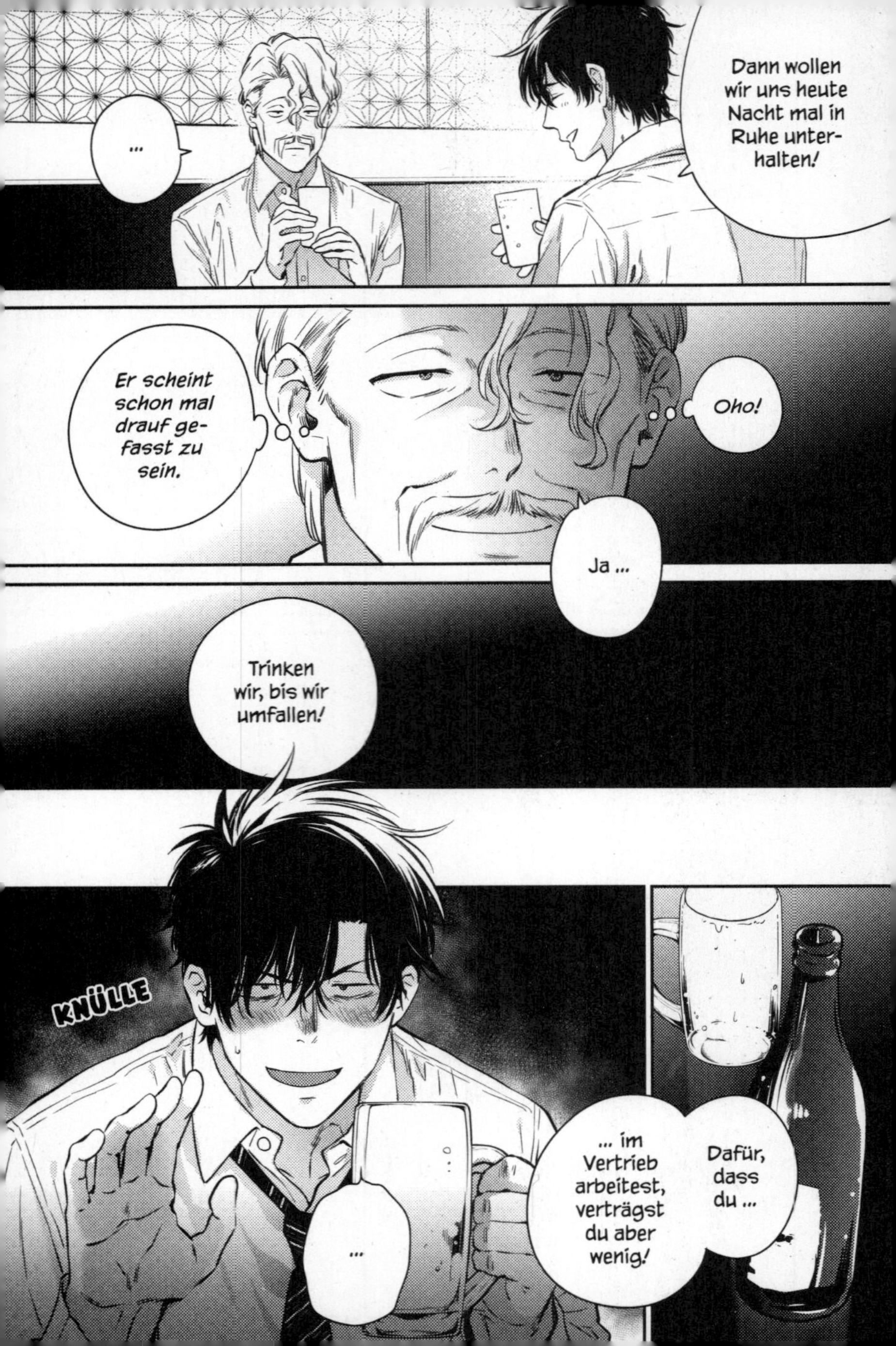
Dann wollen wir uns heute Nacht mal in Ruhe unterhalten!
...
Oho!
Er scheint schon mal drauf gefasst zu sein.
Ja ...
Trinken wir, bis wir umfallen!
KNÜLLE
Dafür, dass du ...
... im Vertrieb arbeitest, verträgst du aber wenig!
...

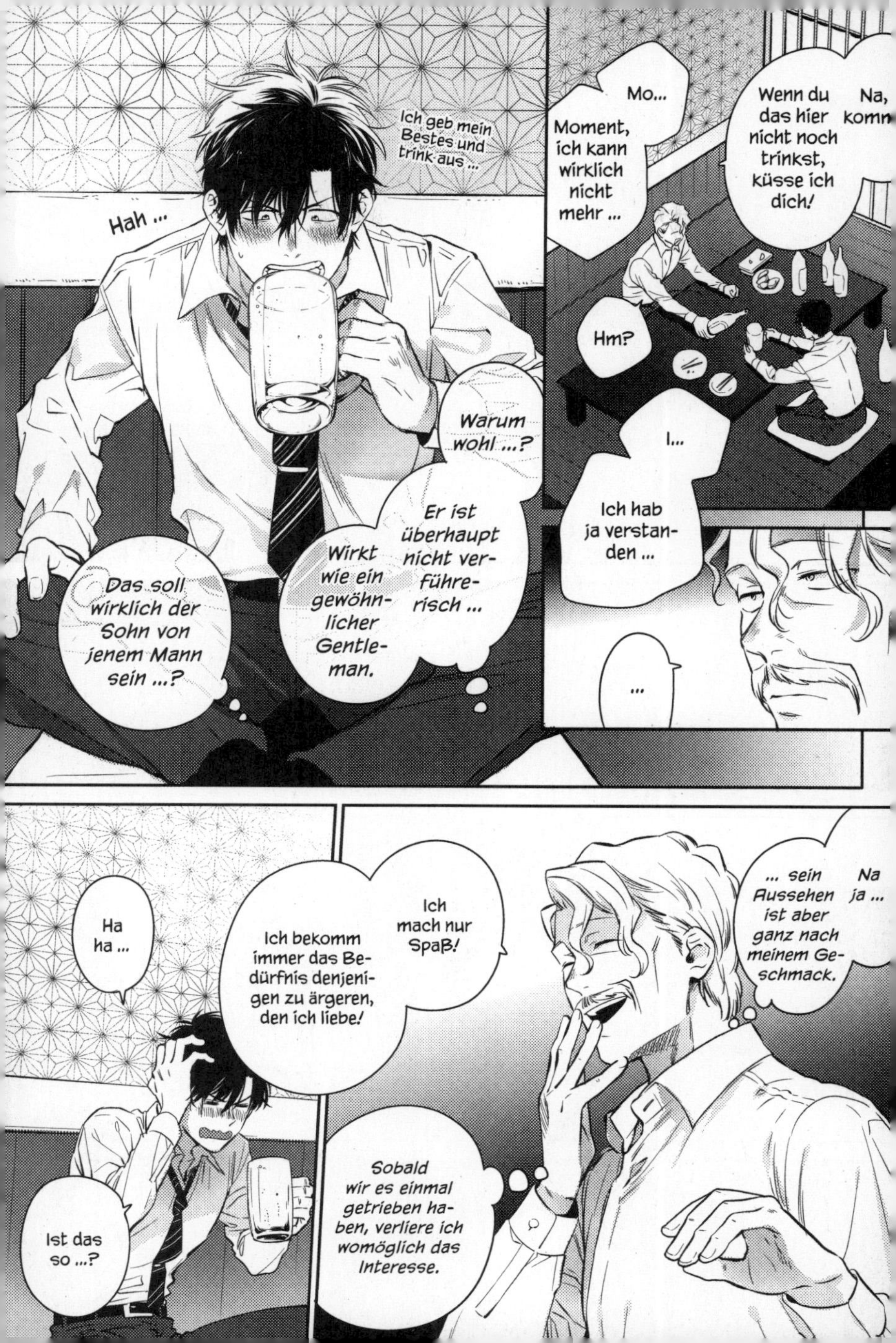
Na, komm
Wenn du das hier nicht noch trinkst, küsse ich dich!
Mo...
Moment, ich kann wirklich nicht mehr ...
Hm?
Ich geb mein Bestes und trink aus ...
Hah ...
I...
Ich hab ja verstanden ...
...
Warum wohl ...?
Er ist überhaupt nicht verführerisch ...
Wirkt wie ein gewöhnlicher Gentleman.
Das soll wirklich der Sohn von jenem Mann sein ...?
Na ja ...
... sein Aussehen ist aber ganz nach meinem Geschmack.
Ich mach nur Spaß!
Ich bekomm immer das Bedürfnis denjenigen zu ärgeren, den ich liebe!
Ha ha ...
Sobald wir es einmal getrieben haben, verliere ich womöglich das Interesse.
Ist das so ...?

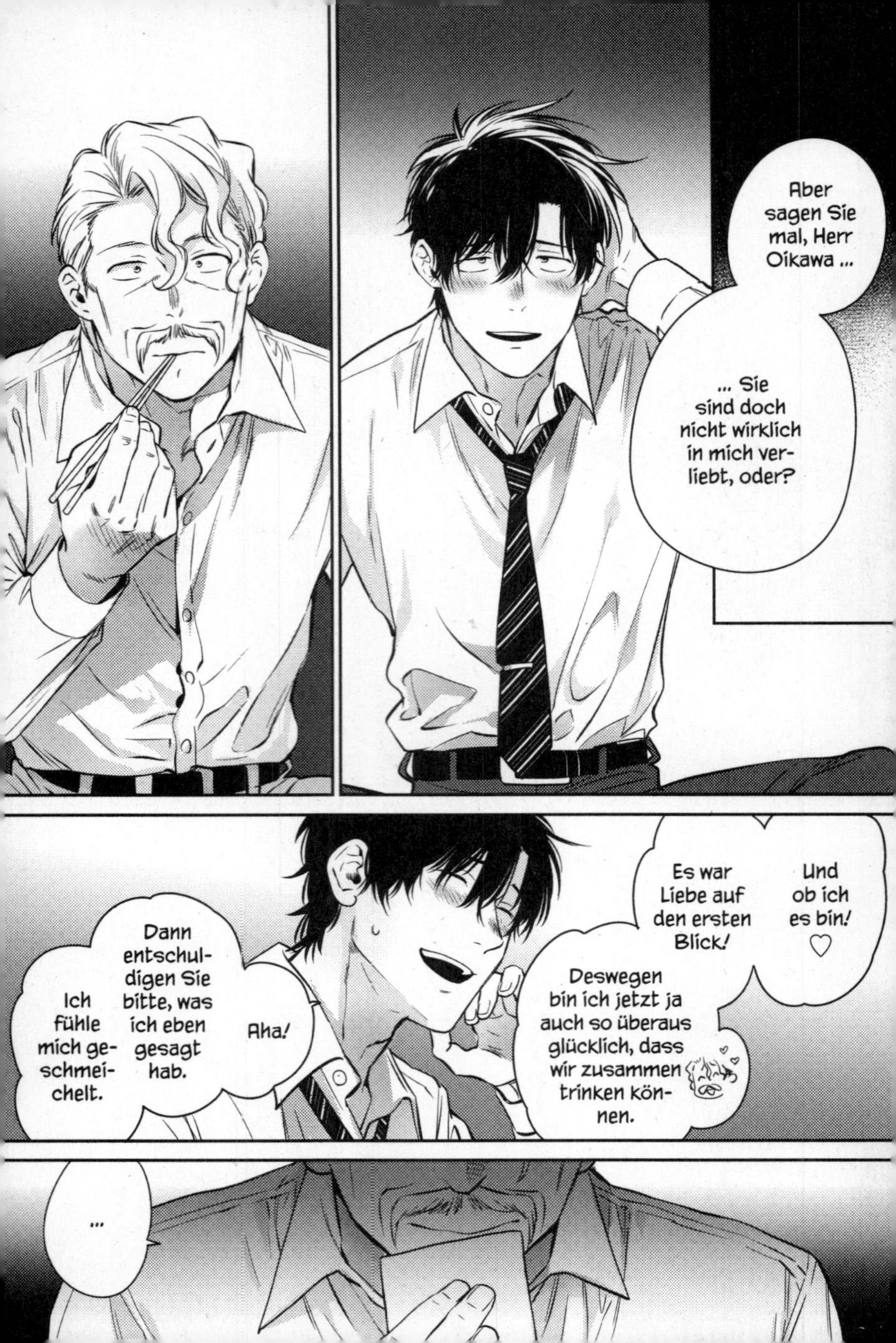
Aber sagen Sie mal, Herr Oikawa ...
... Sie sind doch nicht wirklich in mich verliebt, oder?
Und ob ich es bin! ♡
Es war Liebe auf den ersten Blick!
Deswegen bin ich jetzt ja auch so überaus glücklich, dass wir zusammen trinken können.
Aha!
Dann entschuldigen Sie bitte, was ich eben gesagt hab.
Ich fühle mich geschmeichelt.
...

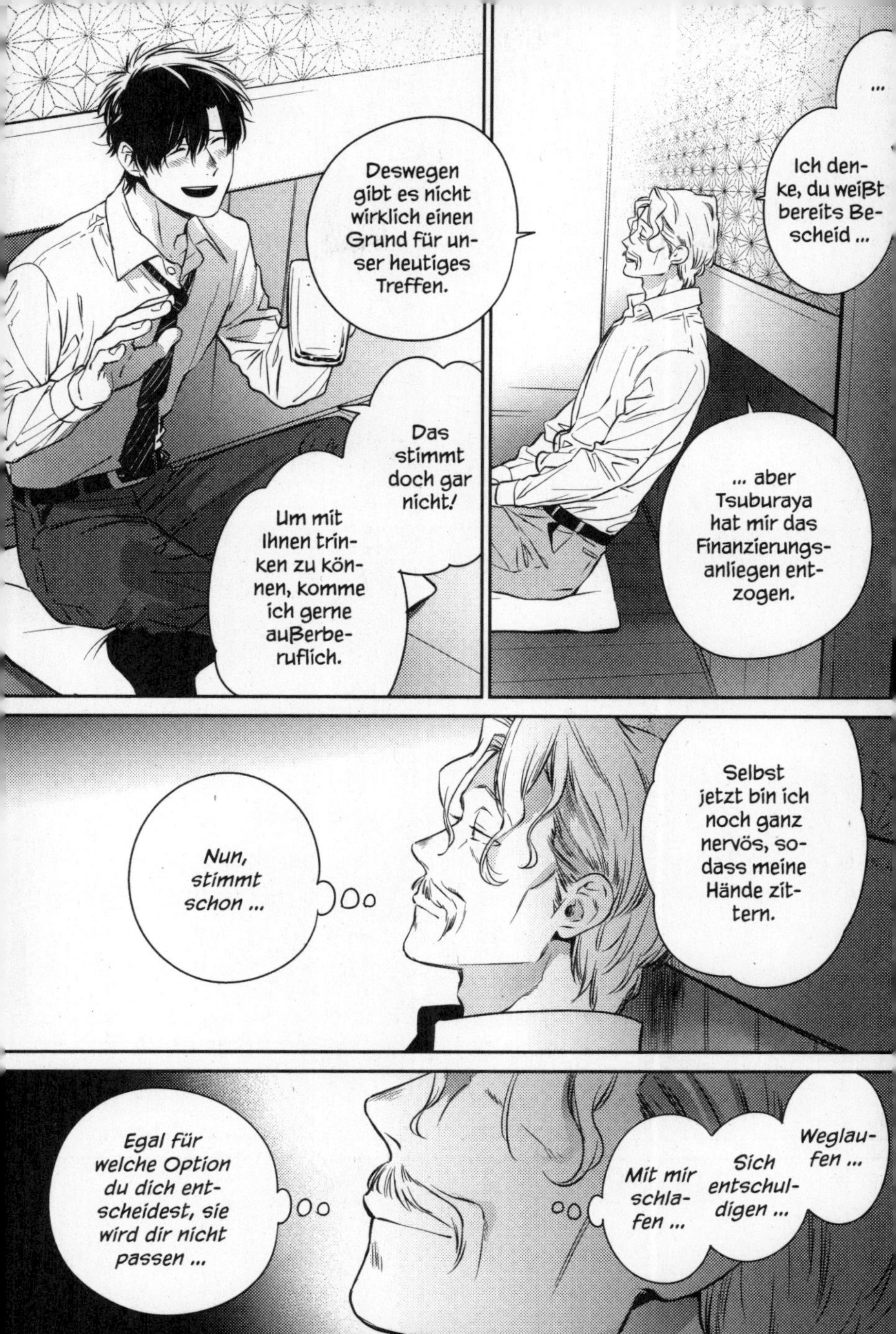
...
Ich denke, du weißt bereits Bescheid ...
... aber Tsuburaya hat mir das Finanzierungsanliegen entzogen.
Deswegen gibt es nicht wirklich einen Grund für unser heutiges Treffen.
Das stimmt doch gar nicht!
Um mit Ihnen trinken zu können, komme ich gerne außerberuflich.
Selbst jetzt bin ich noch ganz nervös, sodass meine Hände zittern.
Nun, stimmt schon ...
Weglaufen ...
Sich entschuldigen ...
Mit mir schlafen ...
Egal für welche Option du dich entscheidest, sie wird dir nicht passen ...

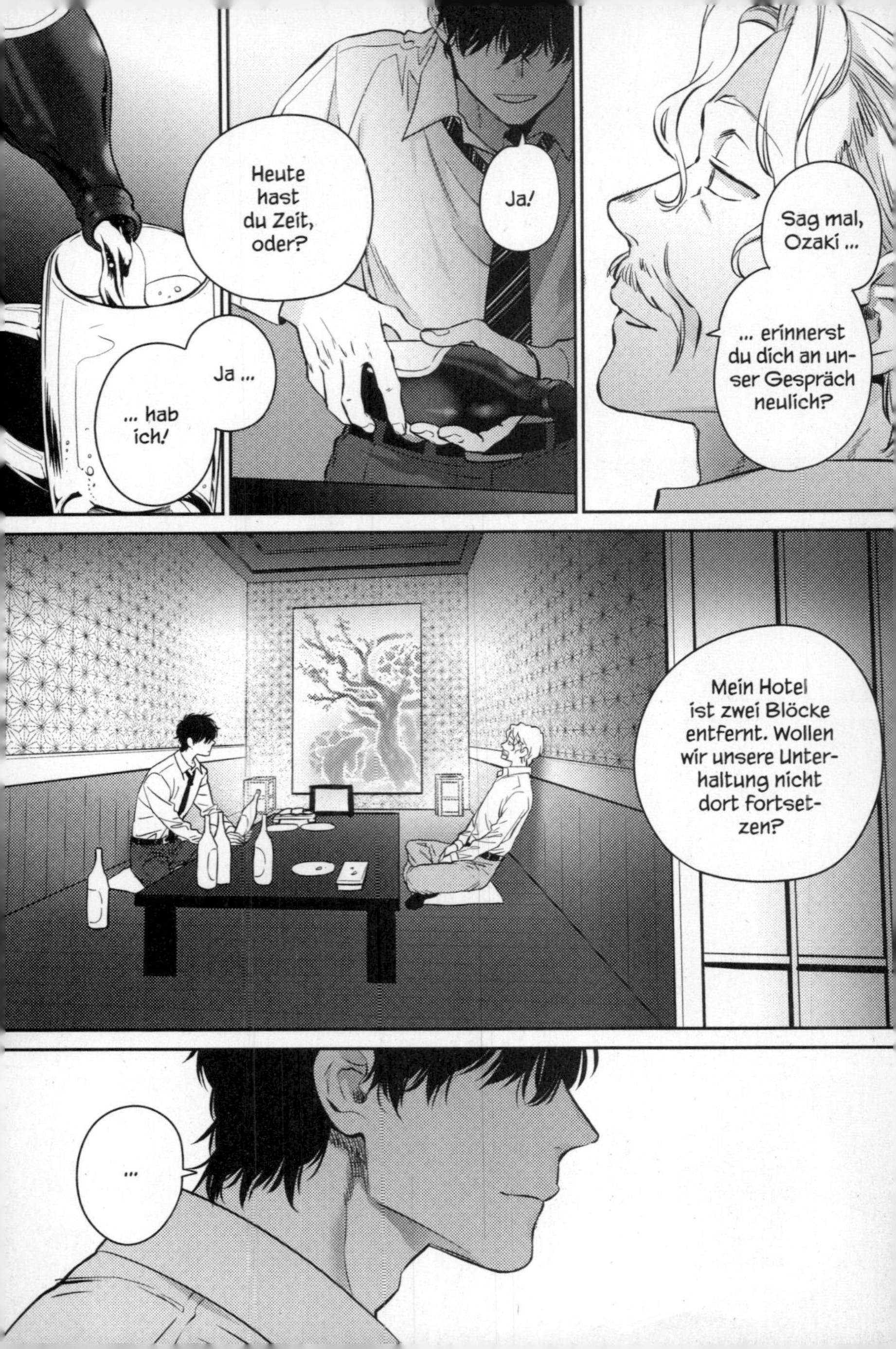

Sag mal, Ozaki ...
... erinnerst du dich an unser Gespräch neulich?
Ja!
Heute hast du Zeit, oder?
Ja ...
... hab ich!
Mein Hotel ist zwei Blöcke entfernt. Wollen wir unsere Unterhaltung nicht dort fortsetzen?
...

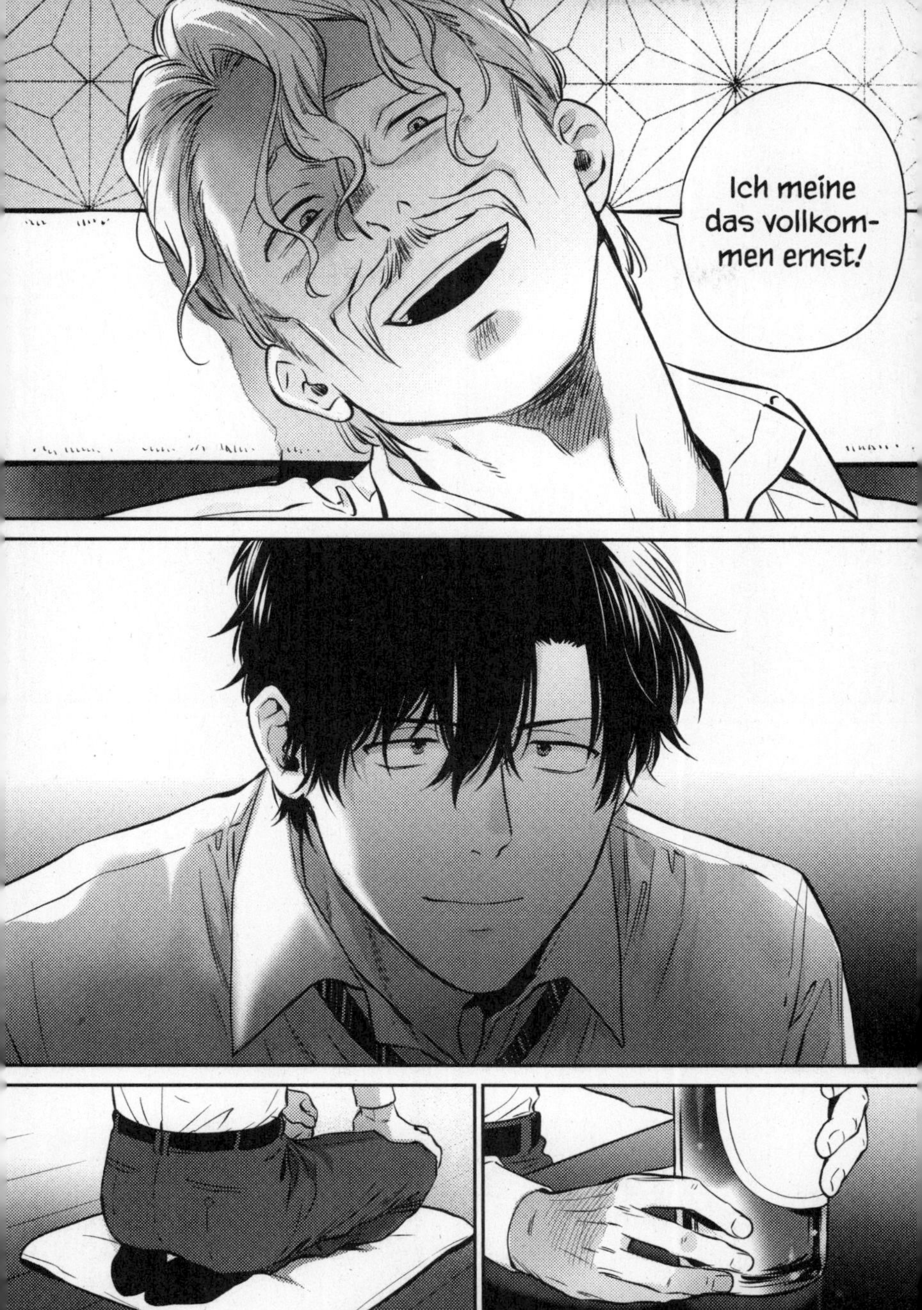
Ich meine
das vollkom-
men ernst!

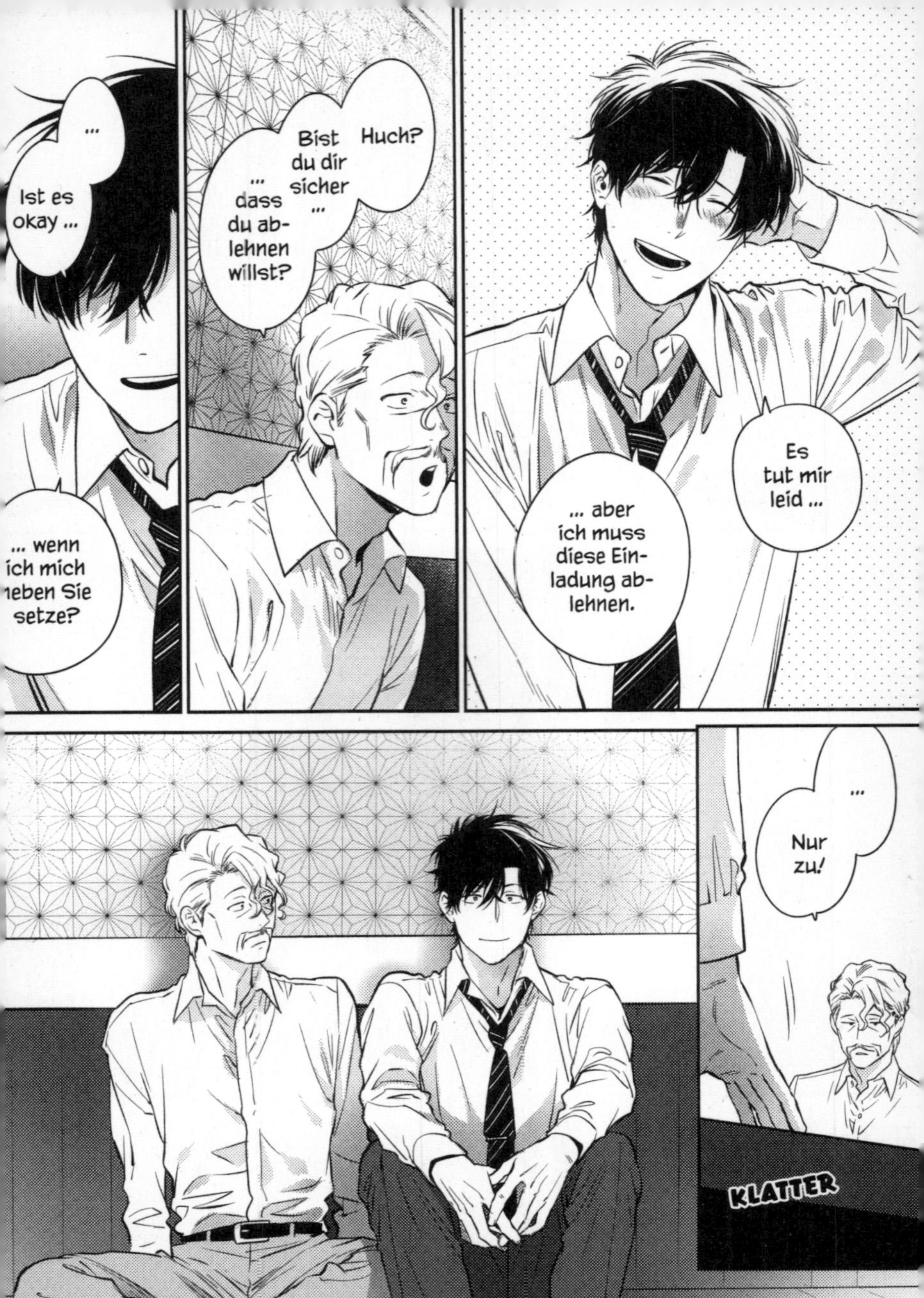
Es tut mir leid ...
... aber ich muss diese Einladung ablehnen.
Huch?
Bist du dir sicher ...
... dass du ablehnen willst?
...
Ist es okay ...
... wenn ich mich neben Sie setze?
... Nur zu!
KLATTER

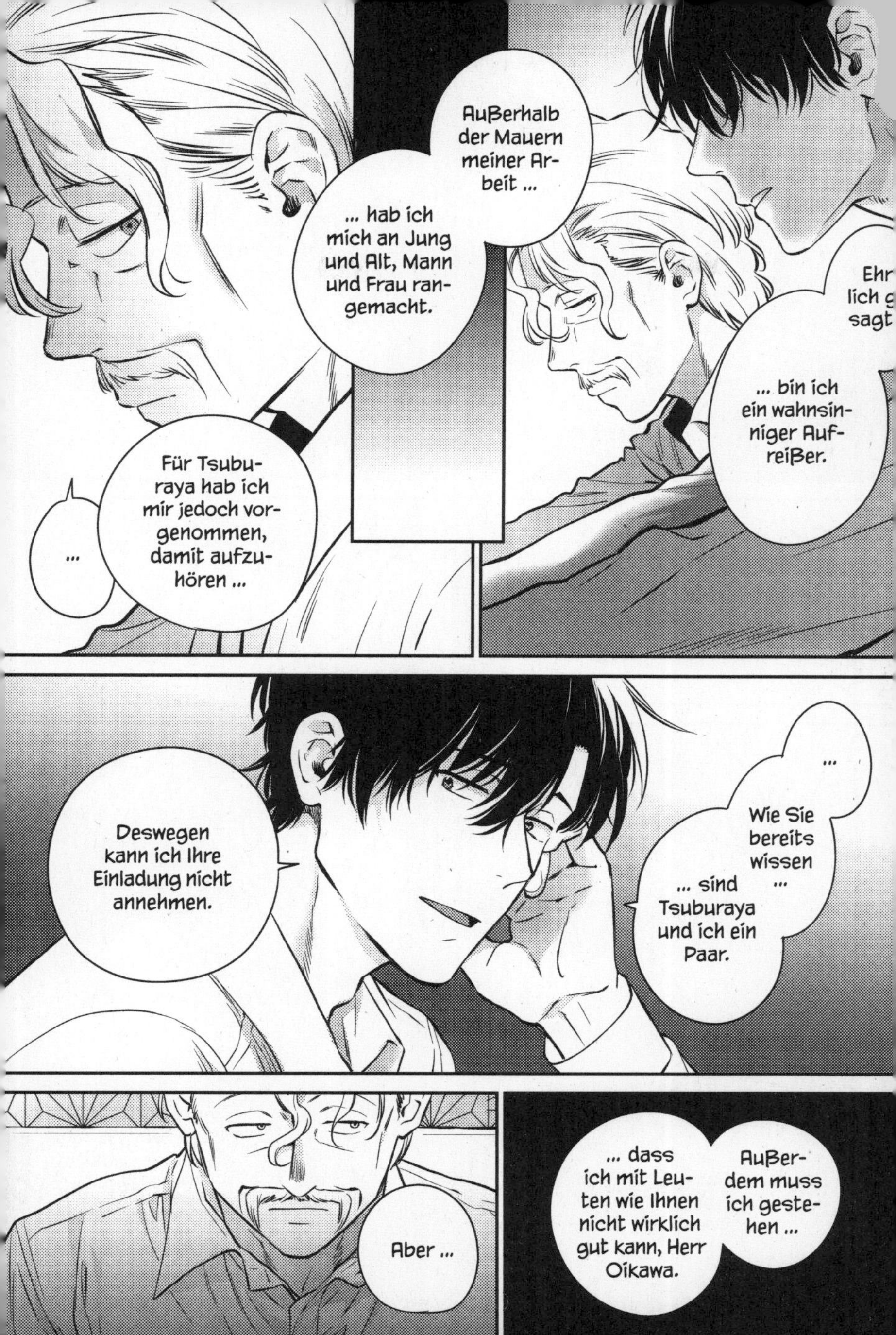
Ehr lich g sagt
... bin ich ein wahnsinniger Aufreißer.
Außerhalb der Mauern meiner Arbeit ...
... hab ich mich an Jung und Alt, Mann und Frau rangemacht.
Für Tsuburaya hab ich mir jedoch vorgenommen, damit aufzuhören ...
...
...
Wie Sie bereits wissen ...
... sind Tsuburaya und ich ein Paar.
Deswegen kann ich Ihre Einladung nicht annehmen.
Außerdem muss ich gestehen ...
... dass ich mit Leuten wie Ihnen nicht wirklich gut kann, Herr Oikawa.
Aber ...

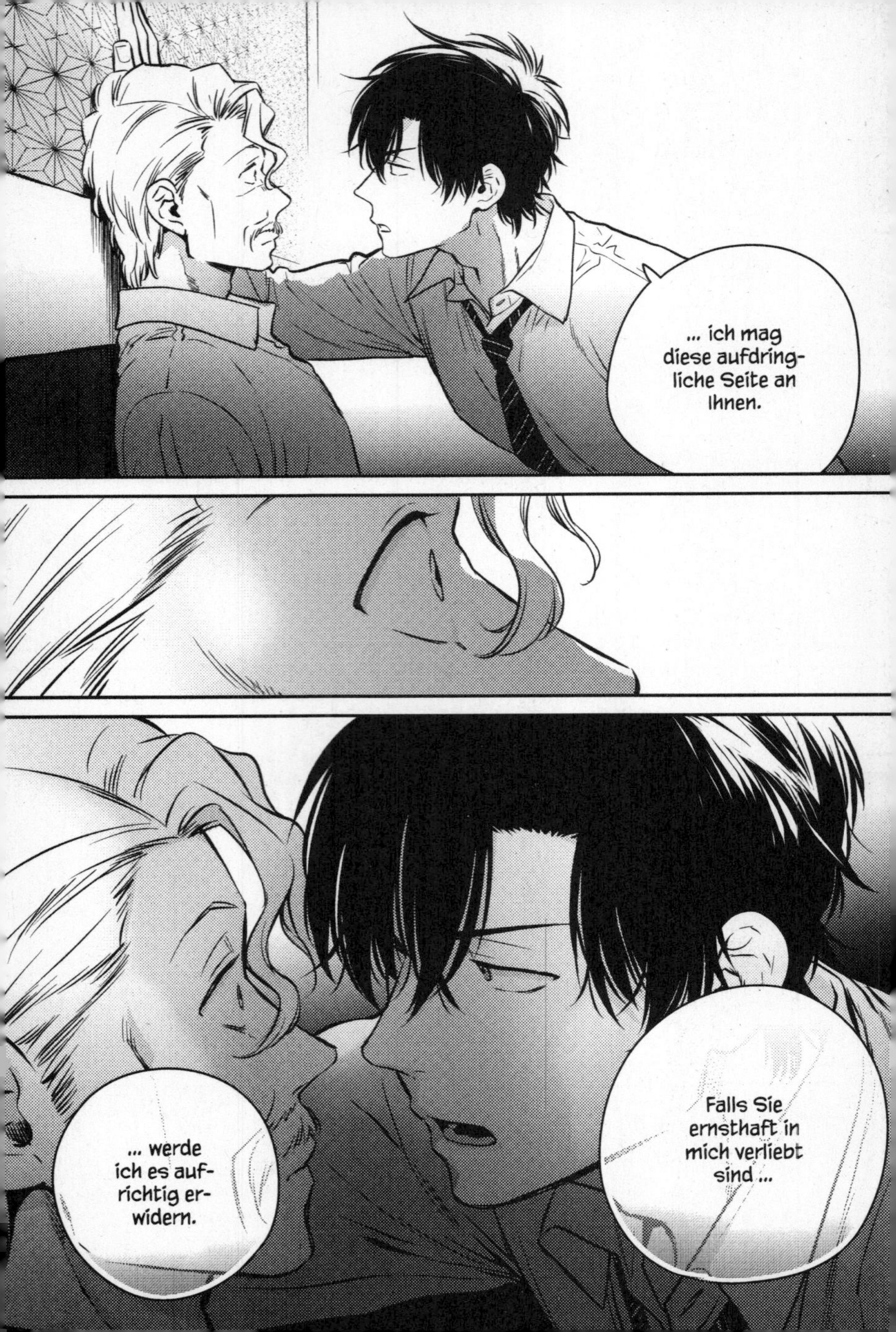
... ich mag diese aufdring-liche Seite an Ihnen.
Falls Sie ernsthaft in mich verliebt sind ...
... werde ich es auf-richtig er-widern.

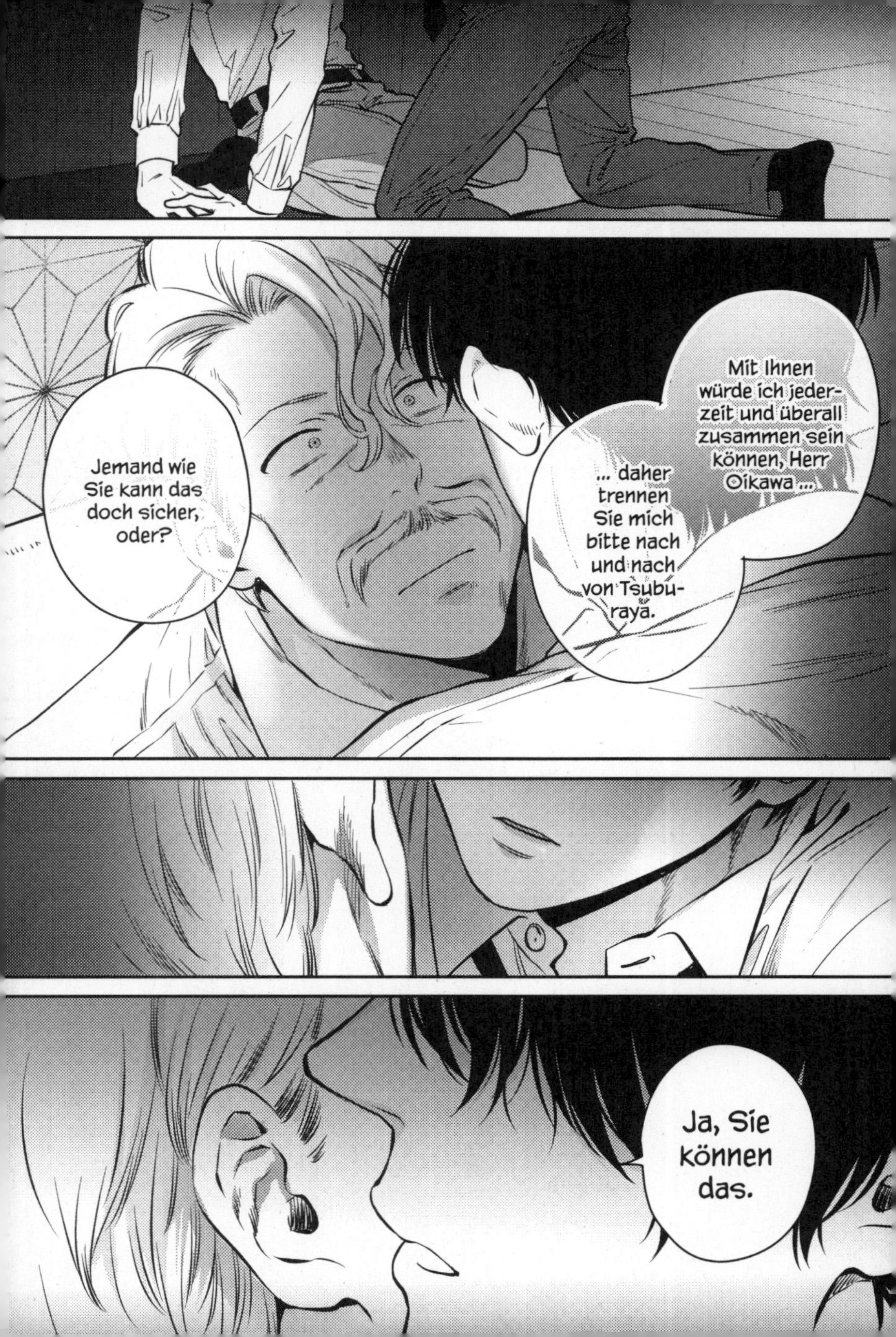
Mit Ihnen würde ich jederzeit und überall zusammen sein können, Herr Oikawa ...
... daher trennen Sie mich bitte nach und nach von Tsuburaya.
Jemand wie Sie kann das doch sicher, oder?
Ja, Sie können das.

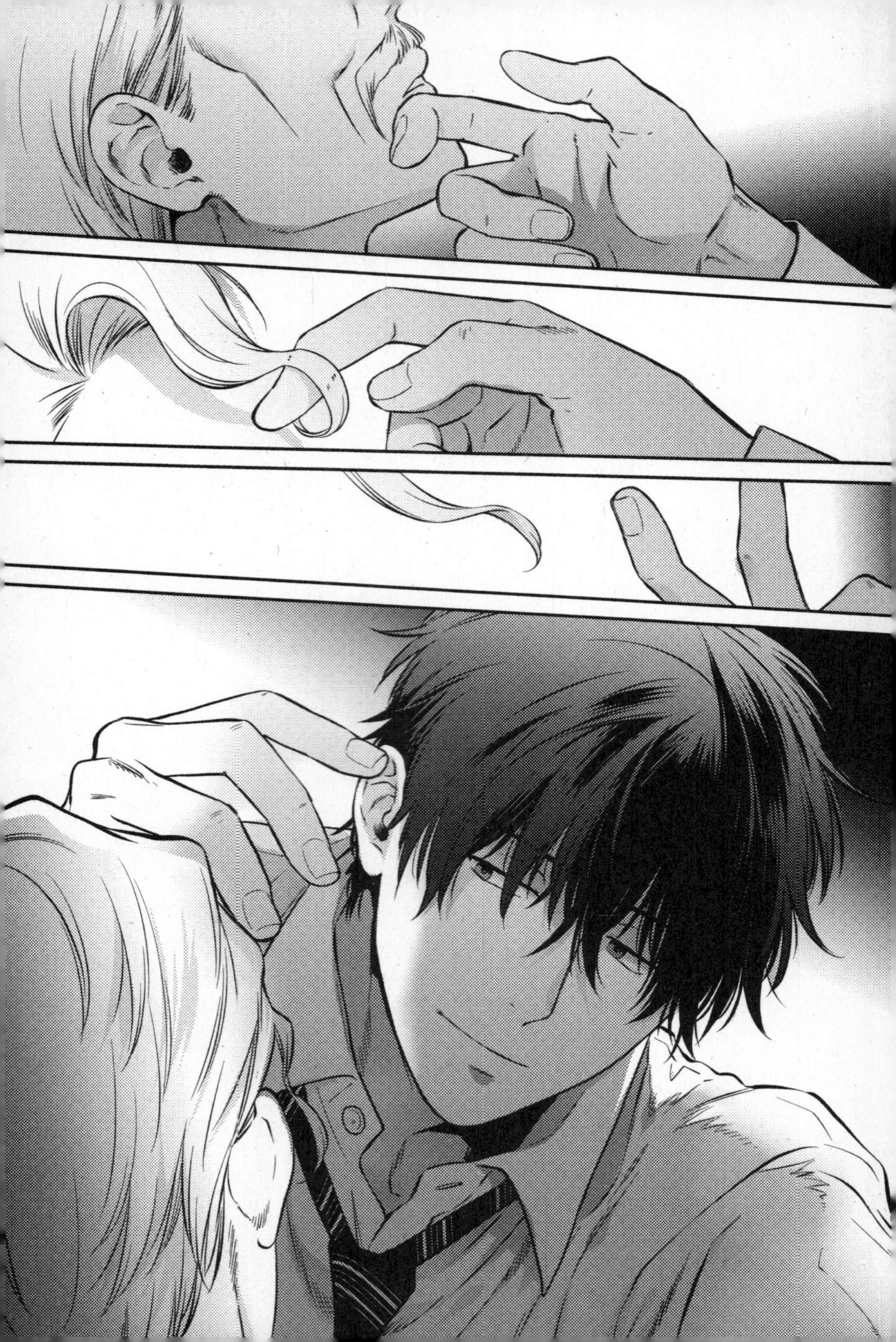

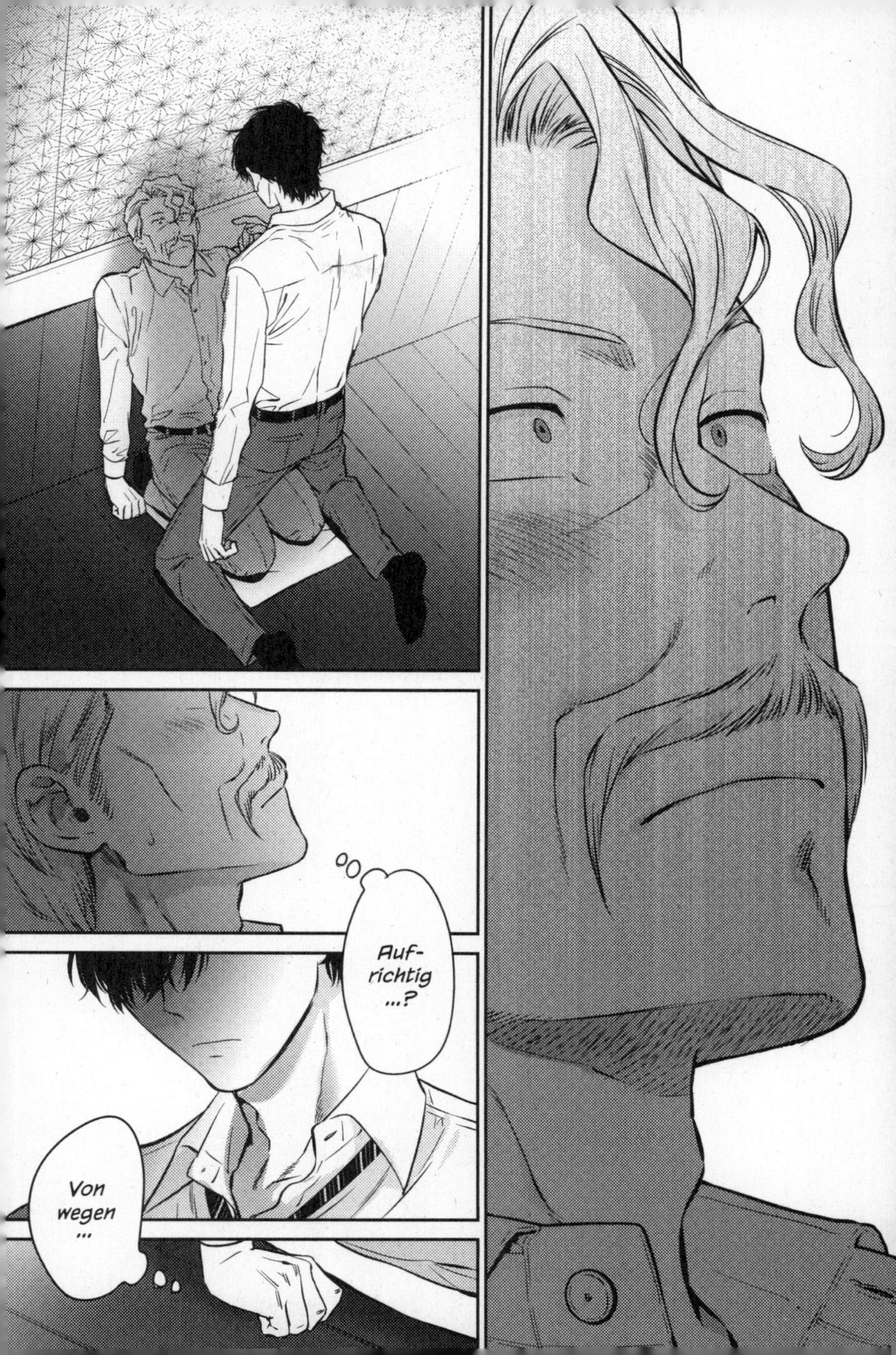
Auf-
richtig
...?
Von
wegen
...

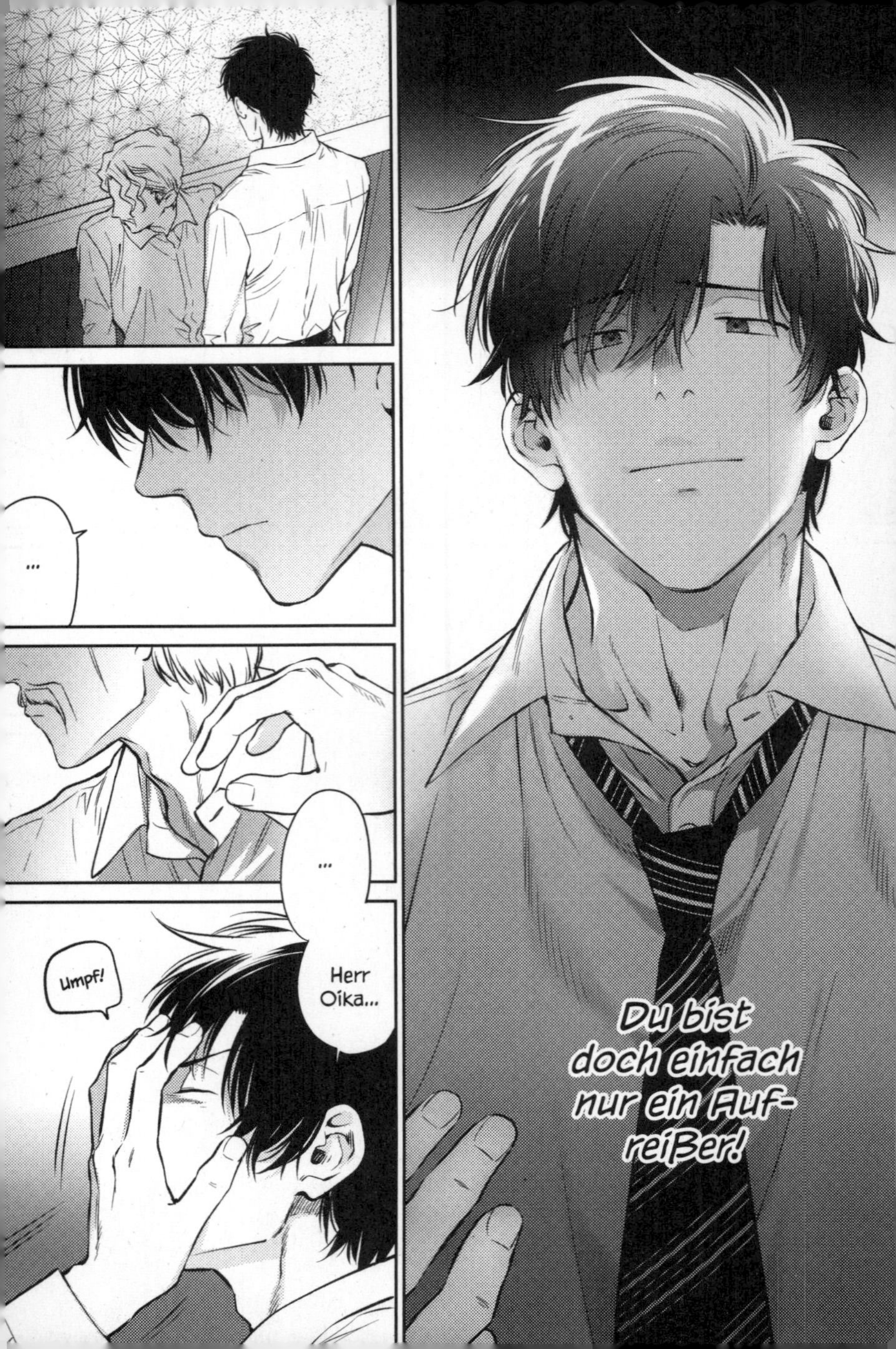
Du bist doch einfach nur ein Auf-reißer!
...
...
Herr Oika...
Umpf!

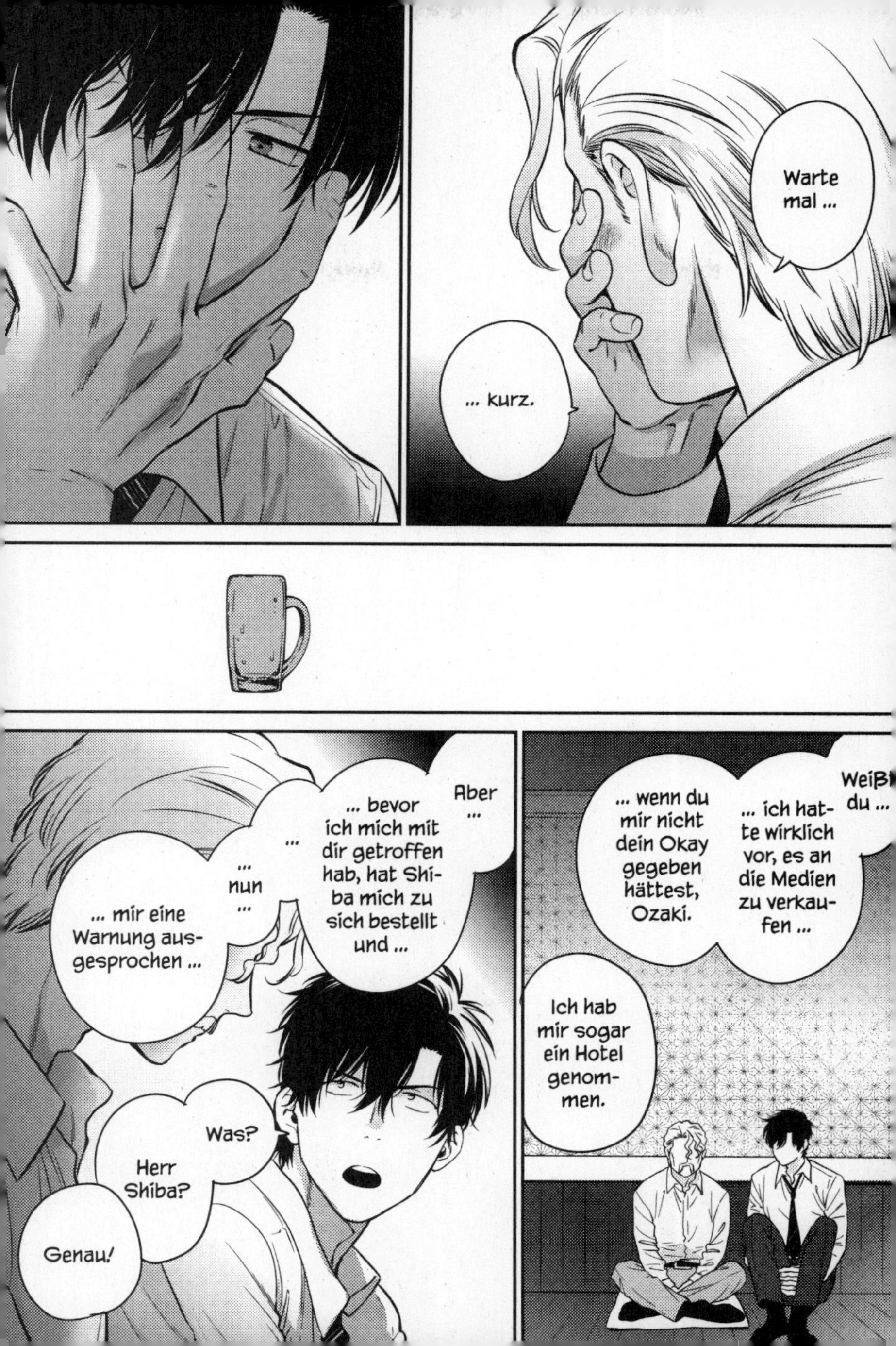

Warte mal ...
... kurz.
Weiß du ...
... ich hatte wirklich vor, es an die Medien zu verkaufen ...
... wenn du mir nicht dein Okay gegeben hättest, Ozaki.
Ich hab mir sogar ein Hotel genommen.
Aber ...
... bevor ich mich mit dir getroffen hab, hat Shiba mich zu sich bestellt und ...
...
... nun ...
... mir eine Warnung ausgesprochen ...
Was?
Herr Shiba?
Genau!

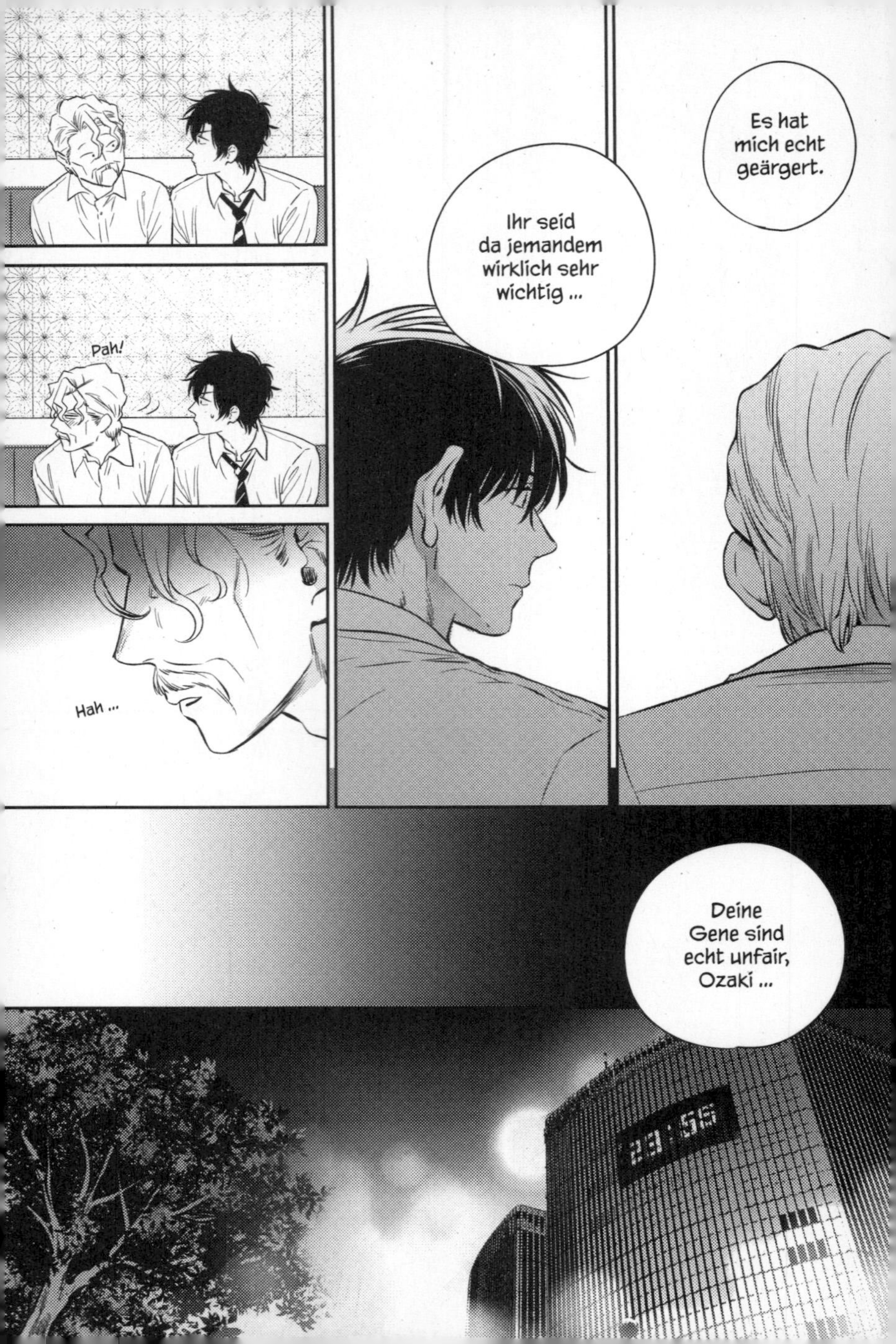
Es hat mich echt geärgert.
Ihr seid da jemandem wirklich sehr wichtig ...
Pah!
Hah ...
Deine Gene sind echt unfair, Ozaki ...

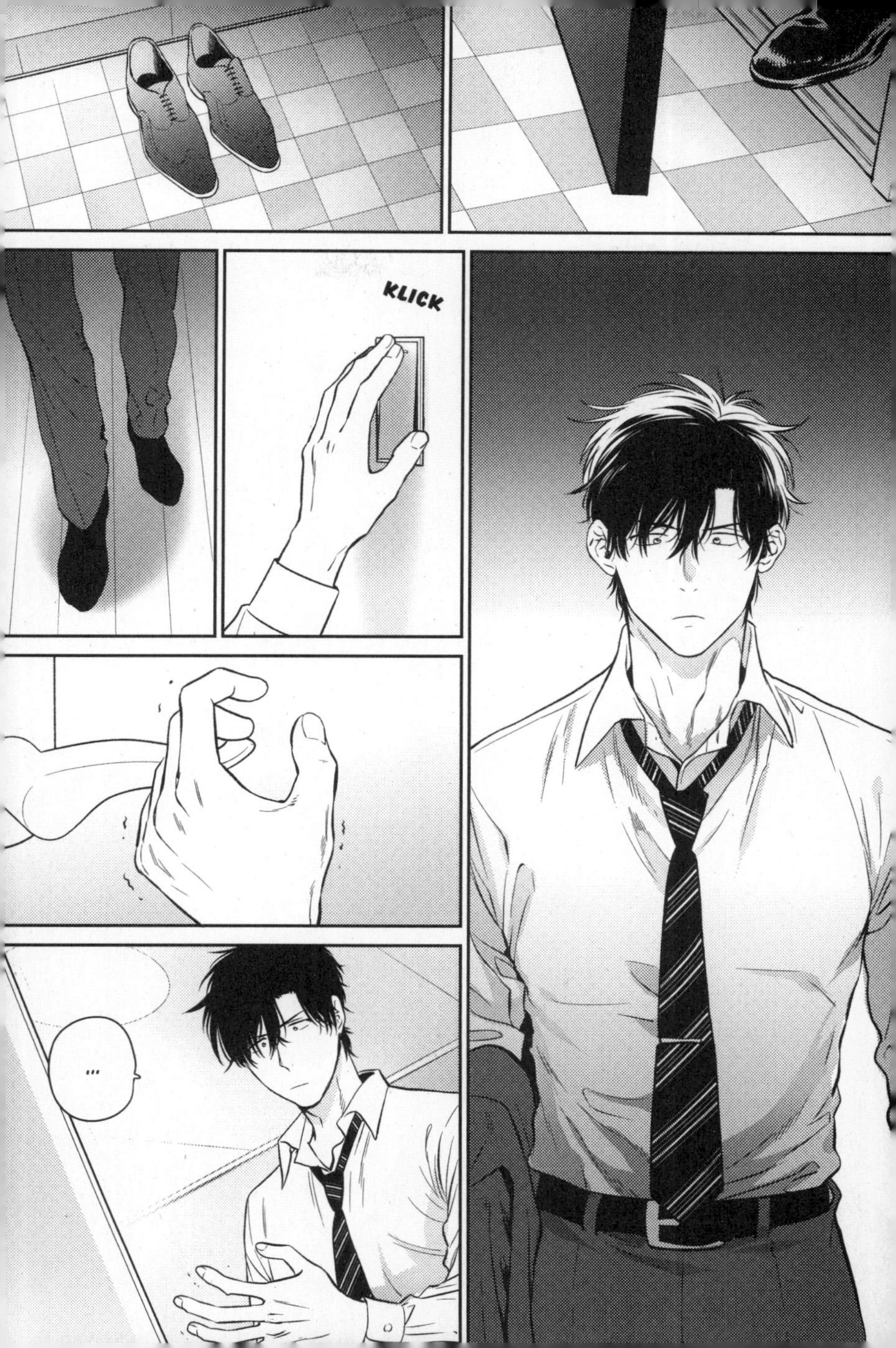
KLICK
...

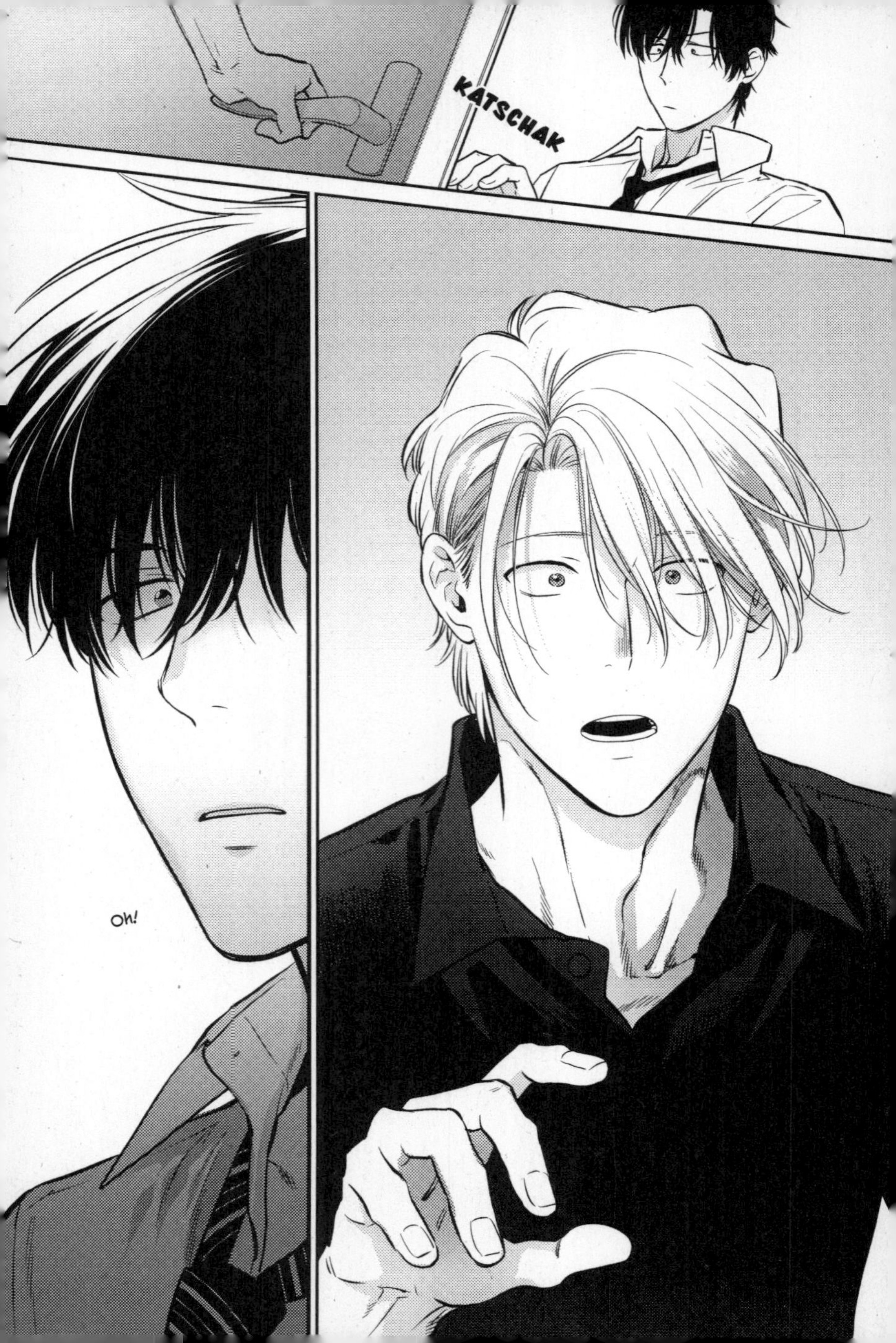
KATSCHAK
Oh!

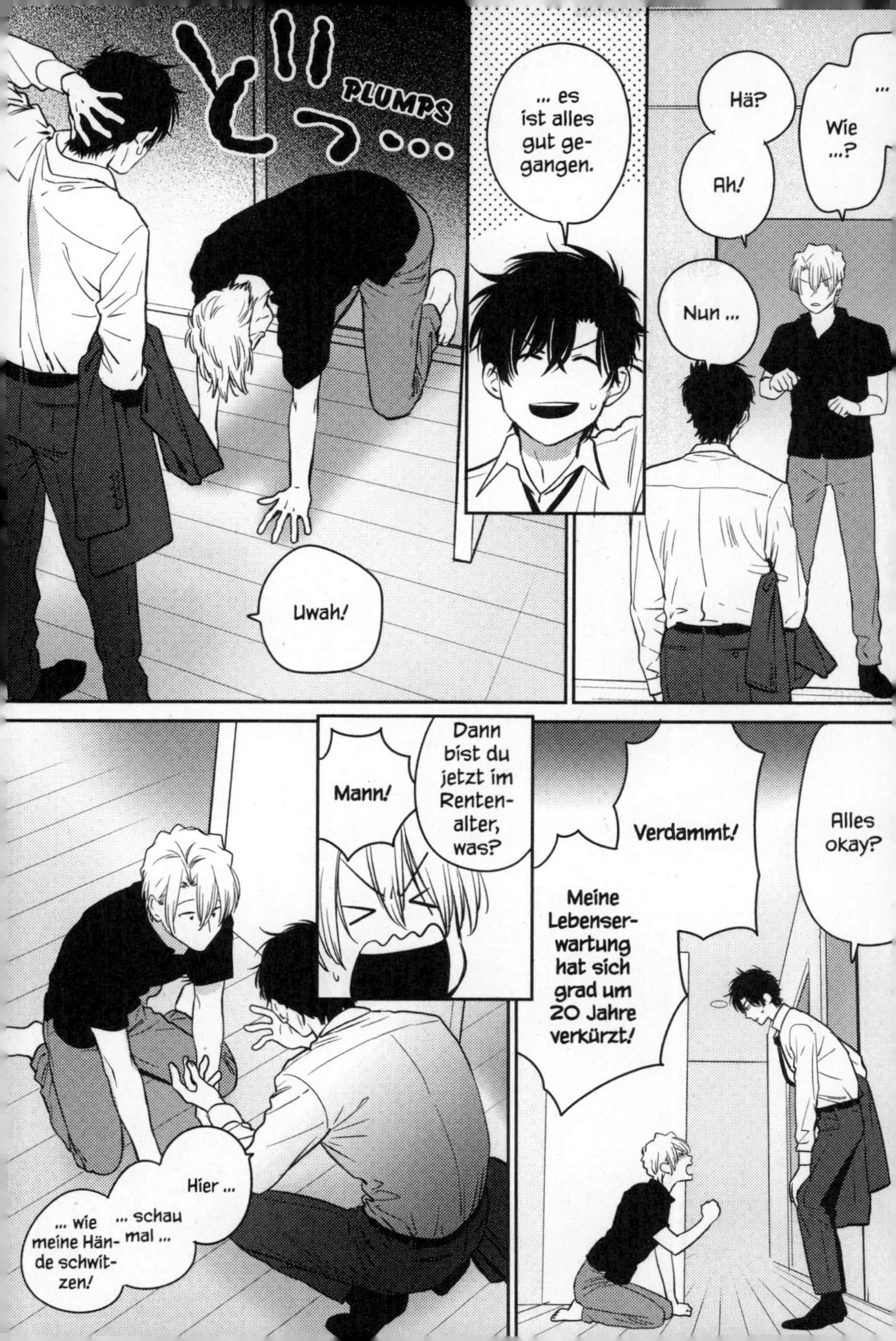

… Wie …?
Hä?
Ah!
Nun …
… es ist alles gut gegangen.
PLUMPS
Uwah!
Alles okay?
Verdammt!
Meine Lebenserwartung hat sich grad um 20 Jahre verkürzt!
Dann bist du jetzt im Rentenalter, was?
Mann!
Hier …
… schau mal …
… wie meine Hände schwitzen!

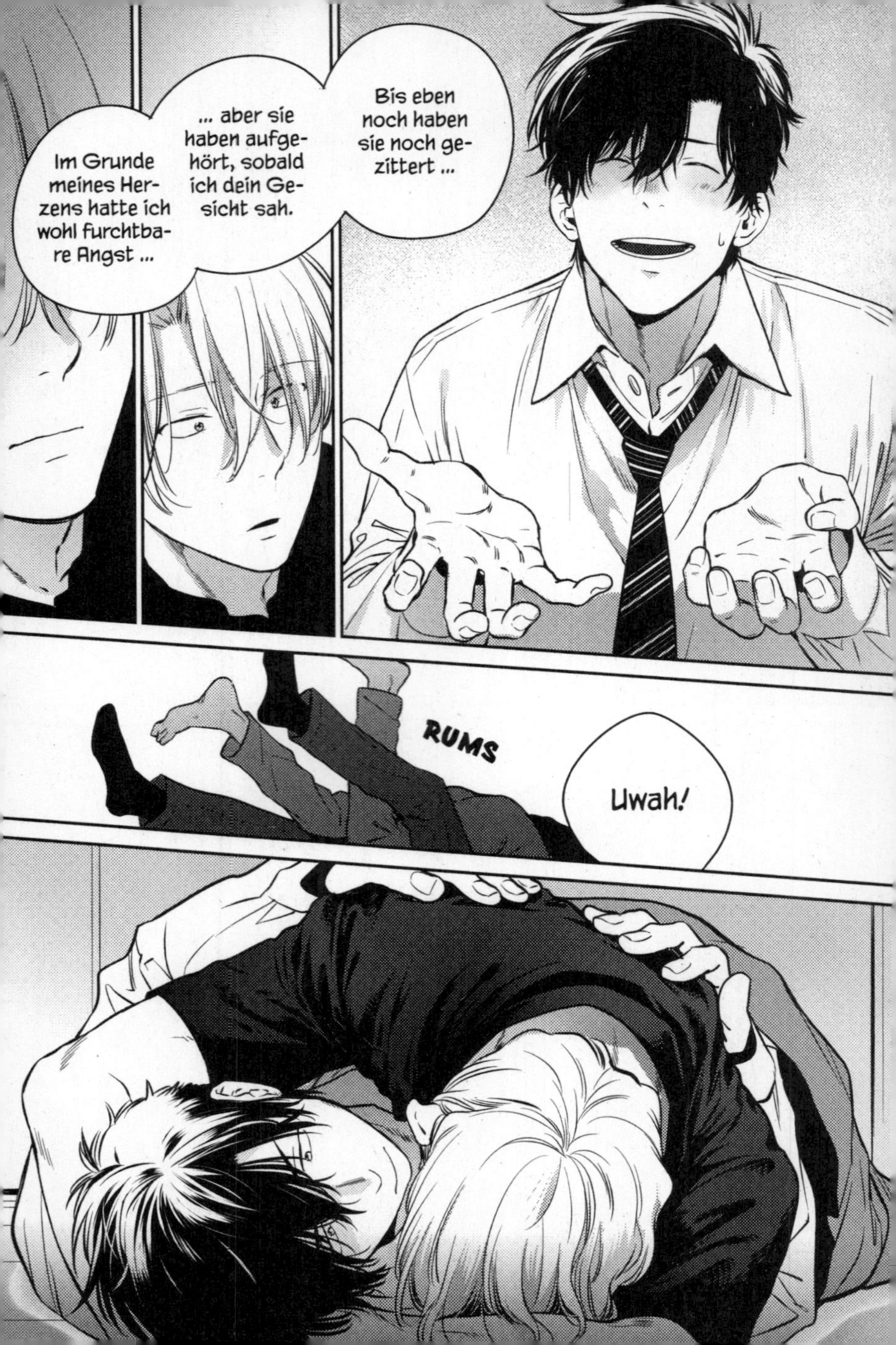
Bis eben noch haben sie noch gezittert ...
... aber sie haben aufgehört, sobald ich dein Gesicht sah.
Im Grunde meines Herzens hatte ich wohl furchtbare Angst ...
RUMS
Uwah!

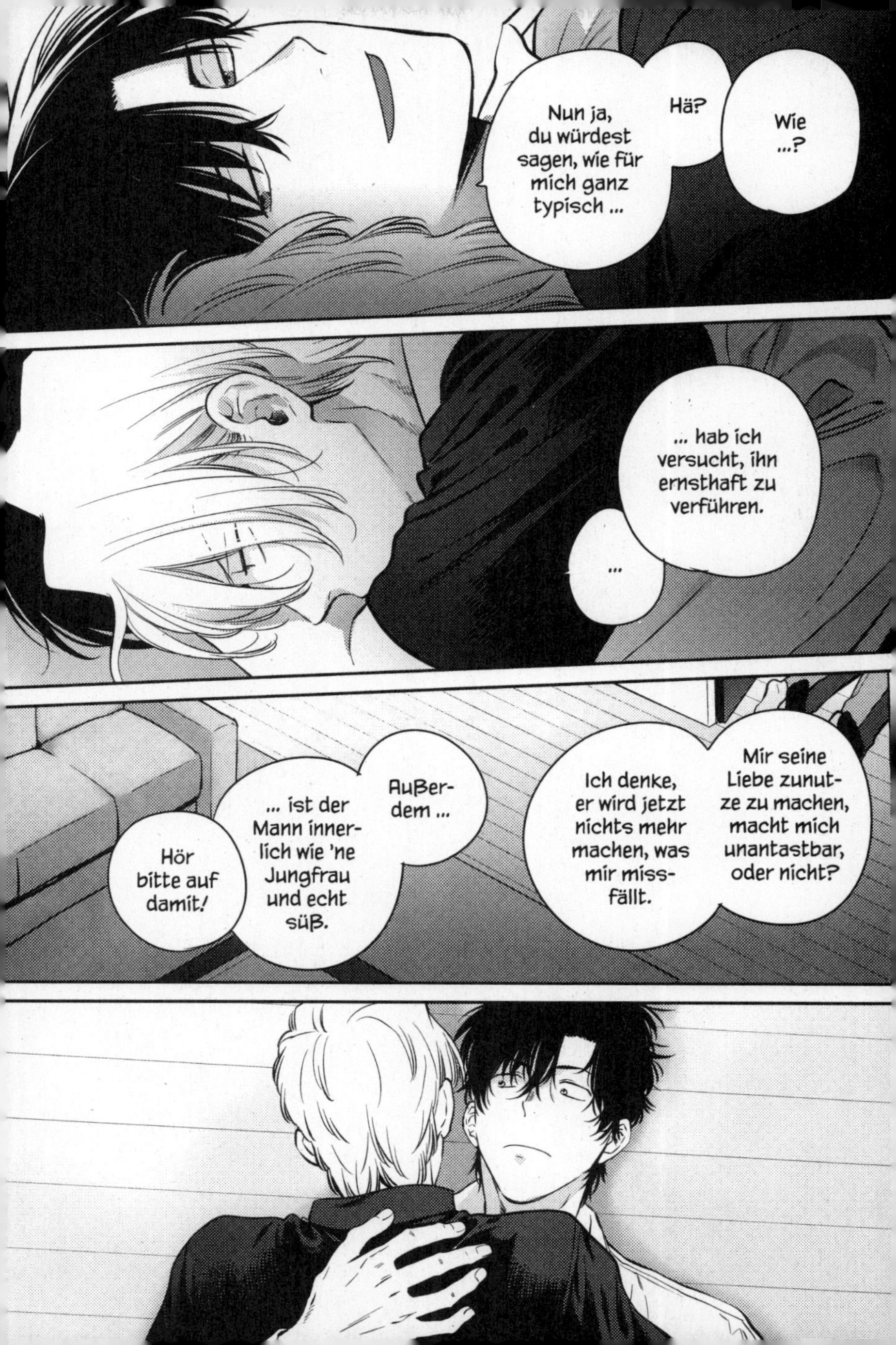
Wie …?
Hä?
Nun ja, du würdest sagen, wie für mich ganz typisch …
… hab ich versucht, ihn ernsthaft zu verführen.
…
Mir seine Liebe zunutze zu machen, macht mich unantastbar, oder nicht?
Ich denke, er wird jetzt nichts mehr machen, was mir missfällt.
Außerdem …
… ist der Mann innerlich wie 'ne Jungfrau und echt süß.
Hör bitte auf damit!

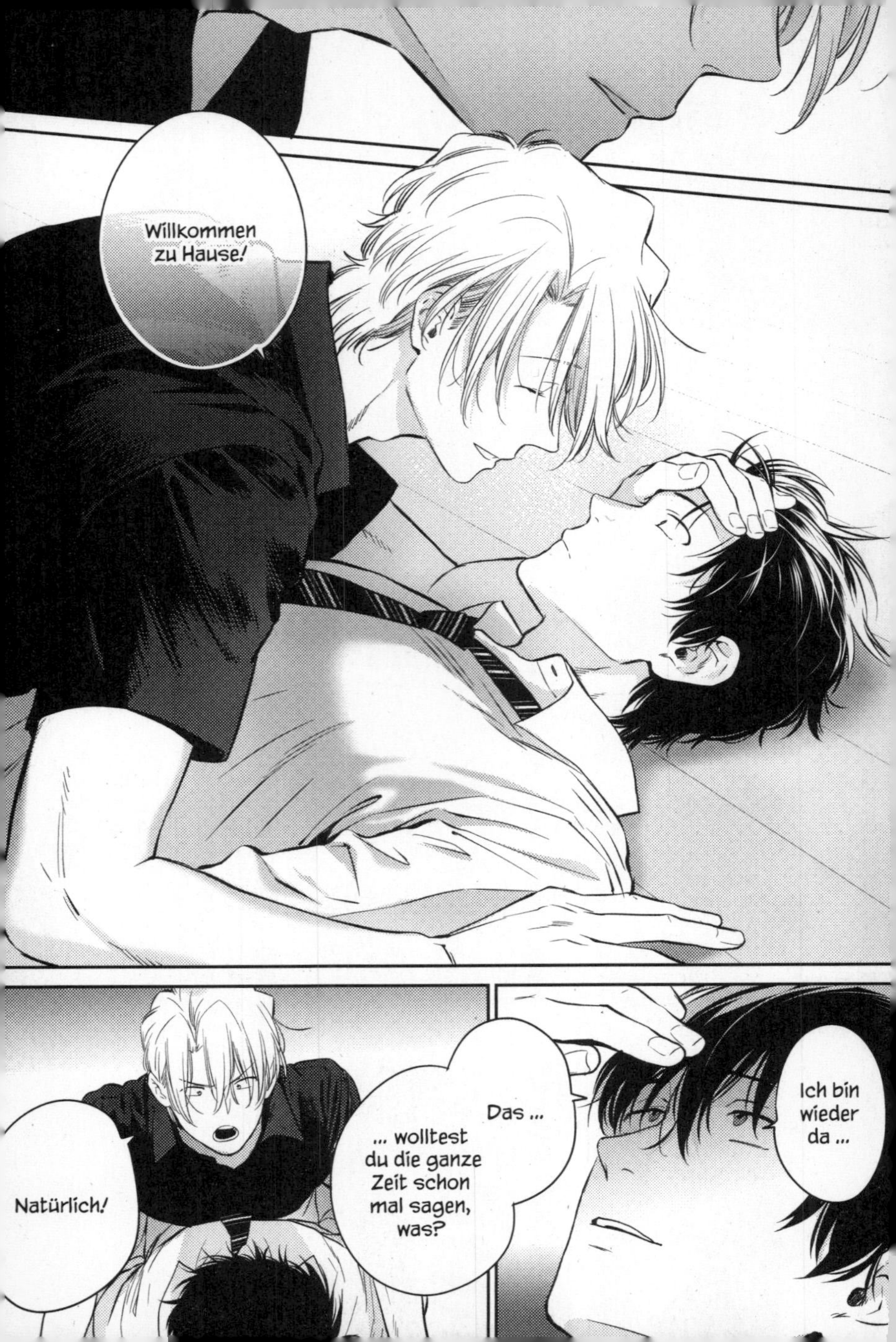
Willkommen zu Hause!
Ich bin wieder da ...
Das ...
... wolltest du die ganze Zeit schon mal sagen, was?
Natürlich!

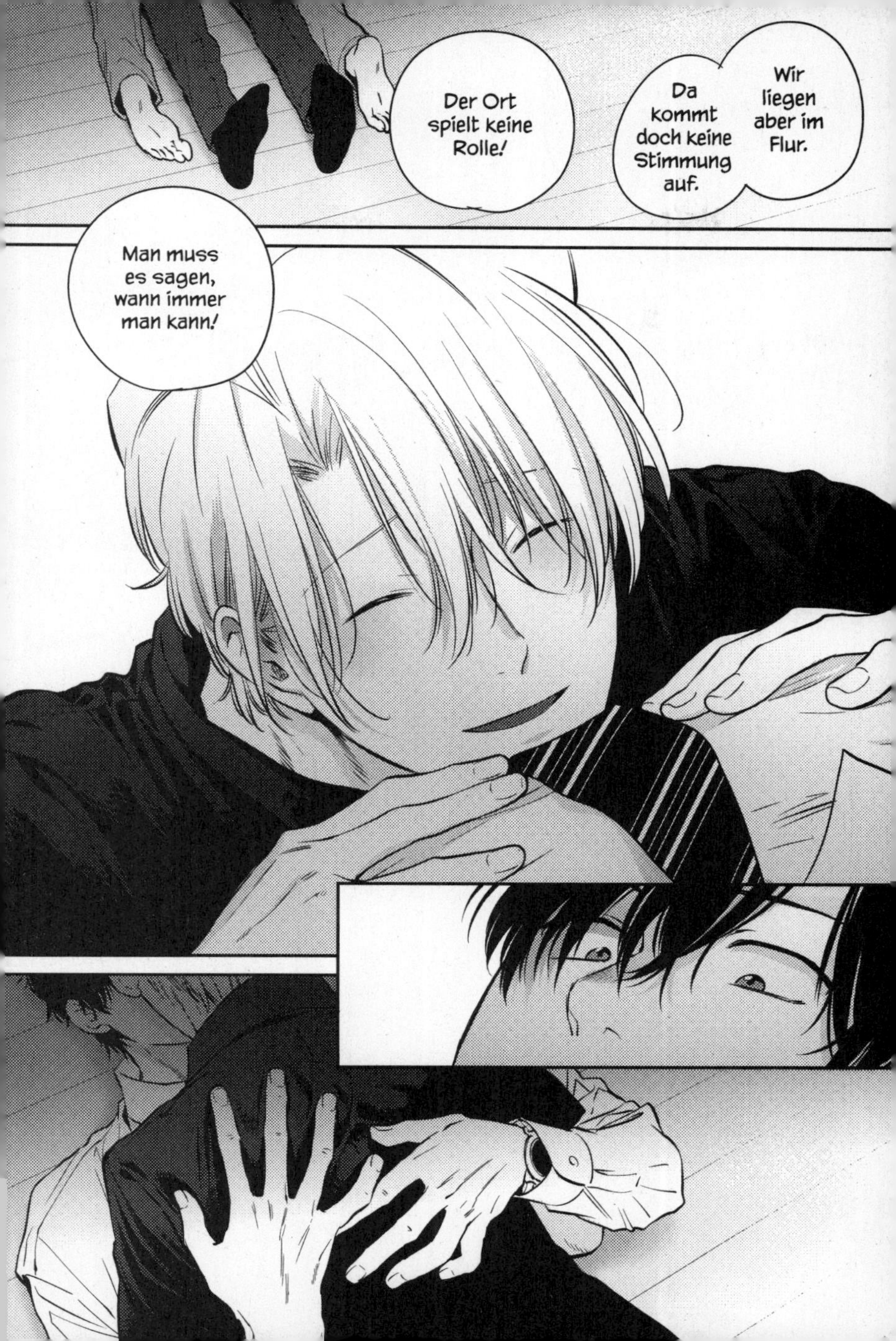

Wir liegen aber im Flur.
Da kommt doch keine Stimmung auf.
Der Ort spielt keine Rolle!
Man muss es sagen, wann immer man kann!

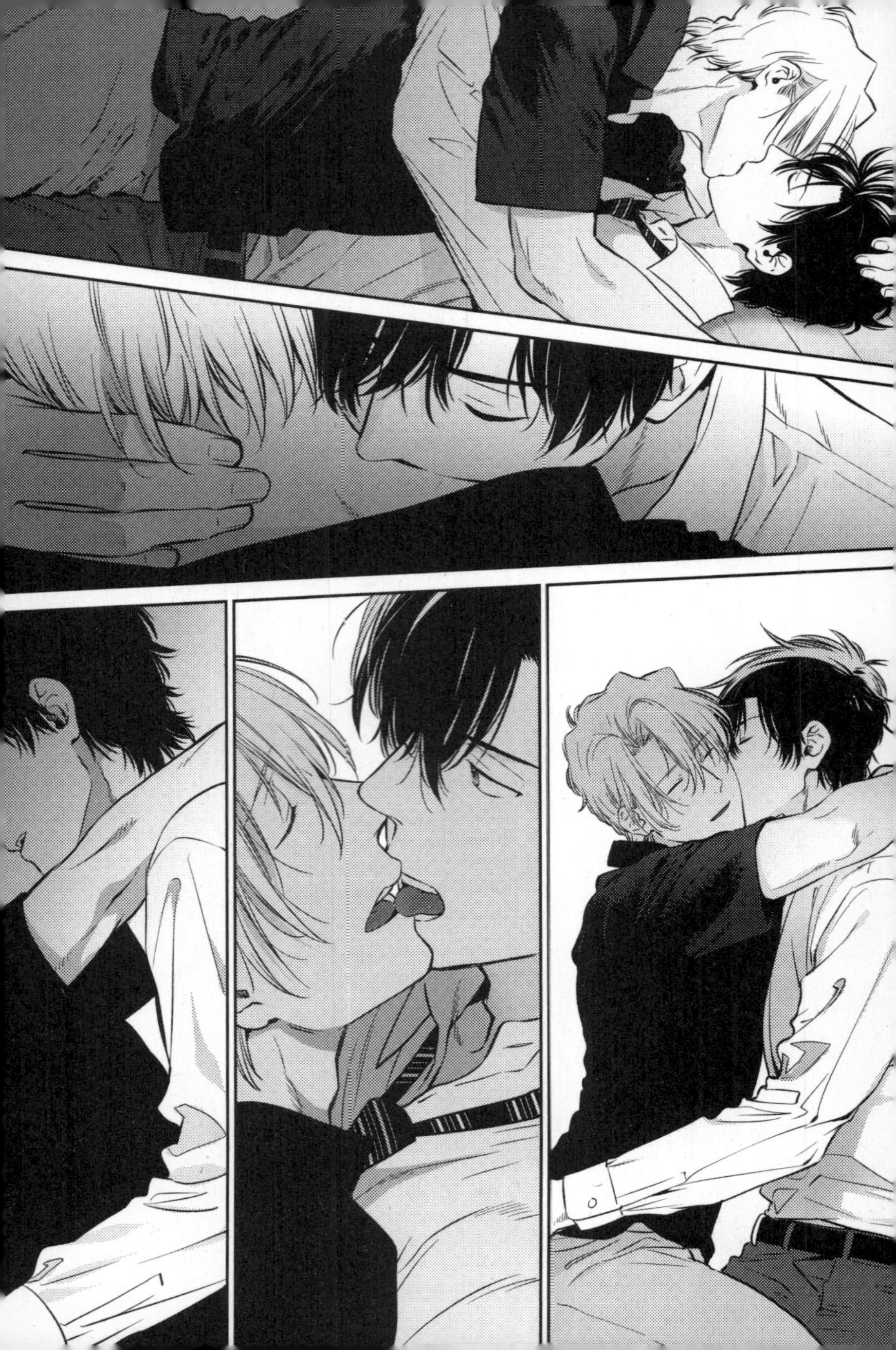

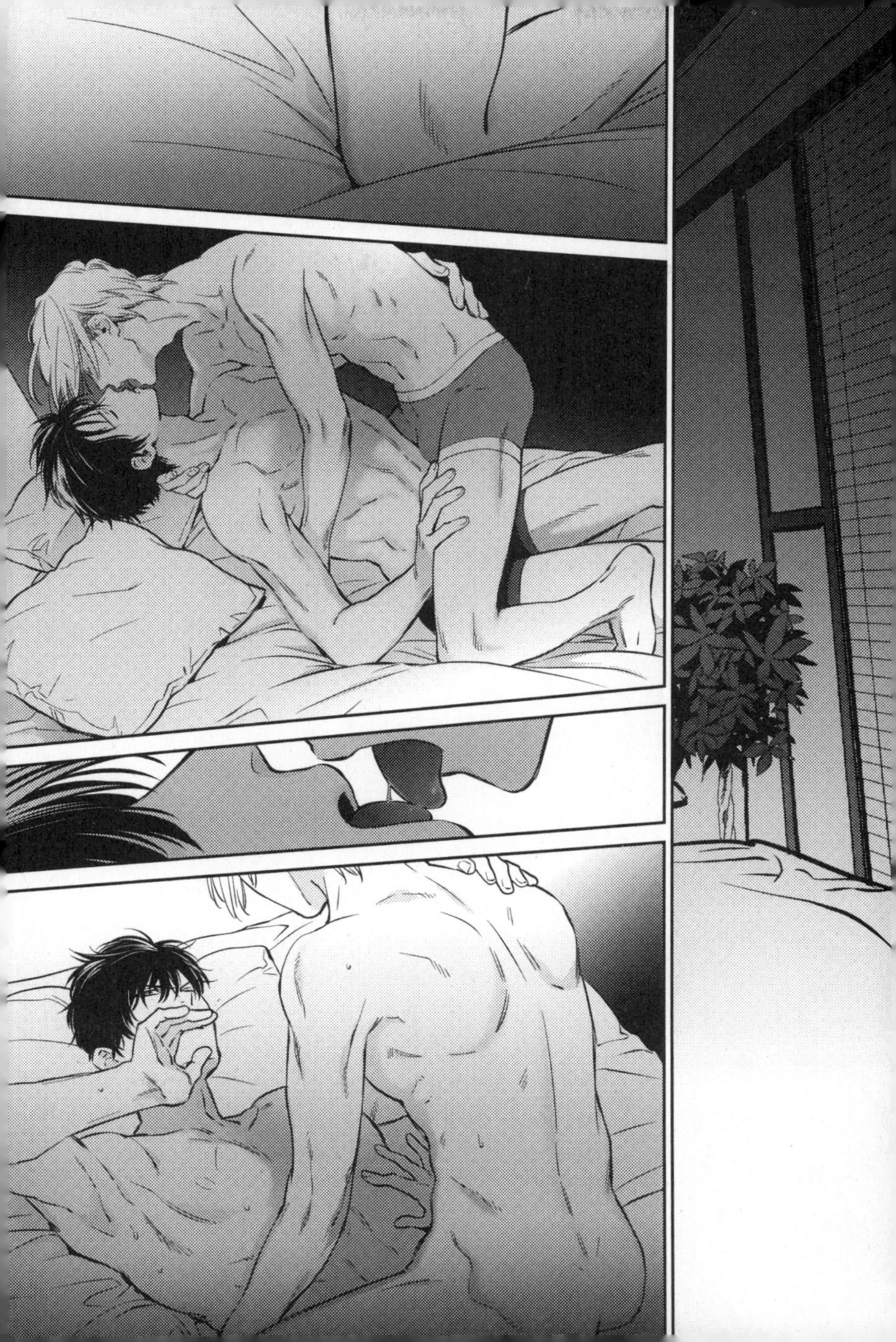

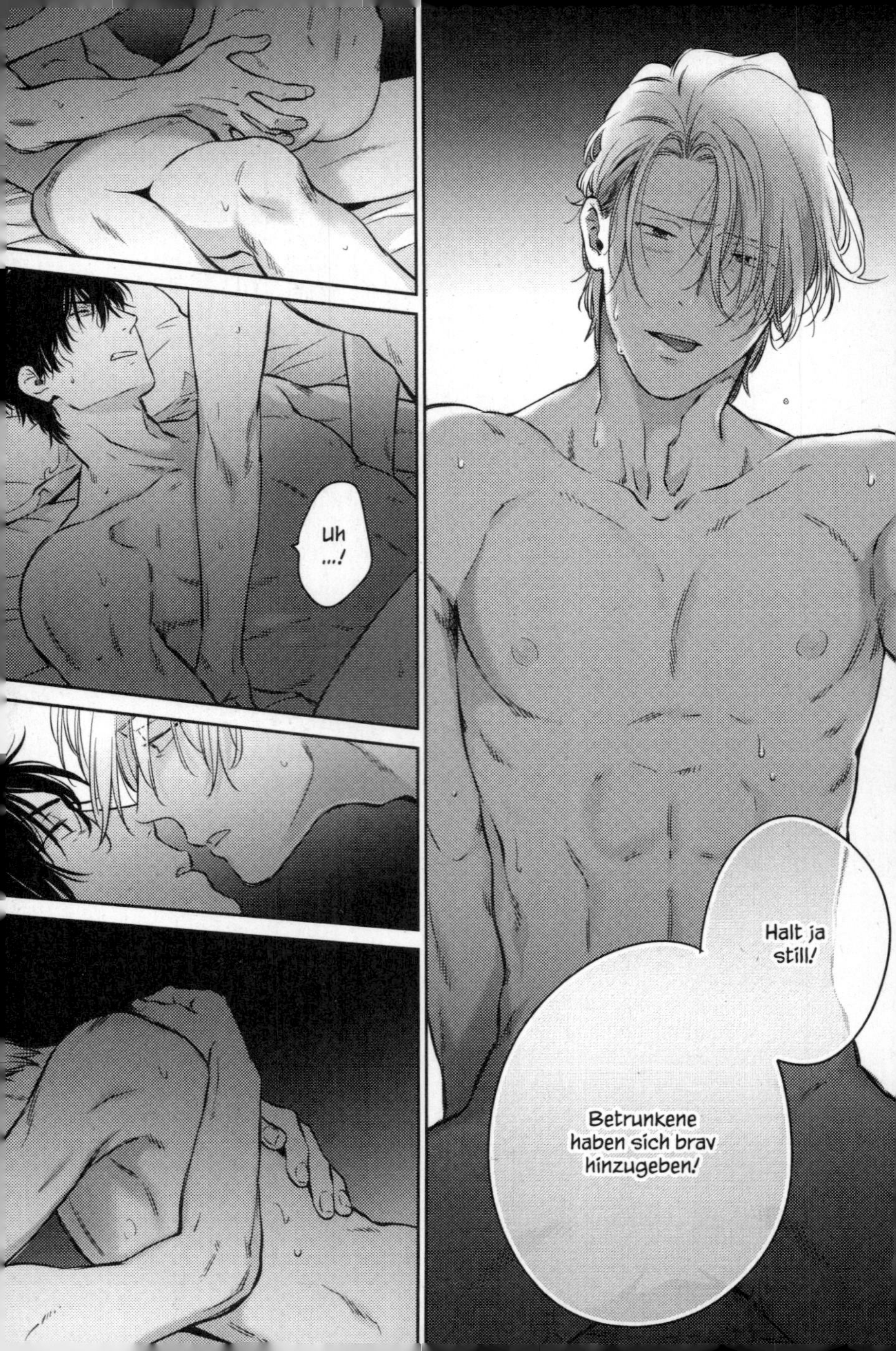
Halt ja still!
Betrunkene haben sich brav hinzugeben!
Uh ...!

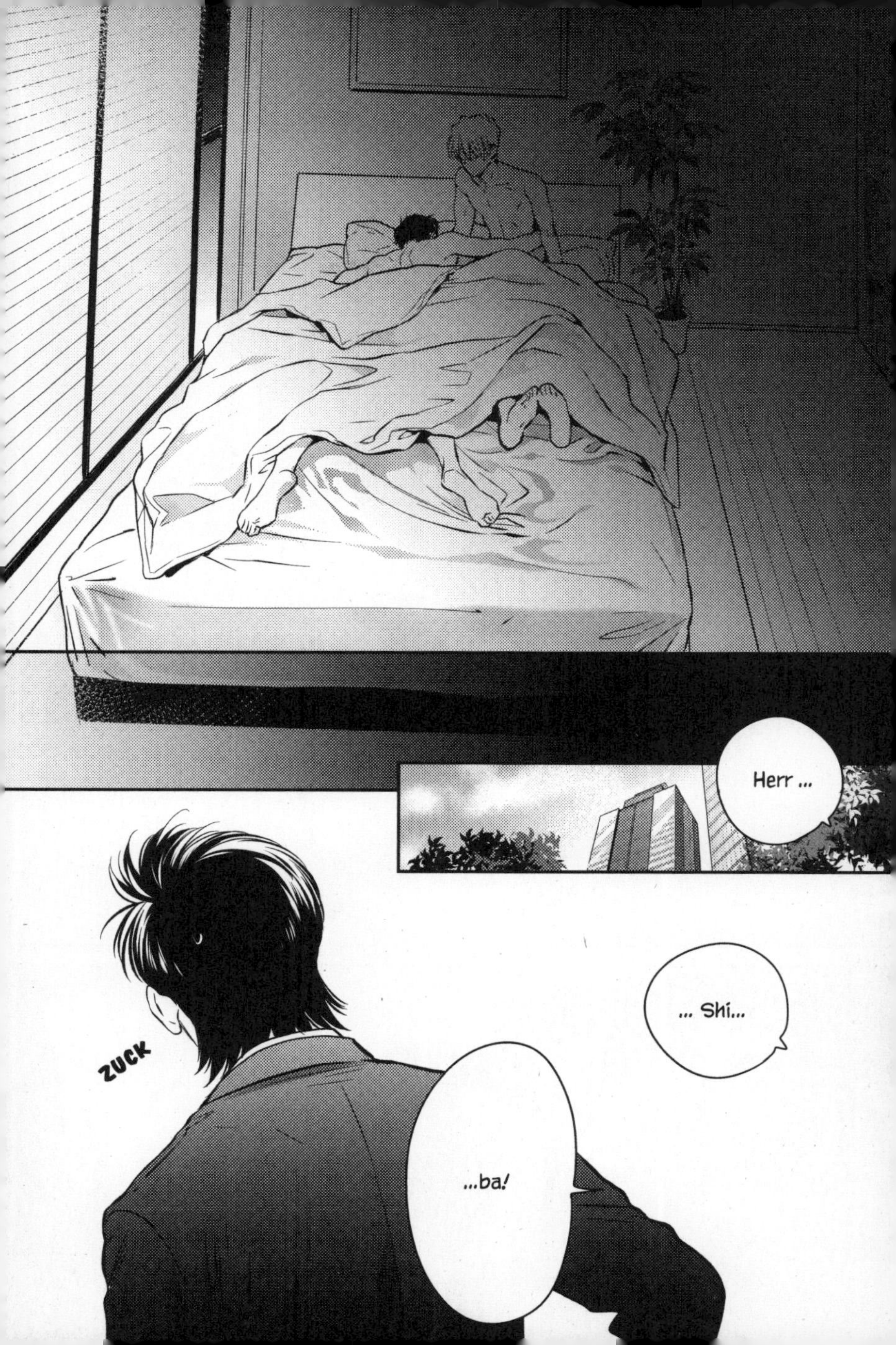
Herr ...
... Shi...
ZUCK
...ba!

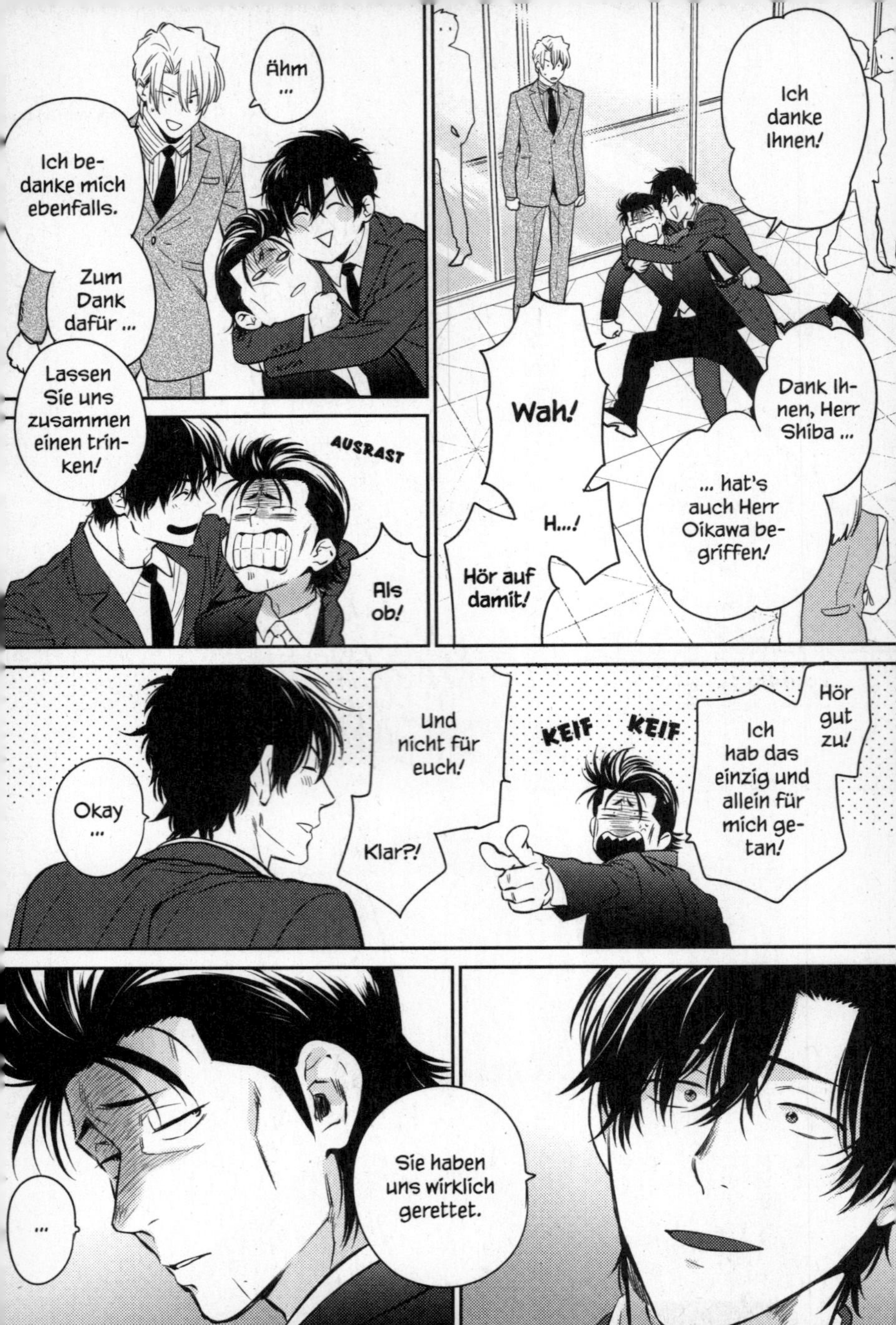
Ich danke Ihnen!
Wah!
Dank Ihnen, Herr Shiba ...
... hat's auch Herr Oikawa begriffen!
H...!
Hör auf damit!
Ähm ...
Ich bedanke mich ebenfalls.
Zum Dank dafür ...
Lassen Sie uns zusammen einen trinken!
AUSRAST
Als ob!
Hör gut zu!
Ich hab das einzig und allein für mich getan!
KEIF KEIF
Und nicht für euch!
Klar?!
Okay ...
Sie haben uns wirklich gerettet.
...

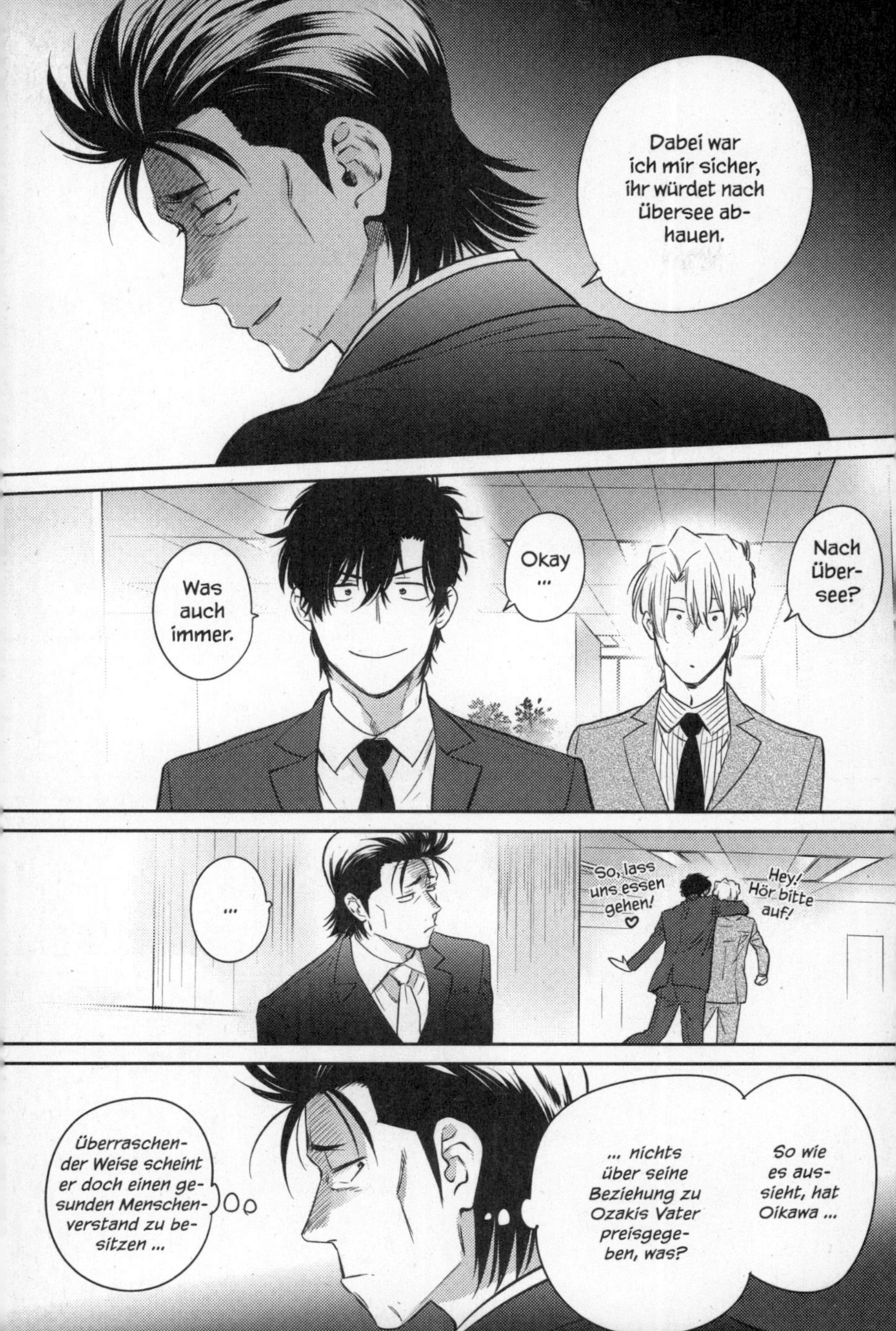
Dabei war ich mir sicher, ihr würdet nach übersee abhauen.
Nach über-see?
Okay ...
Was auch immer.
Hey! Hör bitte auf!
So, lass uns essen gehen! ♡
...
So wie es aus-sieht, hat Oikawa ...
... nichts über seine Beziehung zu Ozakis Vater preisgege-ben, was?
Überraschen-der Weise scheint er doch einen ge-sunden Menschen-verstand zu be-sitzen ...

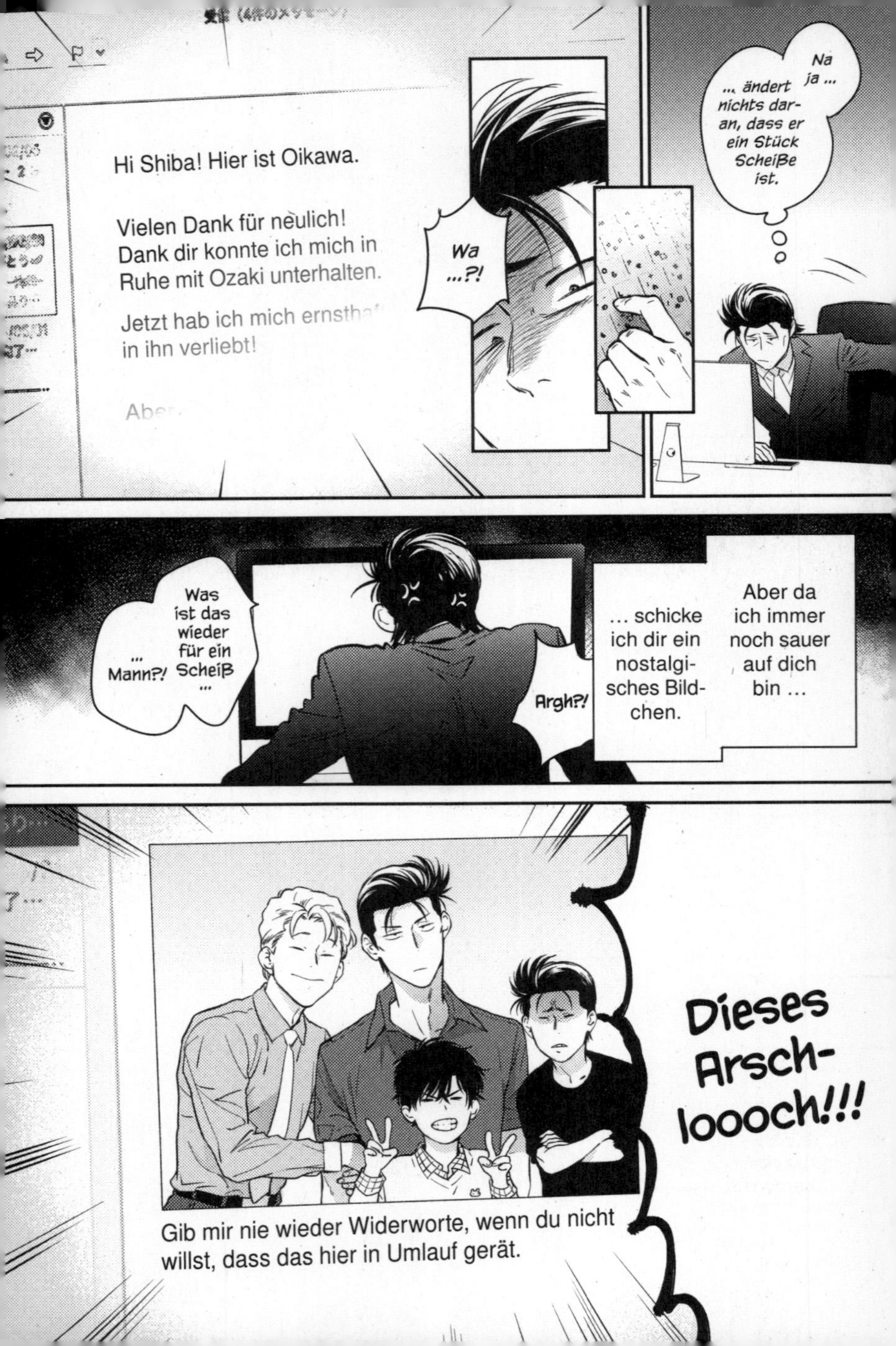

Na ja …

… ändert nichts daran, dass er ein Stück Scheiße ist.

Wa …?!

Hi Shiba! Hier ist Oikawa.

Vielen Dank für neulich!
Dank dir konnte ich mich in Ruhe mit Ozaki unterhalten.

Jetzt hab ich mich ernsthaf
in ihn verliebt!

Aber …

Aber da ich immer noch sauer auf dich bin …

… schicke ich dir ein nostalgisches Bildchen.

Argh?!

Was ist das wieder für ein Scheiß … … Mann?!

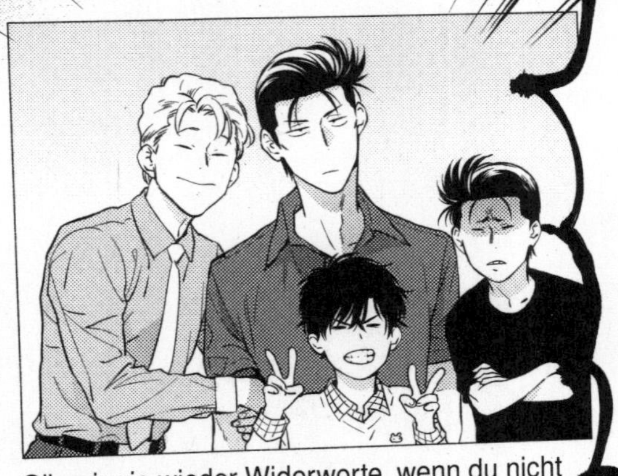

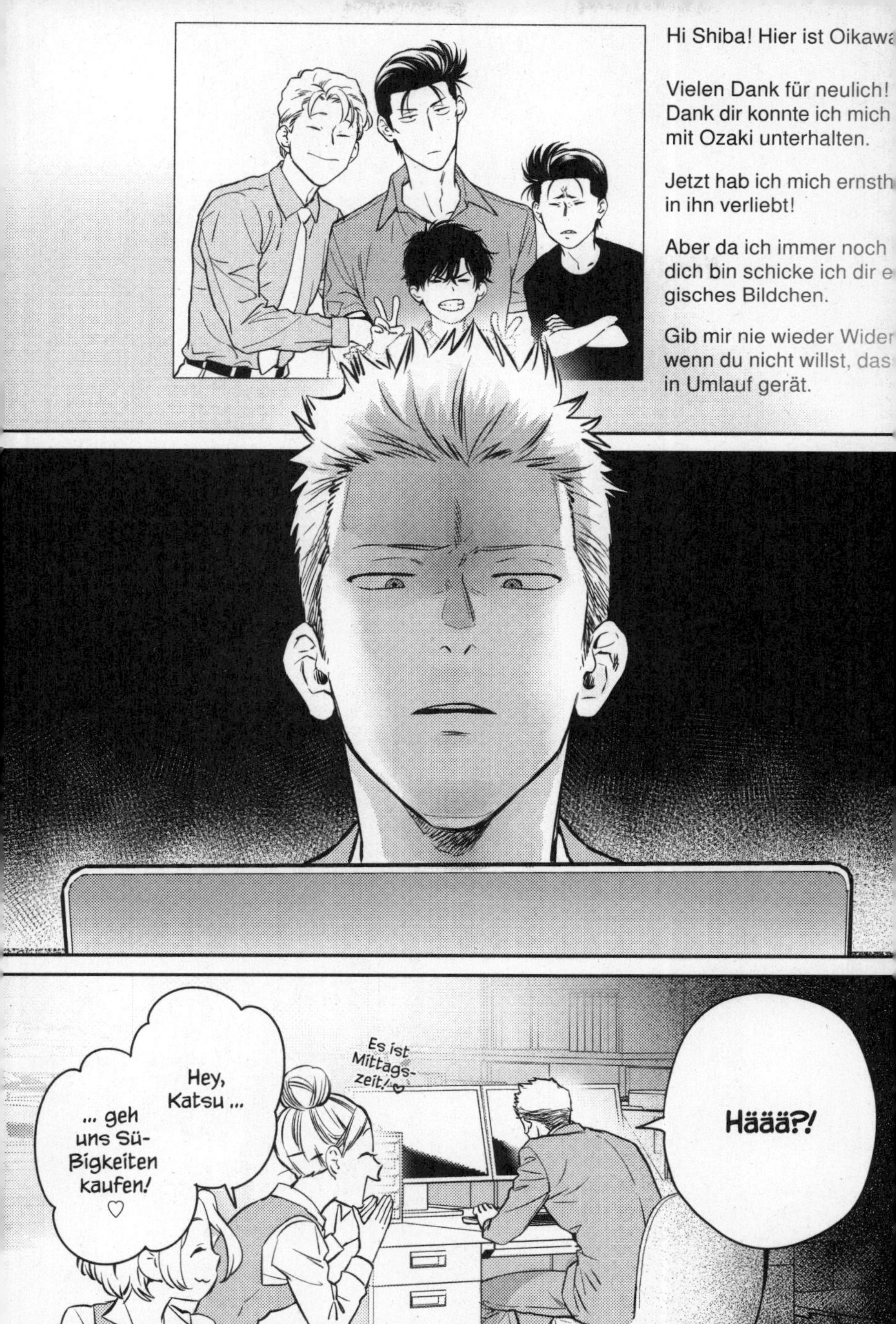
Hi Shiba! Hier ist Oikawa
Vielen Dank für neulich! Dank dir konnte ich mich mit Ozaki unterhalten.
Jetzt hab ich mich ernsth in ihn verliebt!
Aber da ich immer noch dich bin schicke ich dir e gisches Bildchen.
Gib mir nie wieder Wider wenn du nicht willst, das in Umlauf gerät.
Häää?!
Es ist Mittags-zeit! ♡
Hey, Katsu ...
... geh uns Sü-ßigkeiten kaufen! ♡

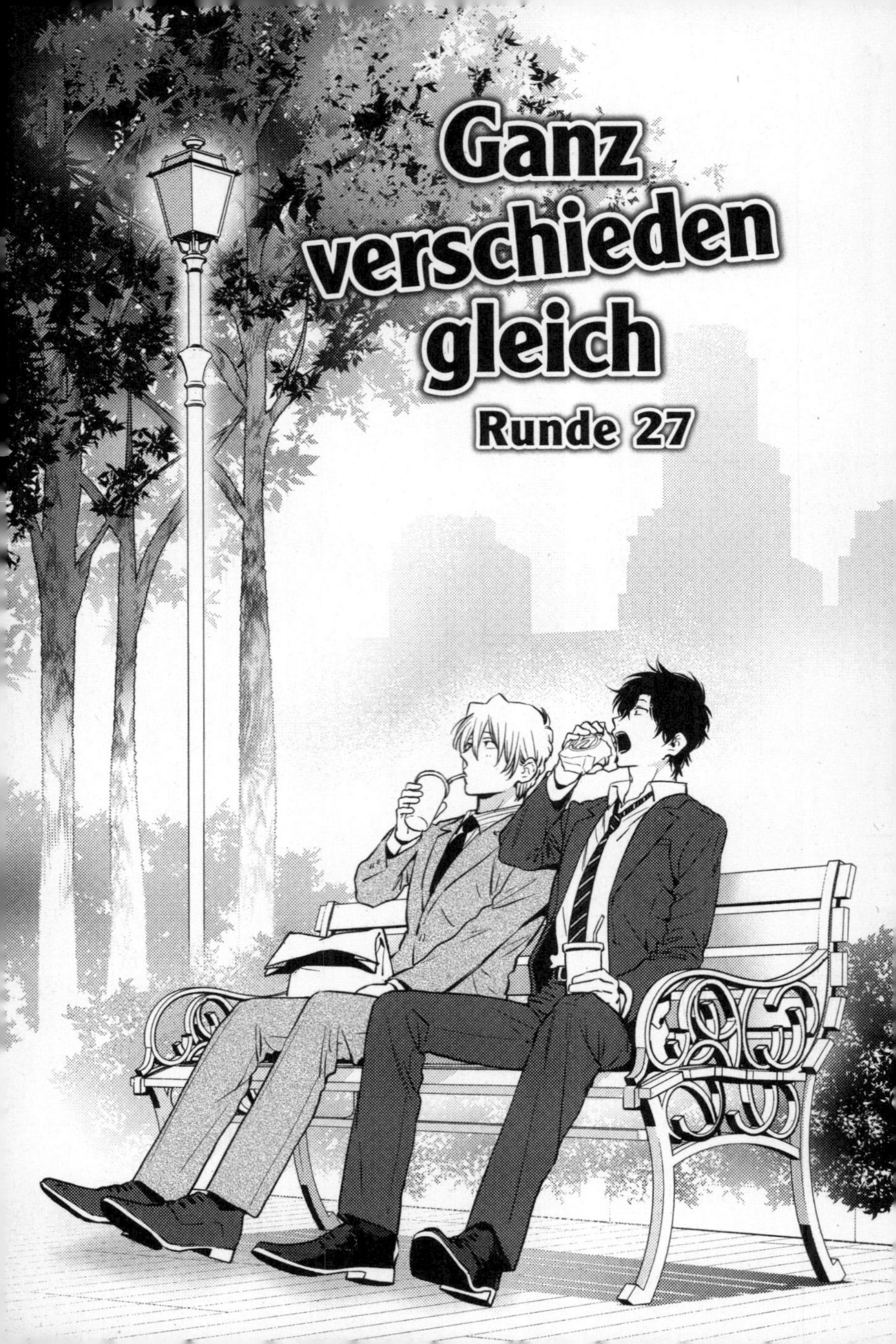
Ganz verschieden gleich
Runde 27

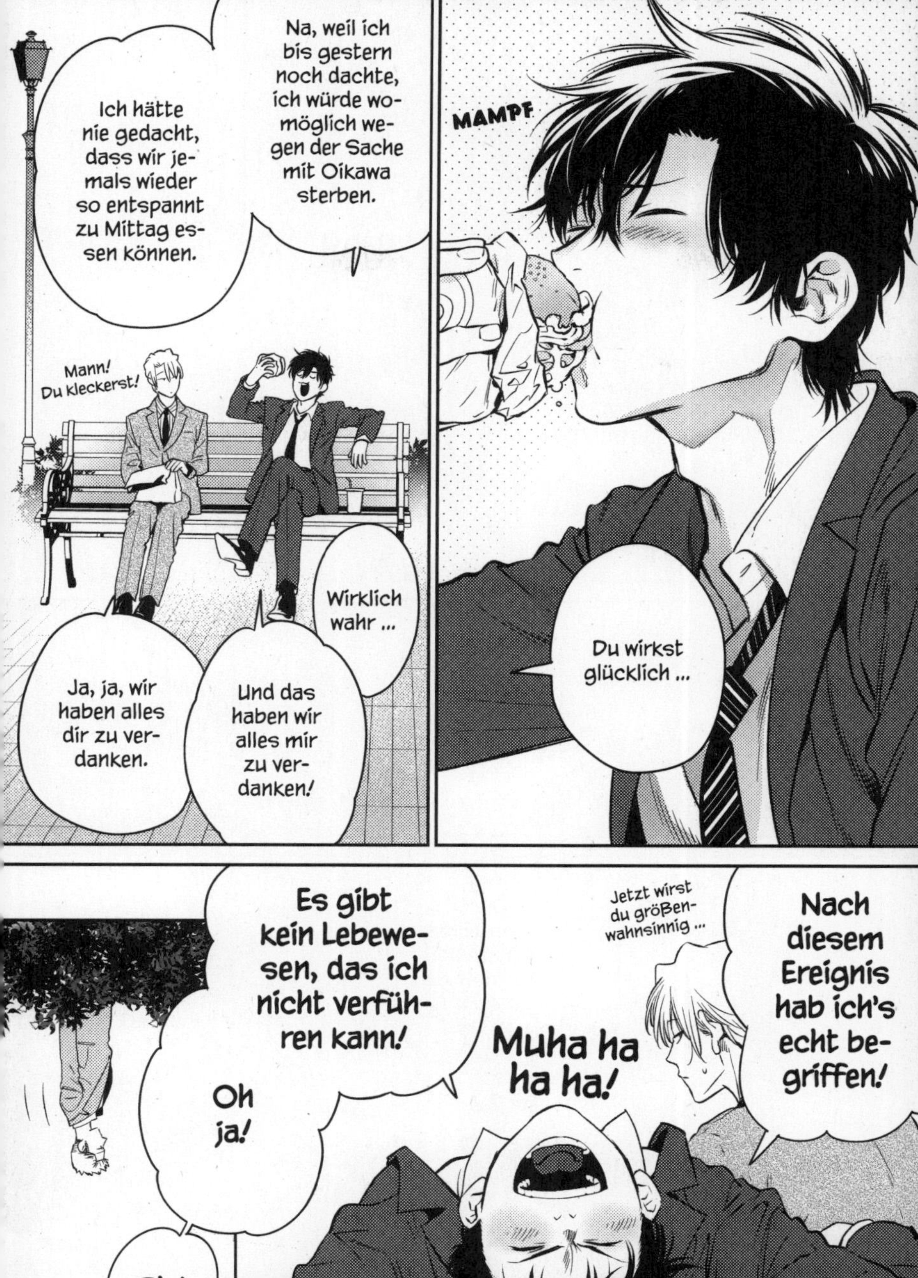
MAMPF
Du wirkst glücklich ...
Na, weil ich bis gestern noch dachte, ich würde womöglich wegen der Sache mit Oikawa sterben.
Ich hätte nie gedacht, dass wir jemals wieder so entspannt zu Mittag essen können.
Mann! Du kleckerst!
Wirklich wahr ...
Und das haben wir alles mir zu verdanken!
Ja, ja, wir haben alles dir zu verdanken.
Nach diesem Ereignis hab ich's echt begriffen!
Jetzt wirst du größenwahnsinnig ...
Muha ha ha ha!
Es gibt kein Lebewesen, das ich nicht verführen kann!
Oh ja!
Ah!

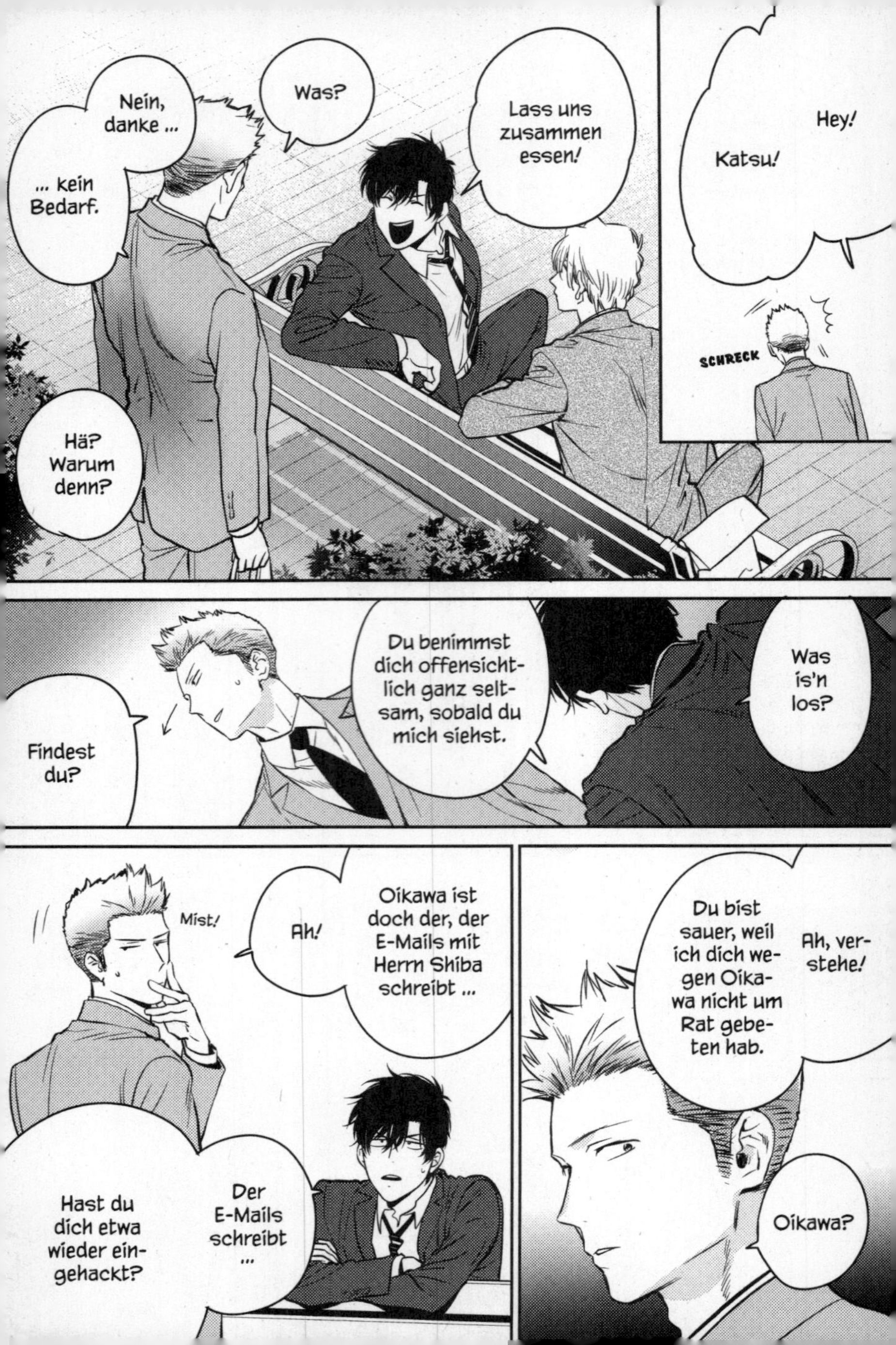

Hey!
Katsu!
SCHRECK
Lass uns zusammen essen!
Was?
Nein, danke ...
... kein Bedarf.
Hä? Warum denn?
Was is'n los?
Du benimmst dich offensichtlich ganz seltsam, sobald du mich siehst.
Findest du?

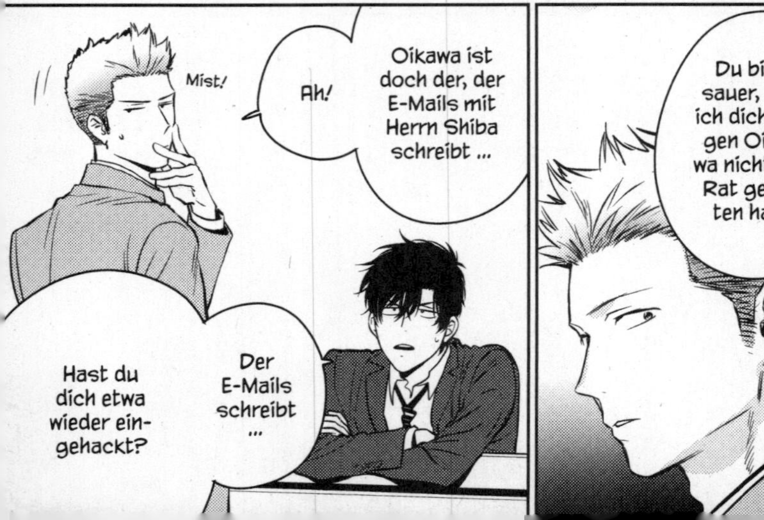

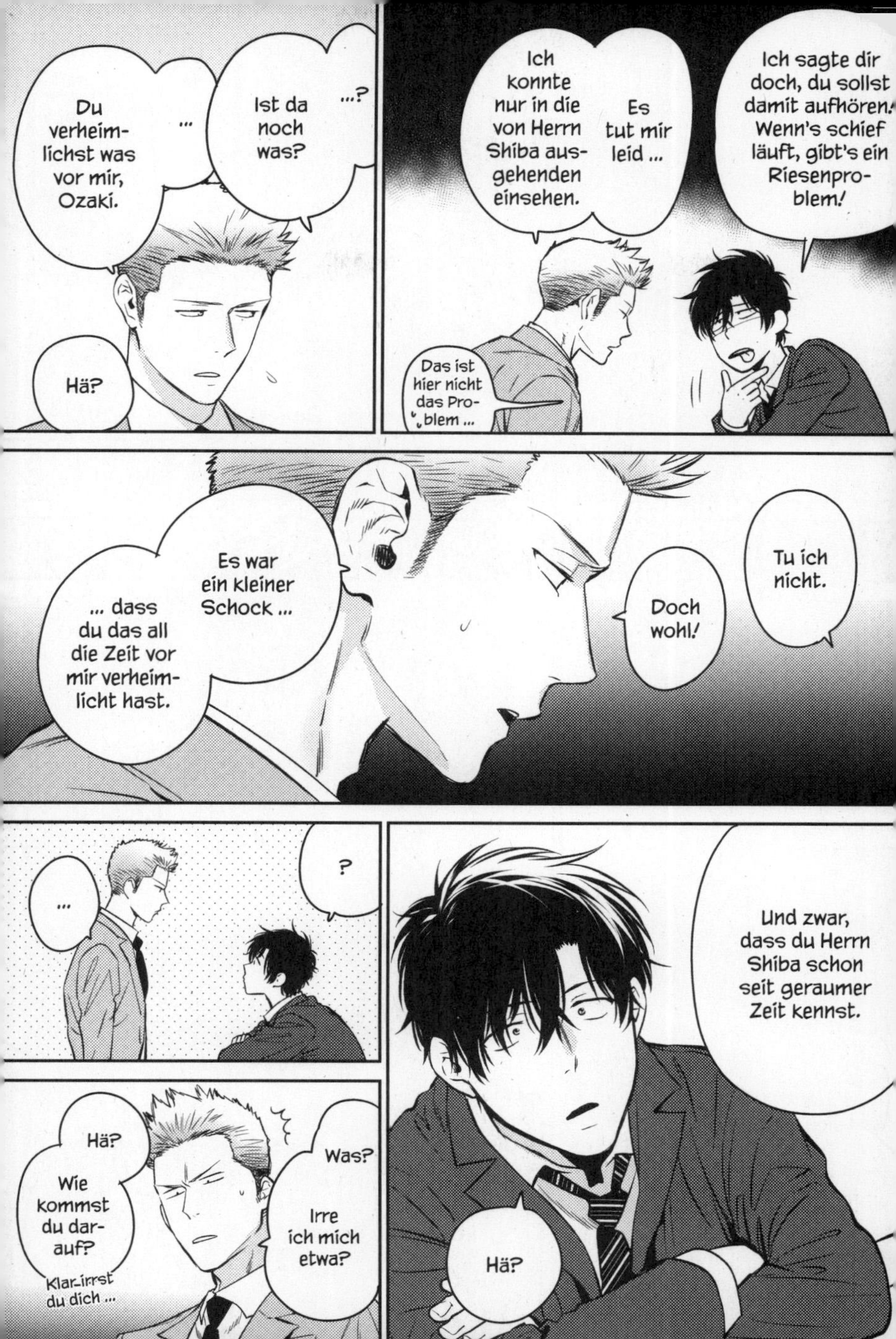
Ich sagte dir doch, du sollst damit aufhören! Wenn's schief läuft, gibt's ein Riesenproblem!
Es tut mir leid ...
Ich konnte nur in die von Herrn Shiba ausgehenden einsehen.
Das ist hier nicht das Problem ...
...?
Ist da noch was?
...
Du verheimlichst was vor mir, Ozaki.
Hä?
Tu ich nicht.
Doch wohl!
Es war ein kleiner Schock ...
... dass du das all die Zeit vor mir verheimlicht hast.
Und zwar, dass du Herrn Shiba schon seit geraumer Zeit kennst.
Hä?
?
...
Was?
Irre ich mich etwa?
Hä?
Wie kommst du darauf?
Klar irrst du dich ...

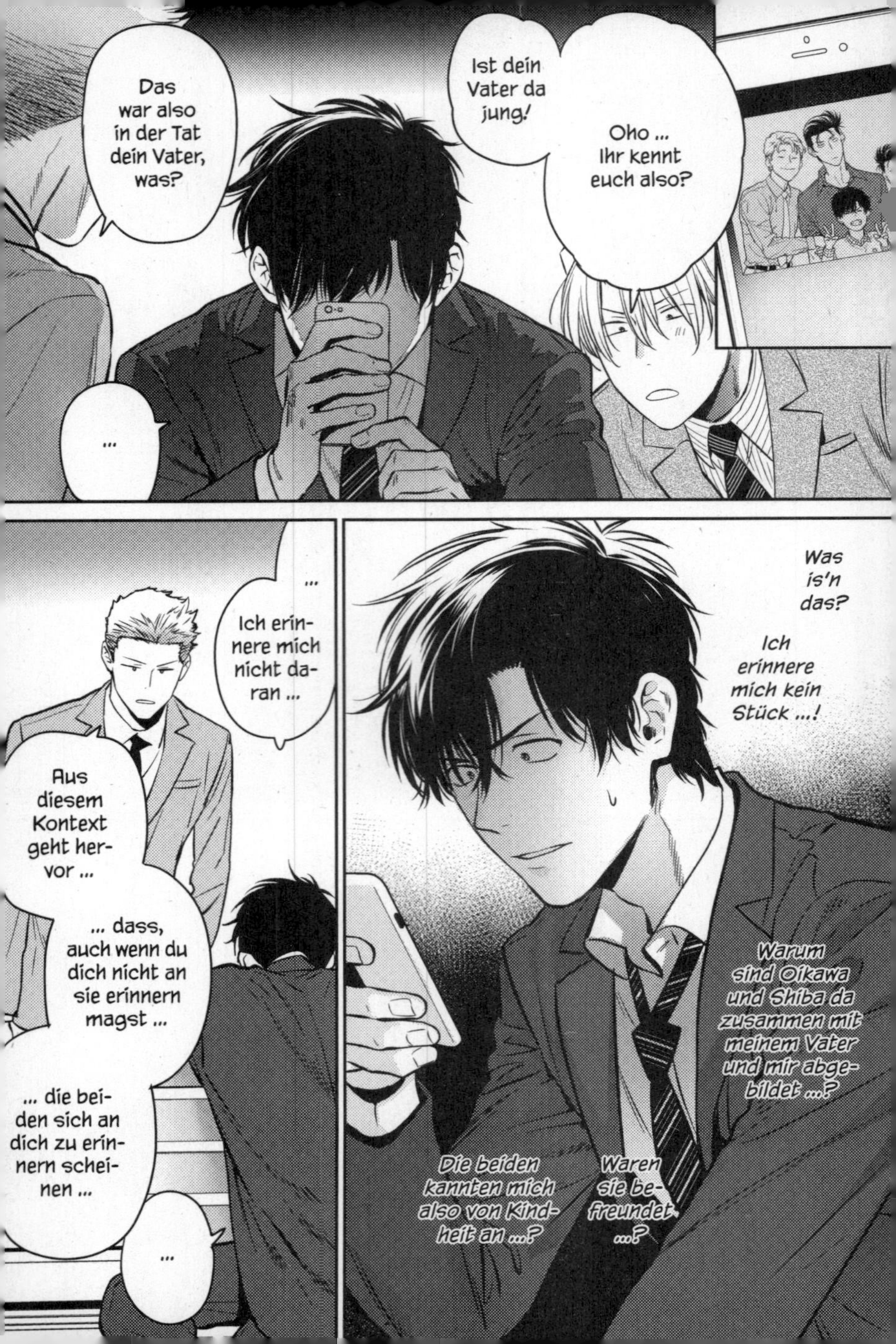

Ist dein Vater da jung!

Oho ... Ihr kennt euch also?

Das war also in der Tat dein Vater, was?

...

Was is'n das?

Ich erinnere mich kein Stück ...!

Warum sind Oikawa und Shiba da zusammen mit meinem Vater und mir abgebildet ...?

Waren sie befreundet ...?

Die beiden kannten mich also von Kindheit an ...?

... Ich erinnere mich nicht daran ...

Aus diesem Kontext geht hervor ...

... dass, auch wenn du dich nicht an sie erinnern magst ...

... die beiden sich an dich zu erinnern scheinen ...

...

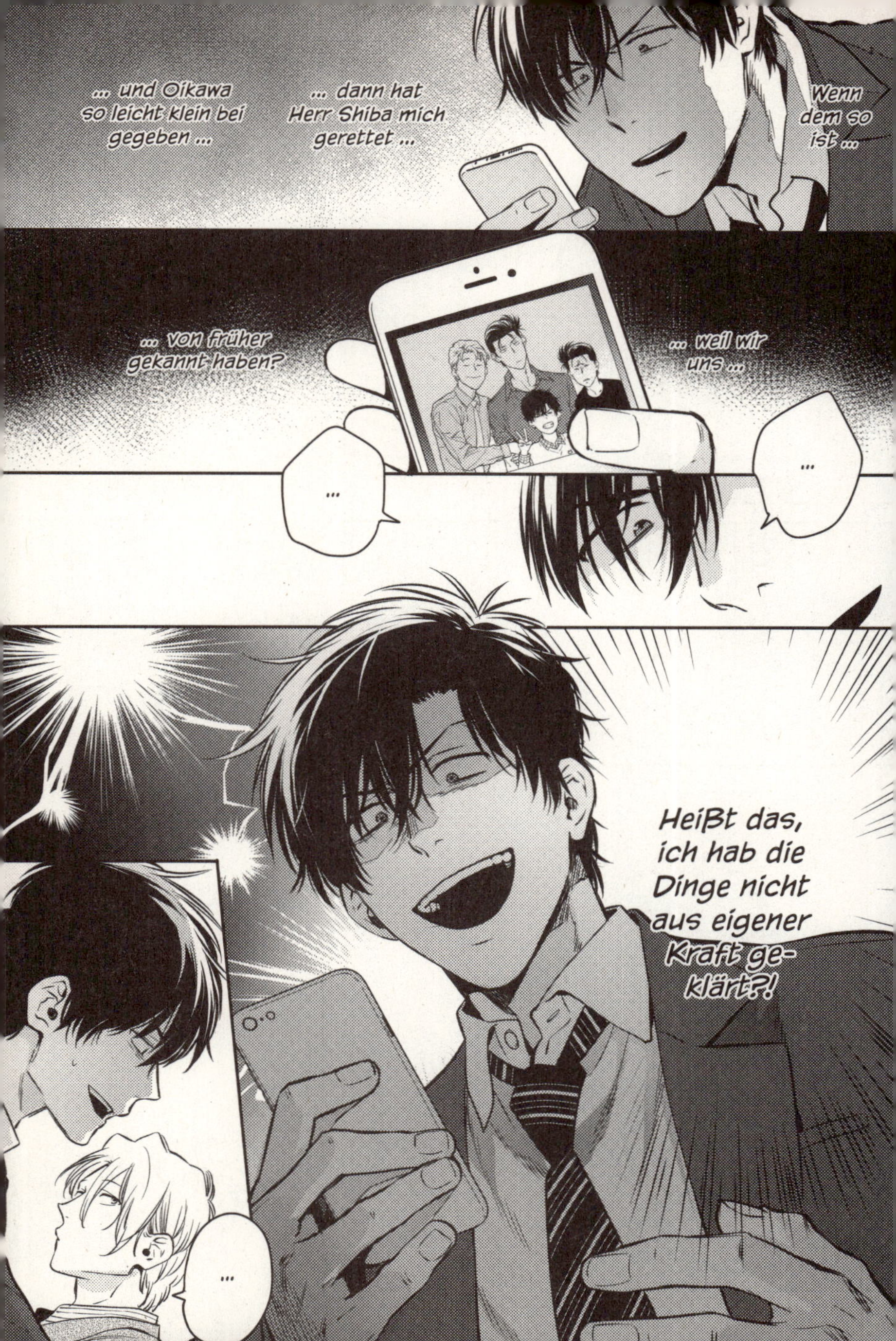
Wenn dem so ist ...
... dann hat Herr Shiba mich gerettet ...
... und Oikawa so leicht klein bei gegeben ...
... weil wir uns ...
... von früher gekannt haben?
...
...
Heißt das, ich hab die Dinge nicht aus eigener Kraft geklärt?!
...

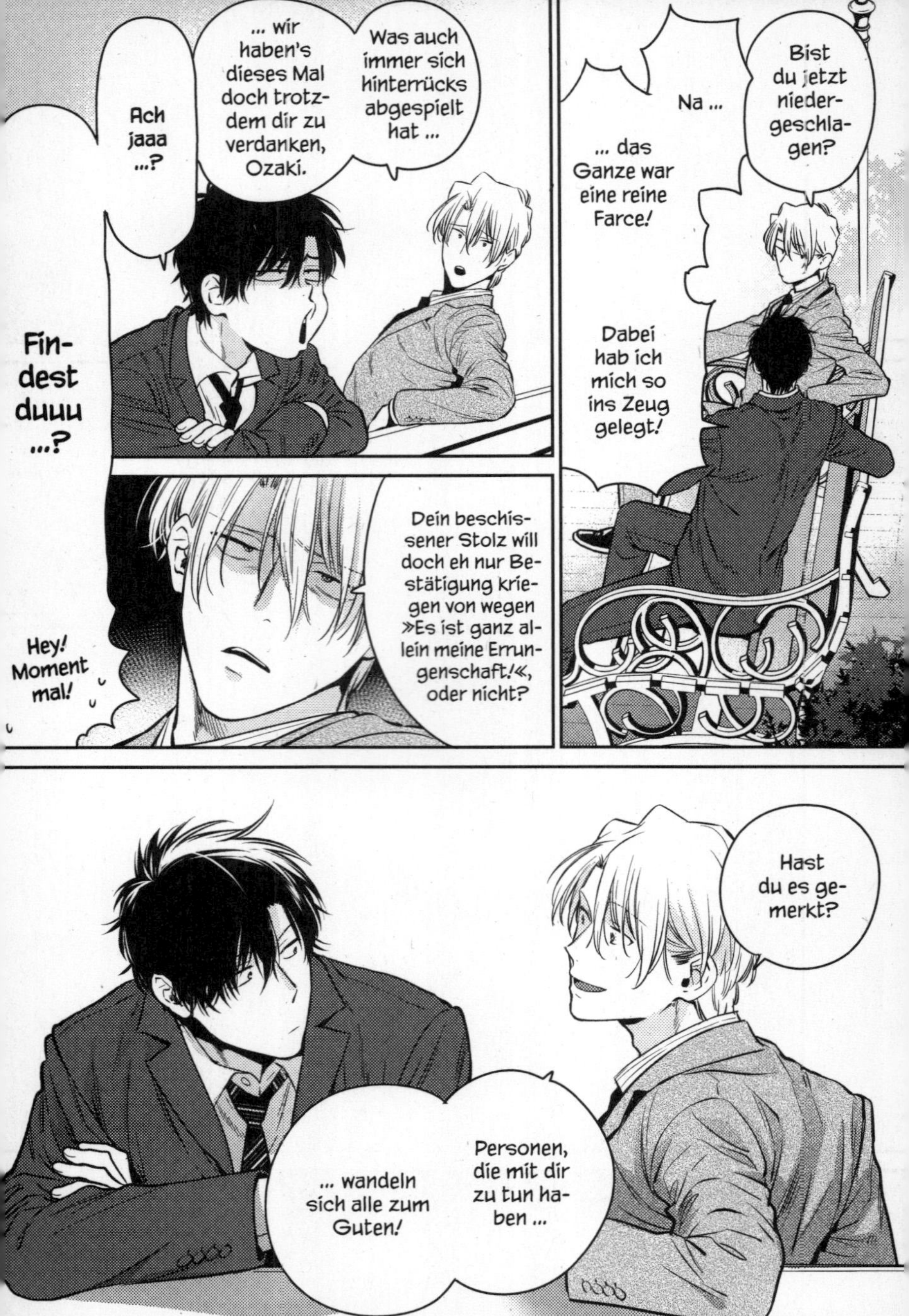
Bist du jetzt niedergeschlagen?
Na ...
... das Ganze war eine reine Farce!
Dabei hab ich mich so ins Zeug gelegt!
Was auch immer sich hinterrücks abgespielt hat ...
... wir haben's dieses Mal doch trotzdem dir zu verdanken, Ozaki.
Ach jaaa ...?
Findest duuu ...?
Dein beschissener Stolz will doch eh nur Bestätigung kriegen von wegen »Es ist ganz allein meine Errungenschaft!«, oder nicht?
Hey! Moment mal!
Hast du es gemerkt?
Personen, die mit dir zu tun haben ...
... wandeln sich alle zum Guten!

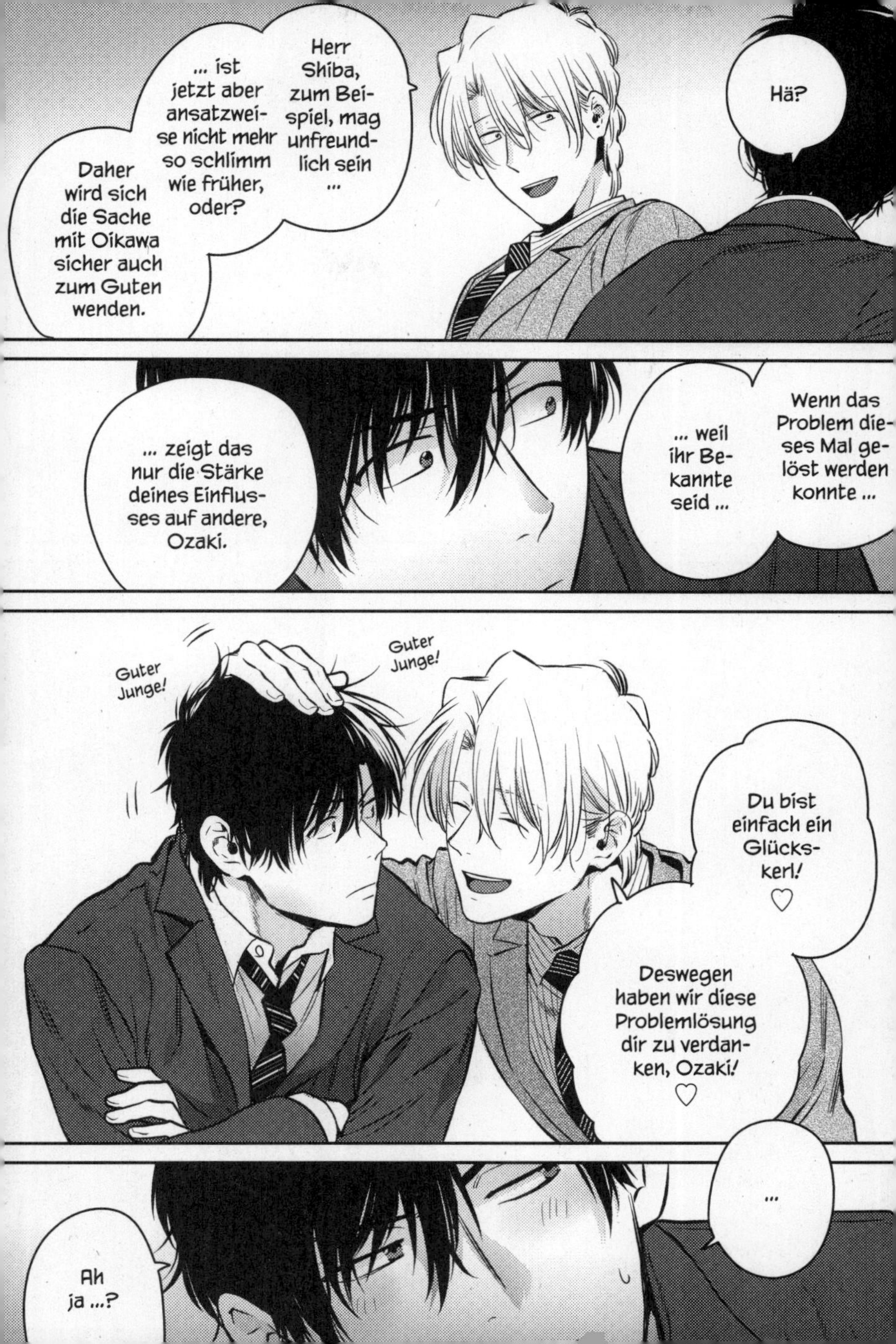
Hä?
Herr Shiba, zum Beispiel, mag unfreundlich sein ...
... ist jetzt aber ansatzweise nicht mehr so schlimm wie früher, oder?
Daher wird sich die Sache mit Oikawa sicher auch zum Guten wenden.
Wenn das Problem dieses Mal gelöst werden konnte ...
... weil ihr Bekannte seid ...
... zeigt das nur die Stärke deines Einflusses auf andere, Ozaki.
Guter Junge!
Guter Junge!
Du bist einfach ein Glückskerl! ♡
Deswegen haben wir diese Problemlösung dir zu verdanken, Ozaki! ♡
...
Ah ja ...?

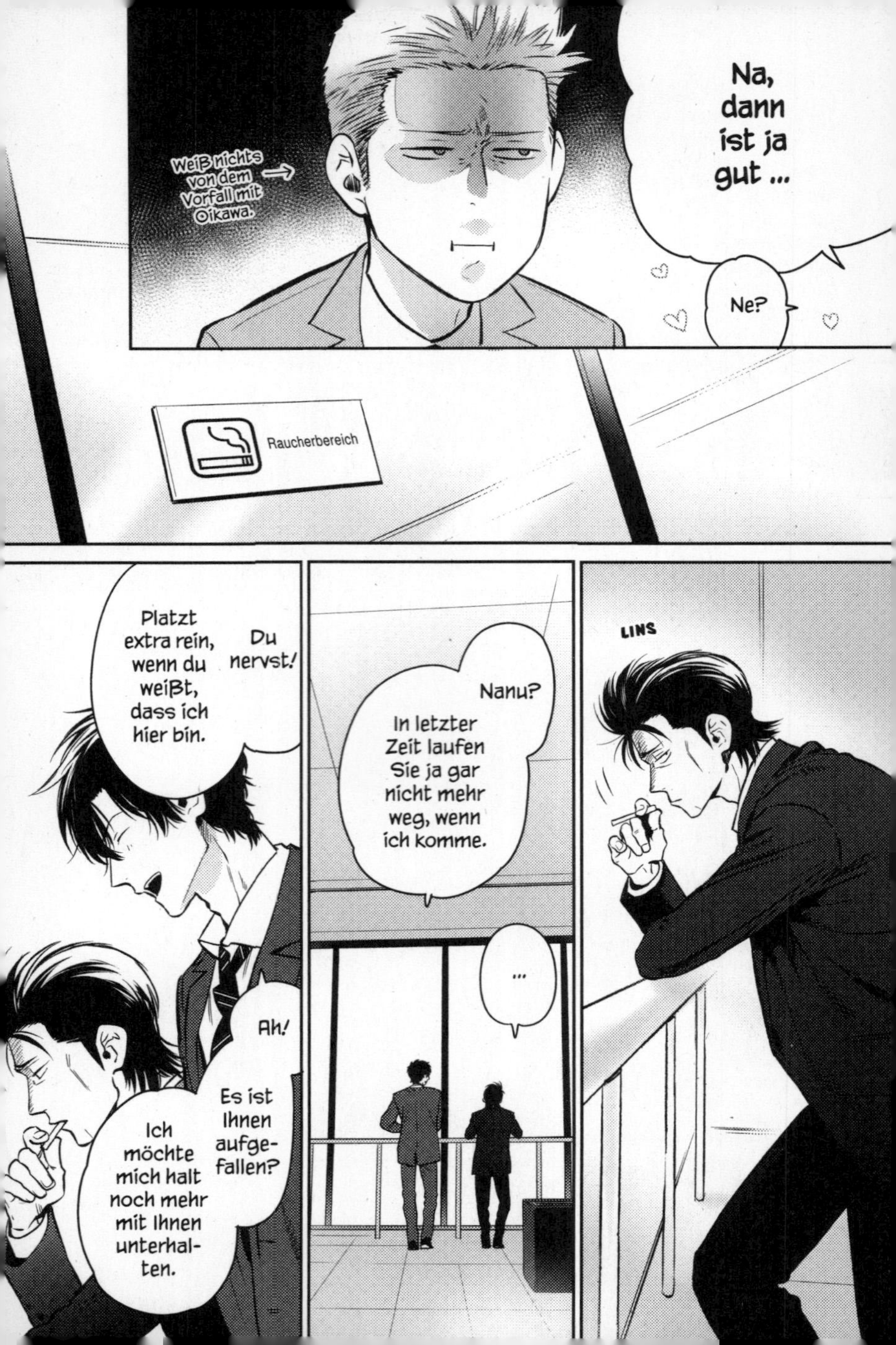

Na, dann ist ja gut ...

Ne?

Weiß nichts von dem Vorfall mit Oikawa.

Raucherbereich

LINS

Nanu?

In letzter Zeit laufen Sie ja gar nicht mehr weg, wenn ich komme.

...

Du nervst!

Platzt extra rein, wenn du weißt, dass ich hier bin.

Ah!

Es ist Ihnen aufgefallen?

Ich möchte mich halt noch mehr mit Ihnen unterhalten.

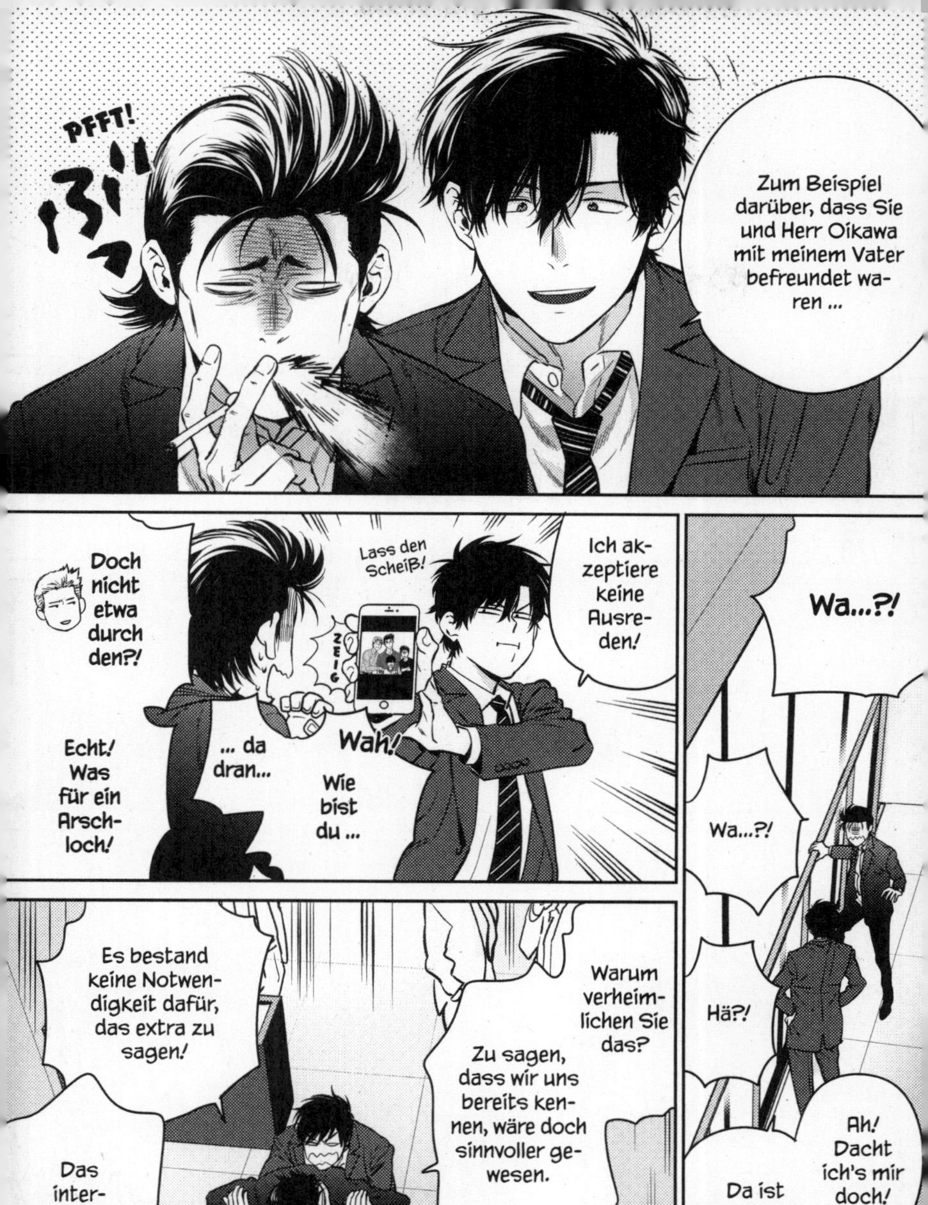
PFFT!
Zum Beispiel darüber, dass Sie und Herr Oikawa mit meinem Vater befreundet waren ...
Wa...?!
Wa...?!
Hä?!
Ich akzeptiere keine Ausreden!
Lass den Scheiß!
ZEIG
Wah!
Wie bist du ...
... da dran...
Doch nicht etwa durch den?!
Echt! Was für ein Arschloch!
Ah! Dacht ich's mir doch!
Da ist was Komisches vorgefallen, was?
Warum verheimlichen Sie das?
Zu sagen, dass wir uns bereits kennen, wäre doch sinnvoller gewesen.
Es bestand keine Notwendigkeit dafür, das extra zu sagen!
Das interessiert mich aber!

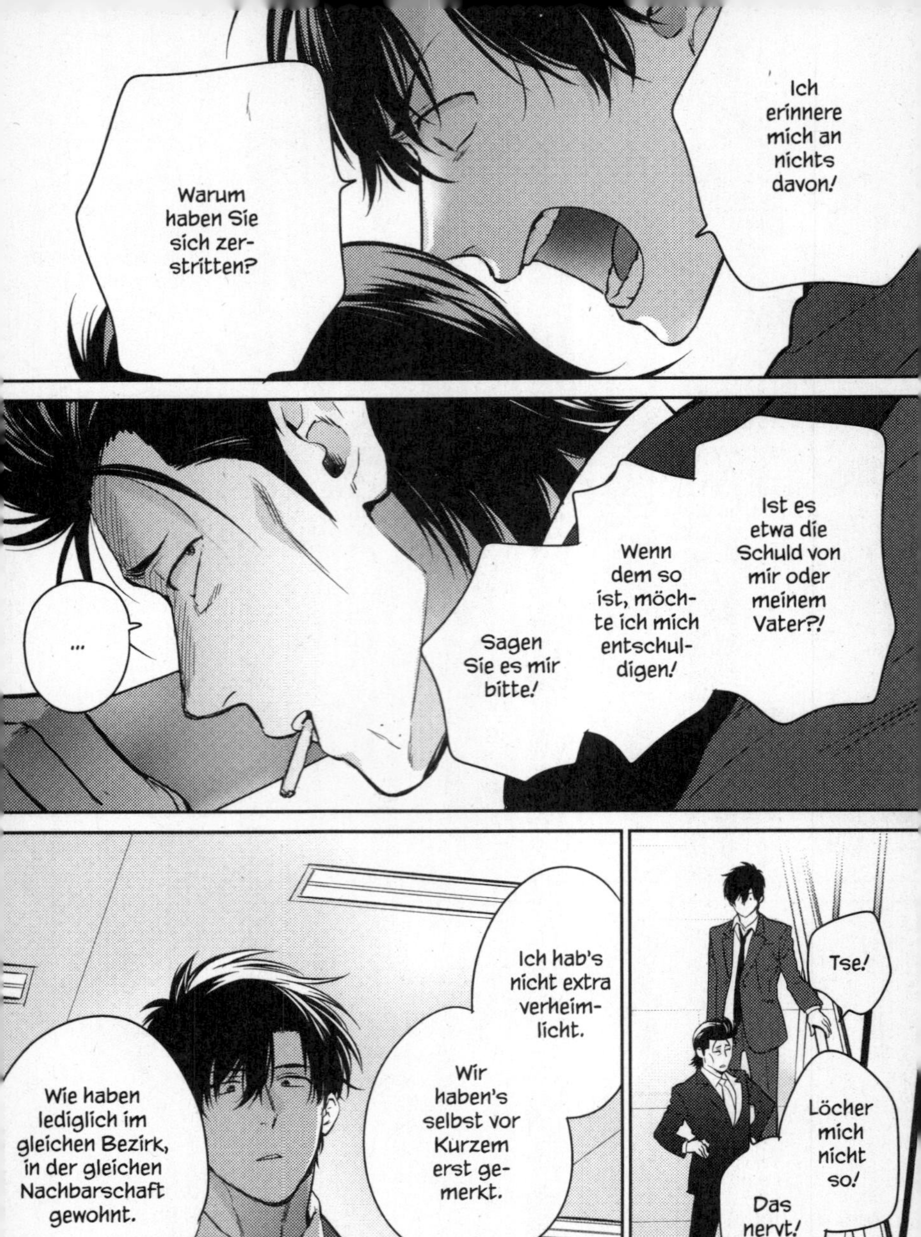
Ich erinnere mich an nichts davon!
Warum haben Sie sich zerstritten?
Ist es etwa die Schuld von mir oder meinem Vater?!
Wenn dem so ist, möchte ich mich entschuldigen!
Sagen Sie es mir bitte!
...
Tse!
Löcher mich nicht so!
Das nervt!
Ich hab's nicht extra verheimlicht.
Wir haben's selbst vor Kurzem erst gemerkt.
Wie haben lediglich im gleichen Bezirk, in der gleichen Nachbarschaft gewohnt.

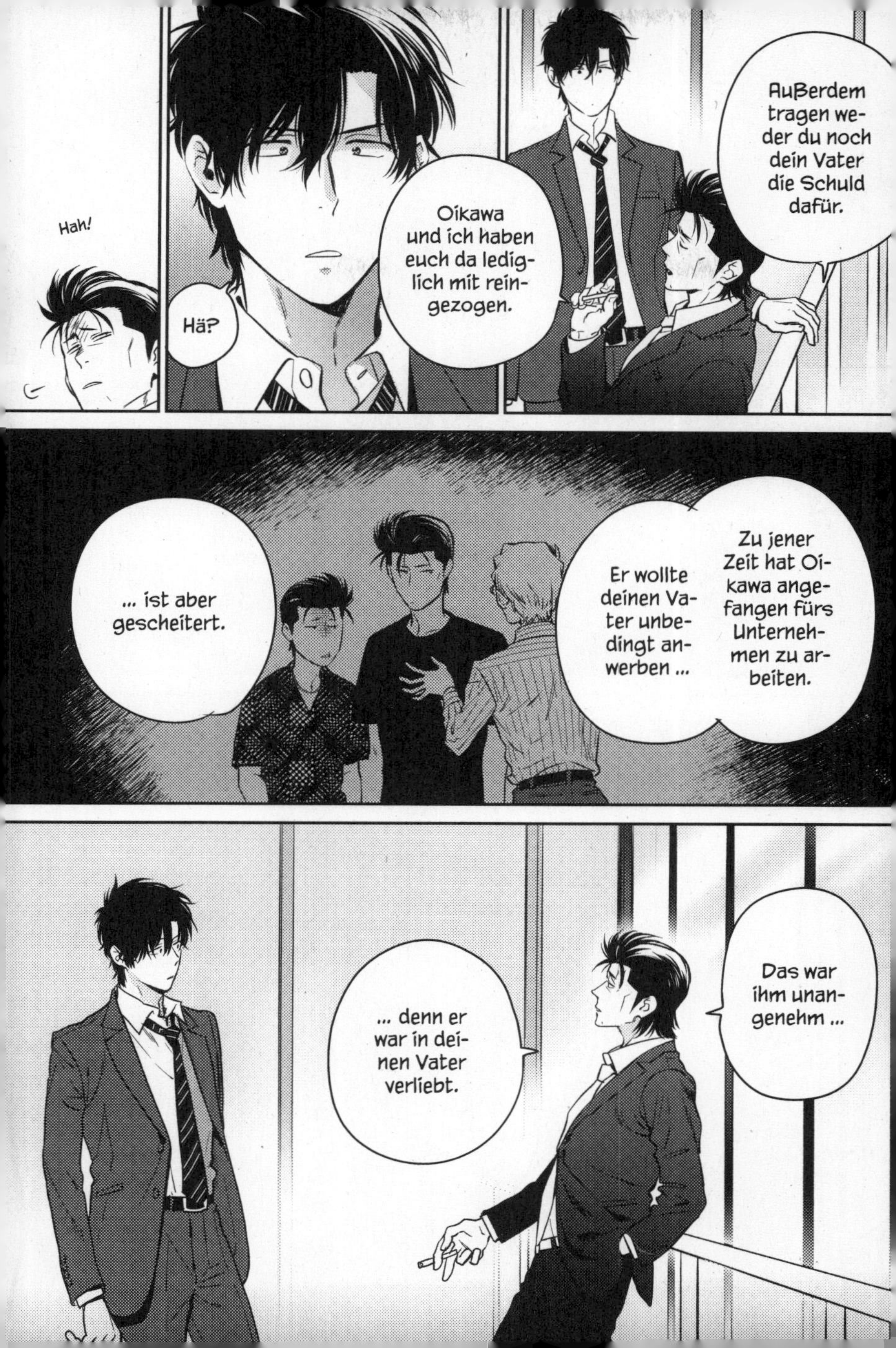

Außerdem tragen weder du noch dein Vater die Schuld dafür.
Oikawa und ich haben euch da lediglich mit reingezogen.
Hä?
Hah!
Zu jener Zeit hat Oikawa angefangen fürs Unternehmen zu arbeiten.
Er wollte deinen Vater unbedingt anwerben ...
... ist aber gescheitert.
Das war ihm unangenehm ...
... denn er war in deinen Vater verliebt.

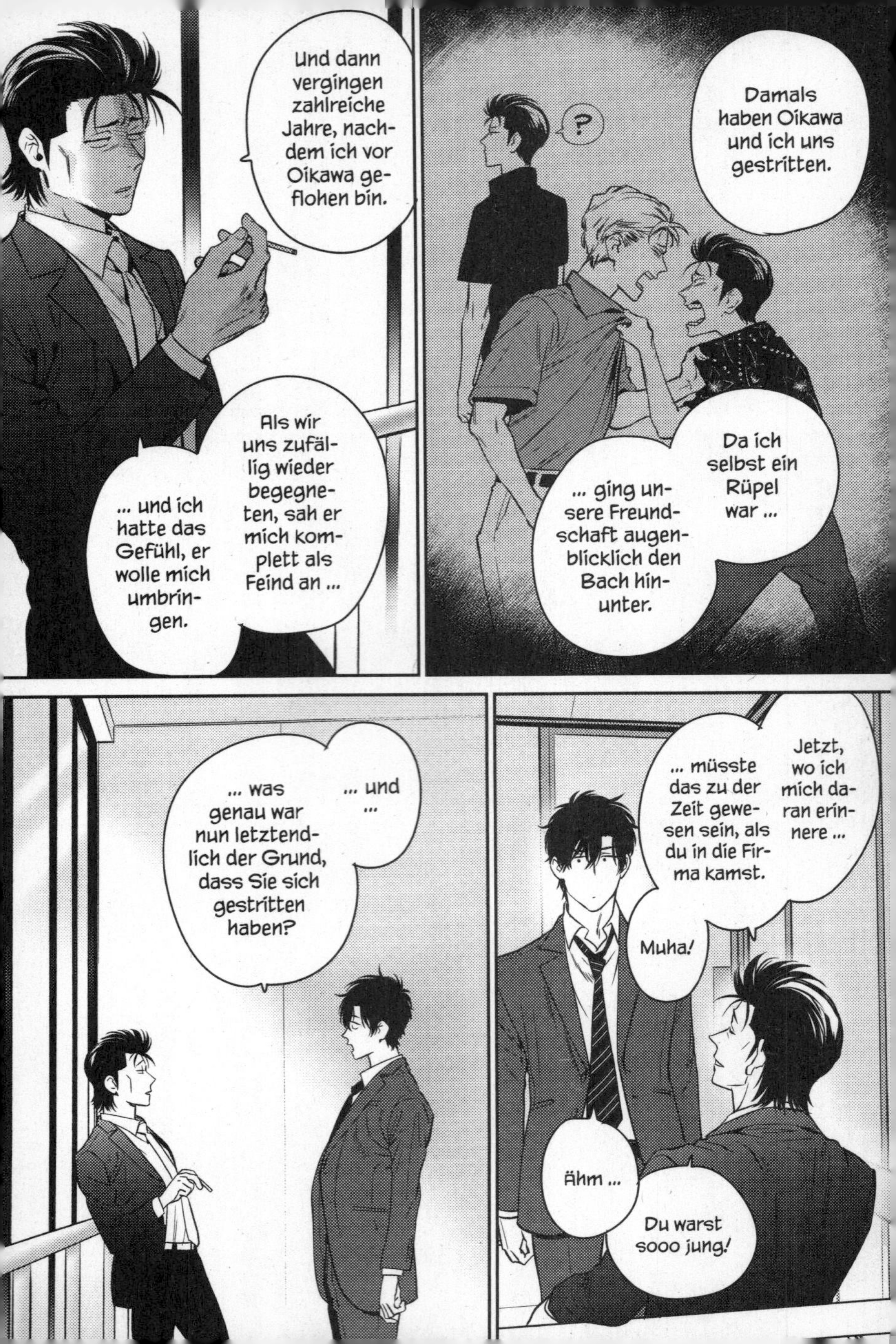

Damals haben Oikawa und ich uns gestritten.

?

Da ich selbst ein Rüpel war ...

... ging unsere Freundschaft augenblicklich den Bach hinunter.

Und dann vergingen zahlreiche Jahre, nachdem ich vor Oikawa geflohen bin.

Als wir uns zufällig wieder begegneten, sah er mich komplett als Feind an ...

... und ich hatte das Gefühl, er wolle mich umbringen.

Jetzt, wo ich mich daran erinnere ...

... müsste das zu der Zeit gewesen sein, als du in die Firma kamst.

Muha!

Du warst sooo jung!

Ähm ...

... und ...

... was genau war nun letztendlich der Grund, dass Sie sich gestritten haben?

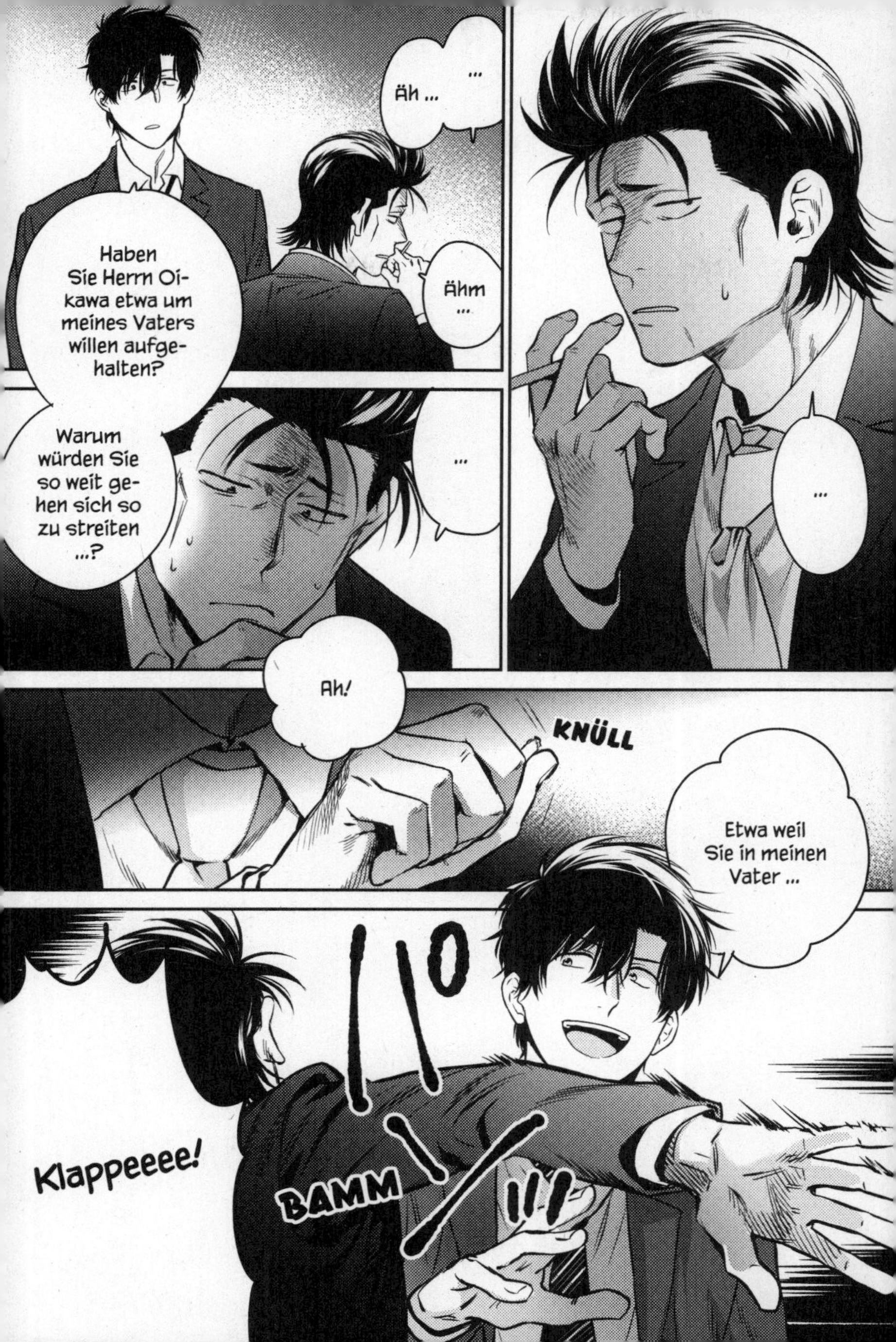
... Äh ...
Ähm ...
Haben Sie Herrn Oi-kawa etwa um meines Vaters willen aufge-halten?
Warum würden Sie so weit ge-hen sich so zu streiten ...?
...
...
Ah!
KNÜLL
Etwa weil Sie in meinen Vater ...
BAMM
Klappeeee!

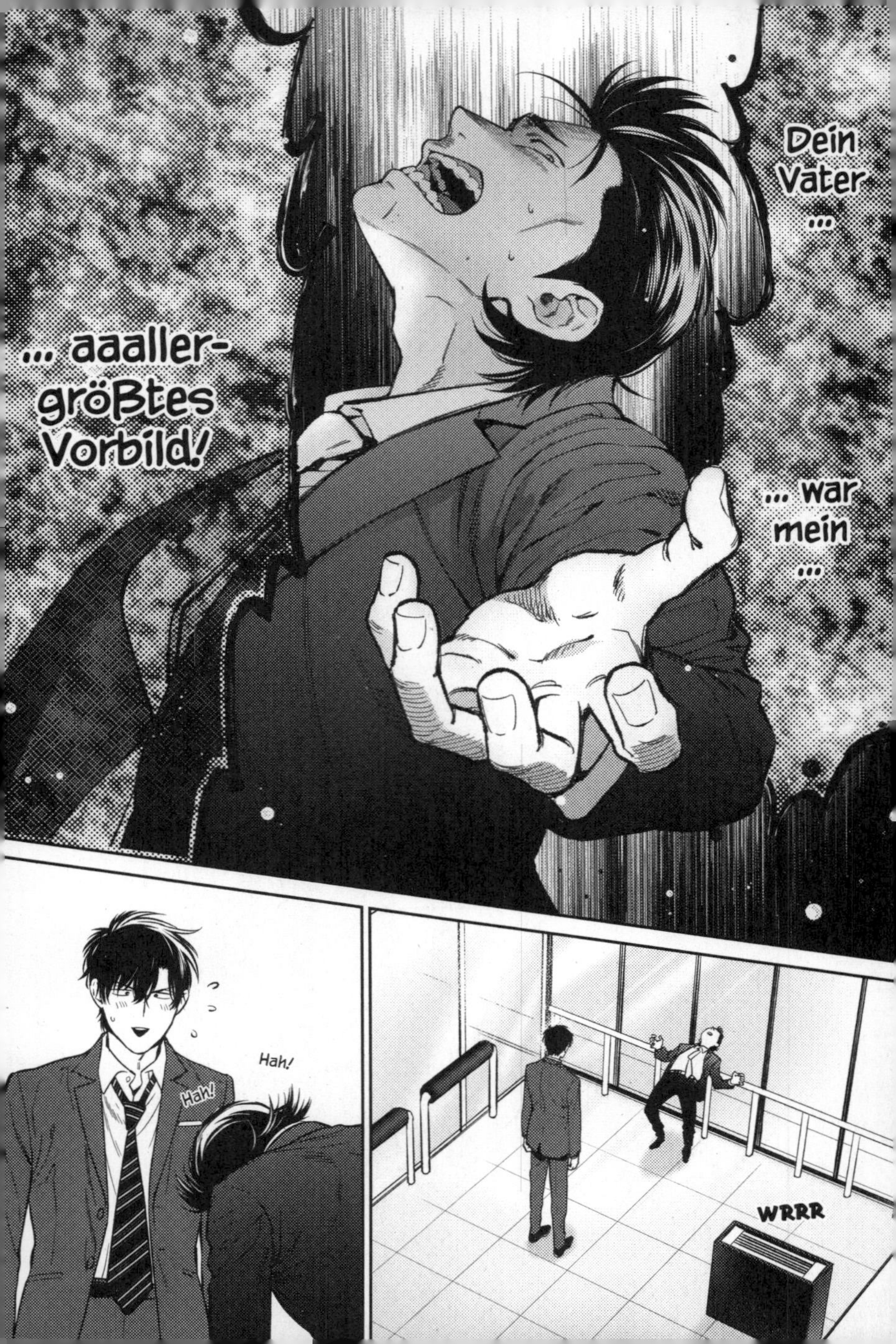
Dein Vater …
… war mein …
… aaaller-größtes Vorbild!
Hah!
Hah!
WRRR

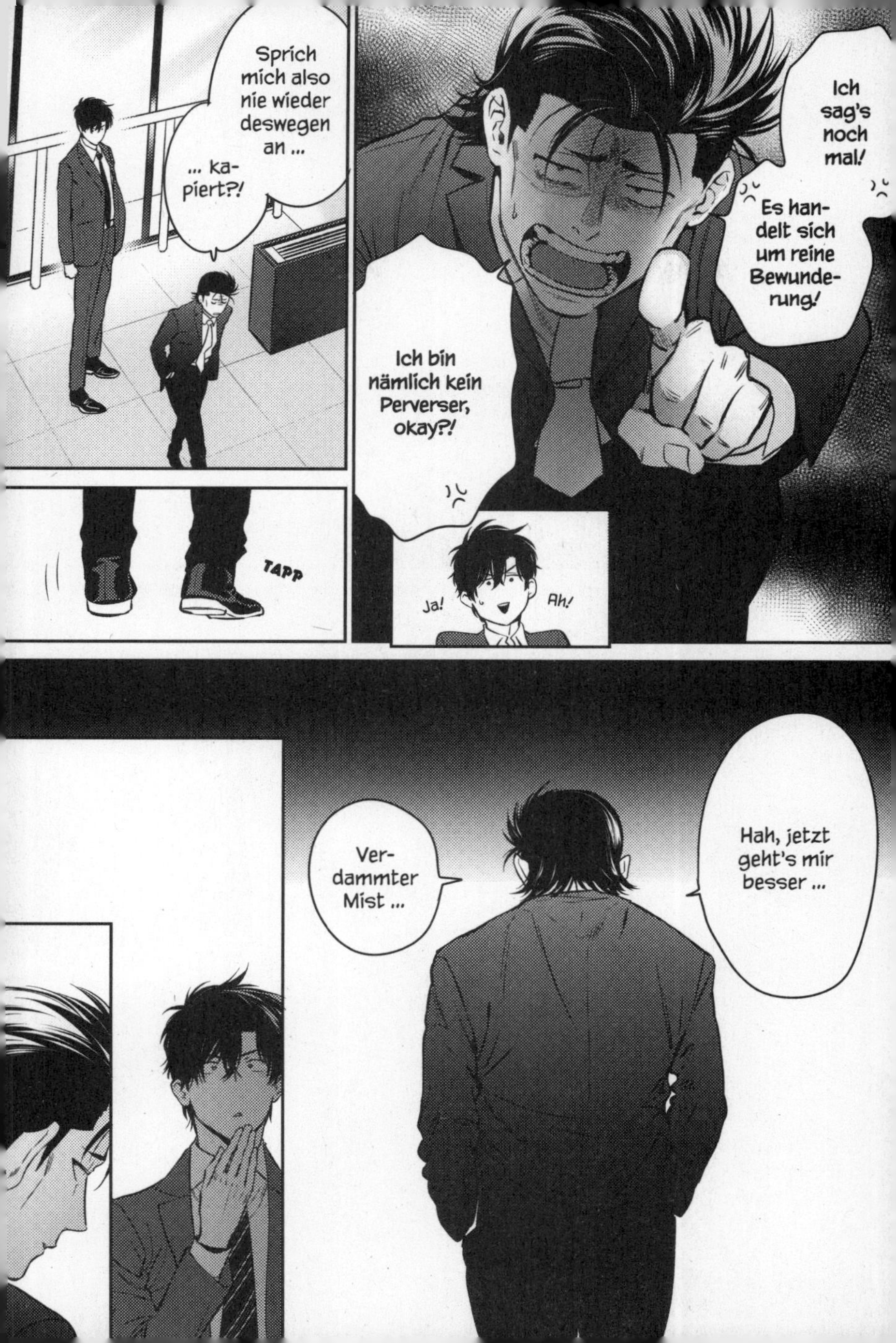

Ich sag's noch mal! Es handelt sich um reine Bewunderung!

Ich bin nämlich kein Perverser, okay?!

Ah!

Ja!

Sprich mich also nie wieder deswegen an ...

... kapiert?!

TAPP

Hah, jetzt geht's mir besser ...

Verdammter Mist ...

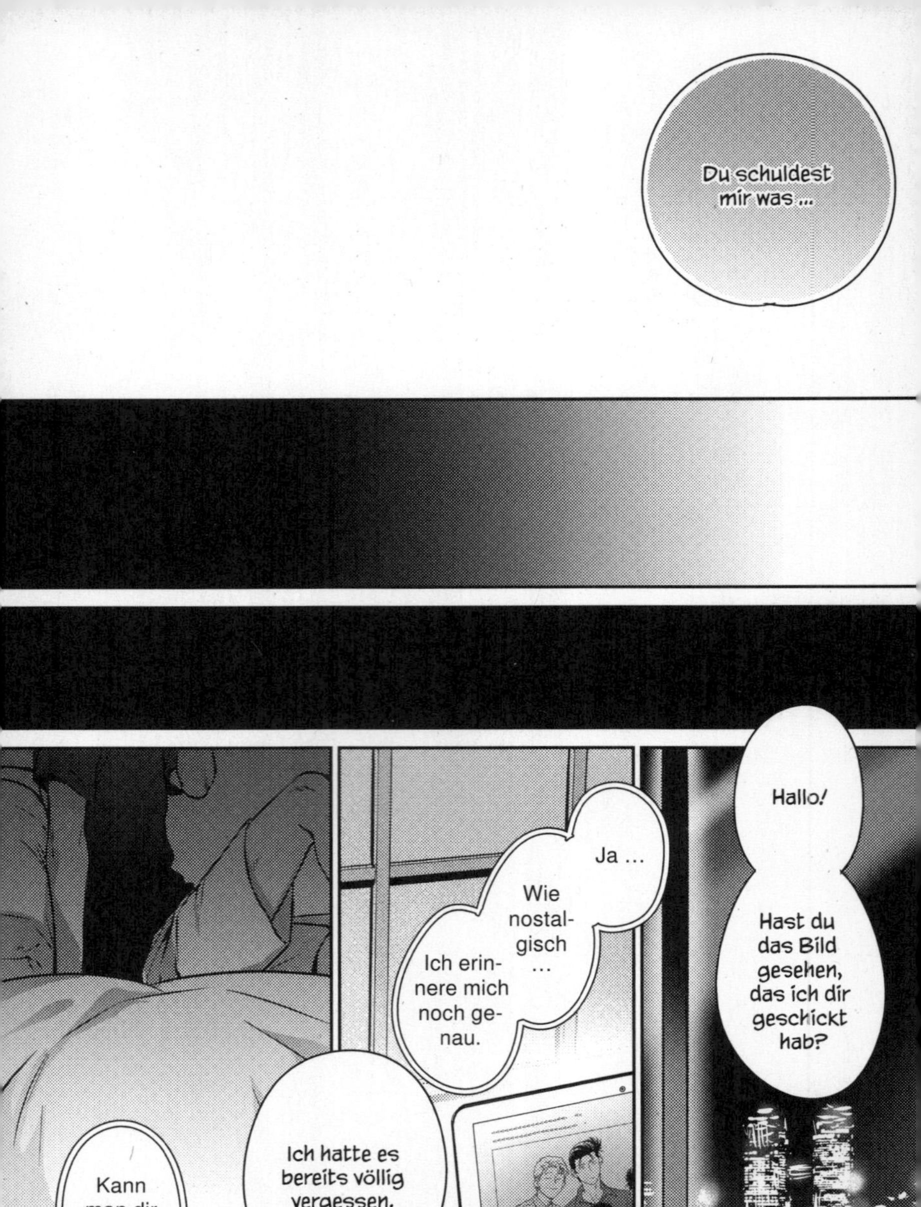
Du schuldest mir was ...
Hallo!
Hast du das Bild gesehen, das ich dir geschickt hab?
Ja ...
Wie nostal-gisch ...
Ich erin-nere mich noch ge-nau.
Ich hatte es bereits völlig vergessen.
Kann man dir kaum ver-übeln.

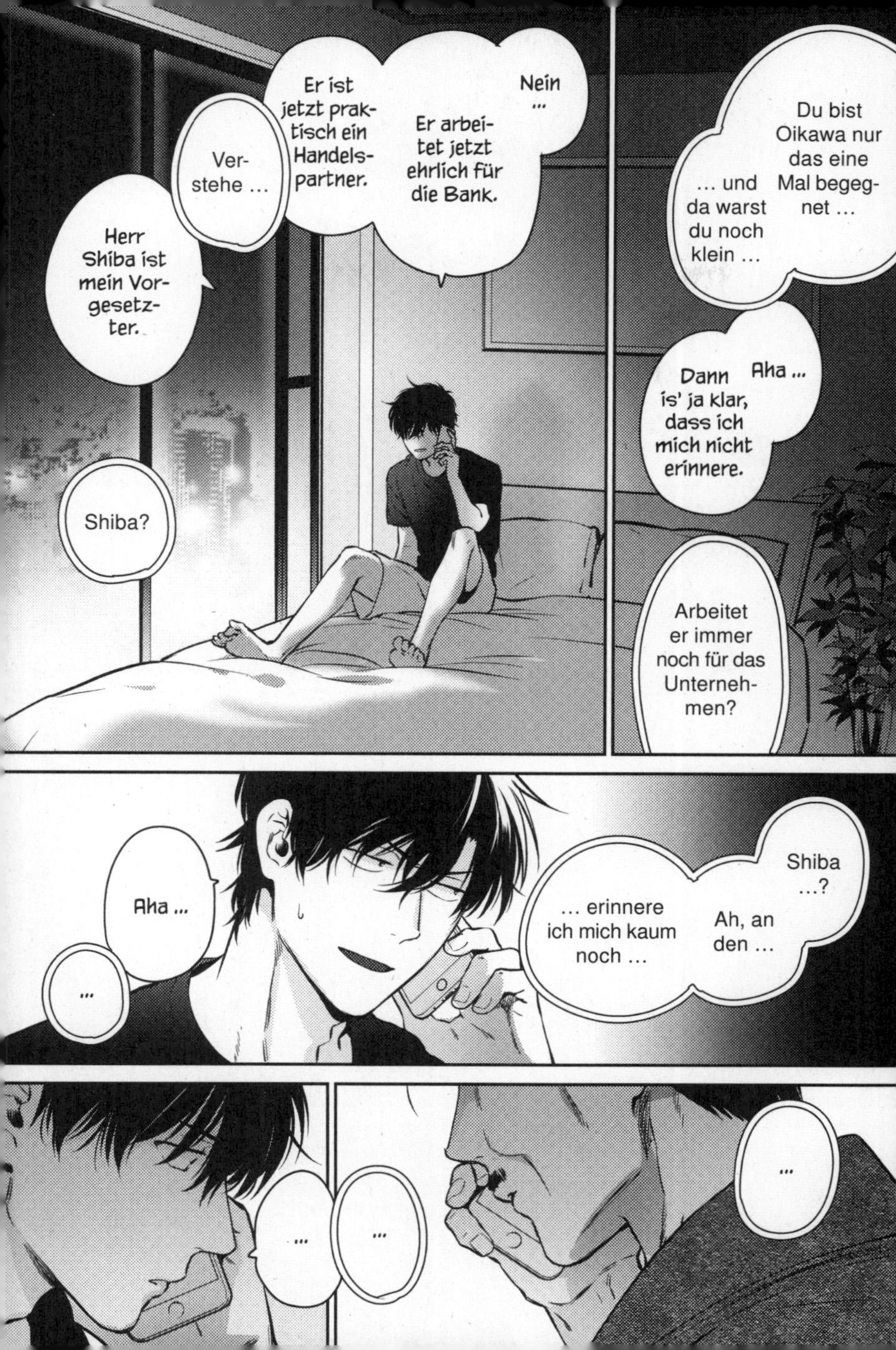
Du bist Oikawa nur das eine Mal begegnet …
… und da warst du noch klein …
Aha …
Dann is' ja klar, dass ich mich nicht erinnere.
Arbeitet er immer noch für das Unternehmen?
Nein …
Er arbeitet jetzt ehrlich für die Bank.
Er ist jetzt praktisch ein Handelspartner.
Verstehe …
Herr Shiba ist mein Vorgesetzter.
Shiba?
Shiba …?
Ah, an den …
… erinnere ich mich kaum noch …
Aha …
…
…
…
…

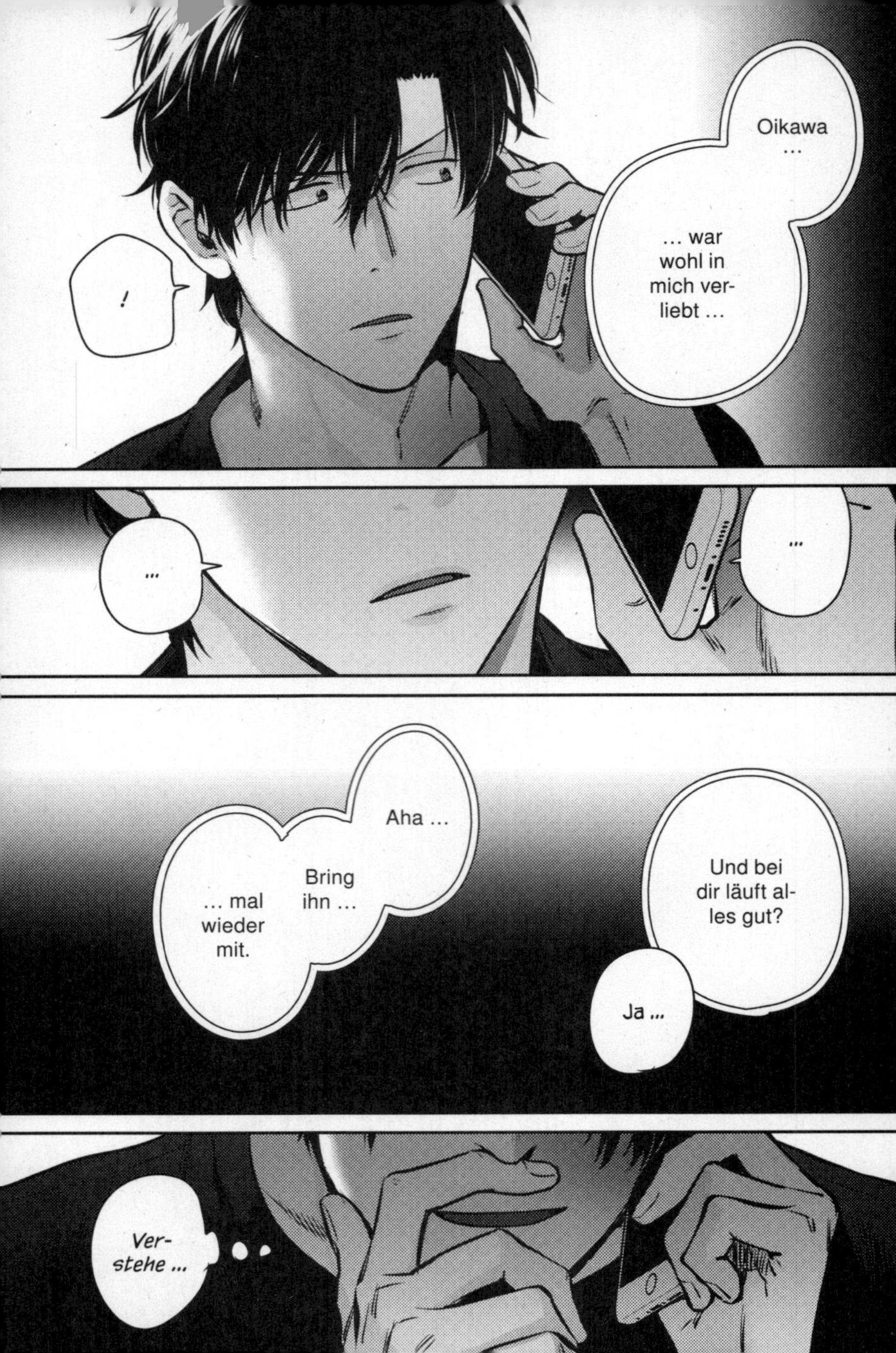
Oikawa …
… war wohl in mich verliebt …
!
…
…
Aha …
Bring ihn …
… mal wieder mit.
Und bei dir läuft alles gut?
Ja …
Verstehe …

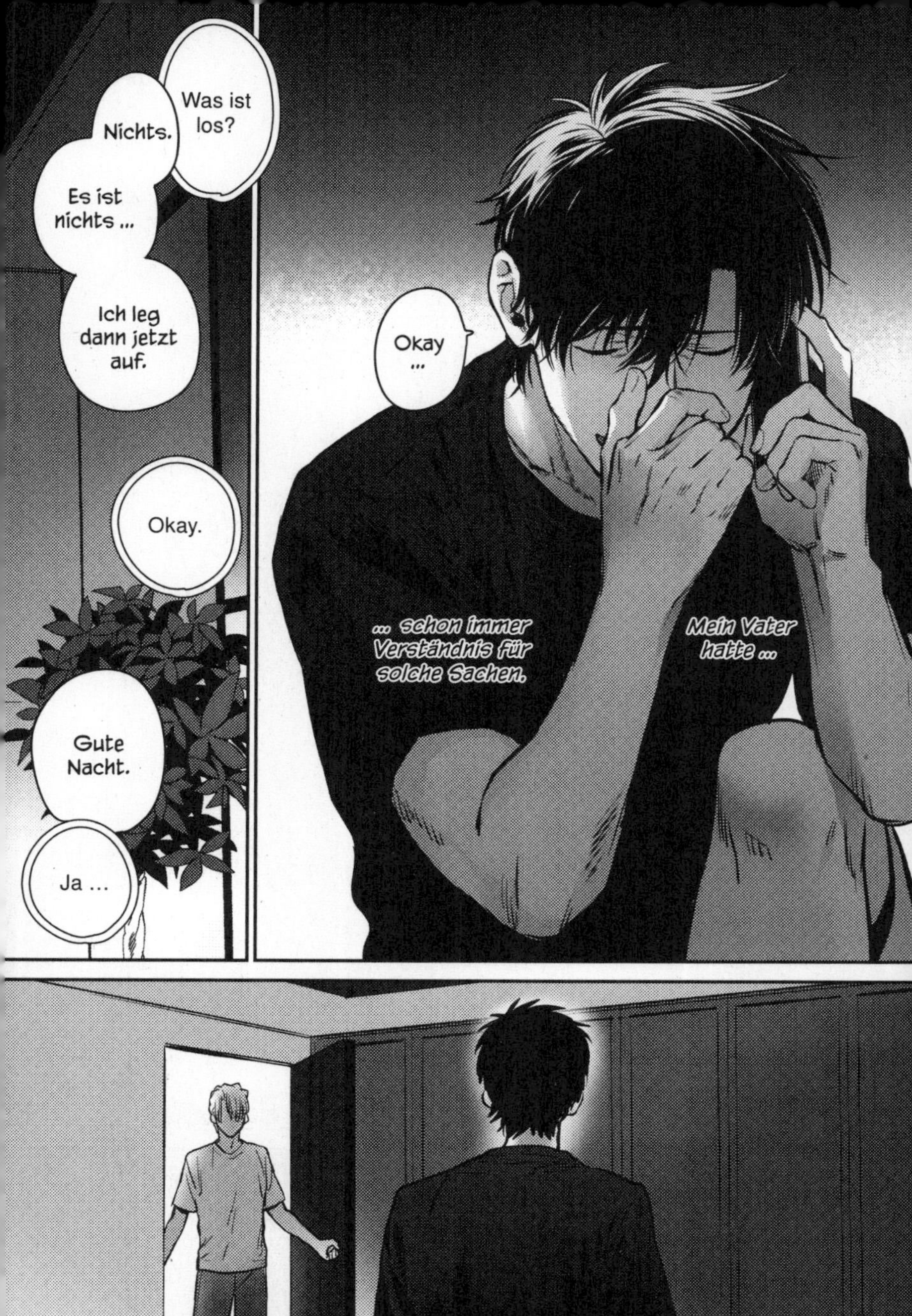

Mein Vater hatte ...
... schon immer Verständnis für solche Sachen.
Okay ...
Was ist los?
Nichts.
Es ist nichts ...
Ich leg dann jetzt auf.
Okay.
Gute Nacht.
Ja ...

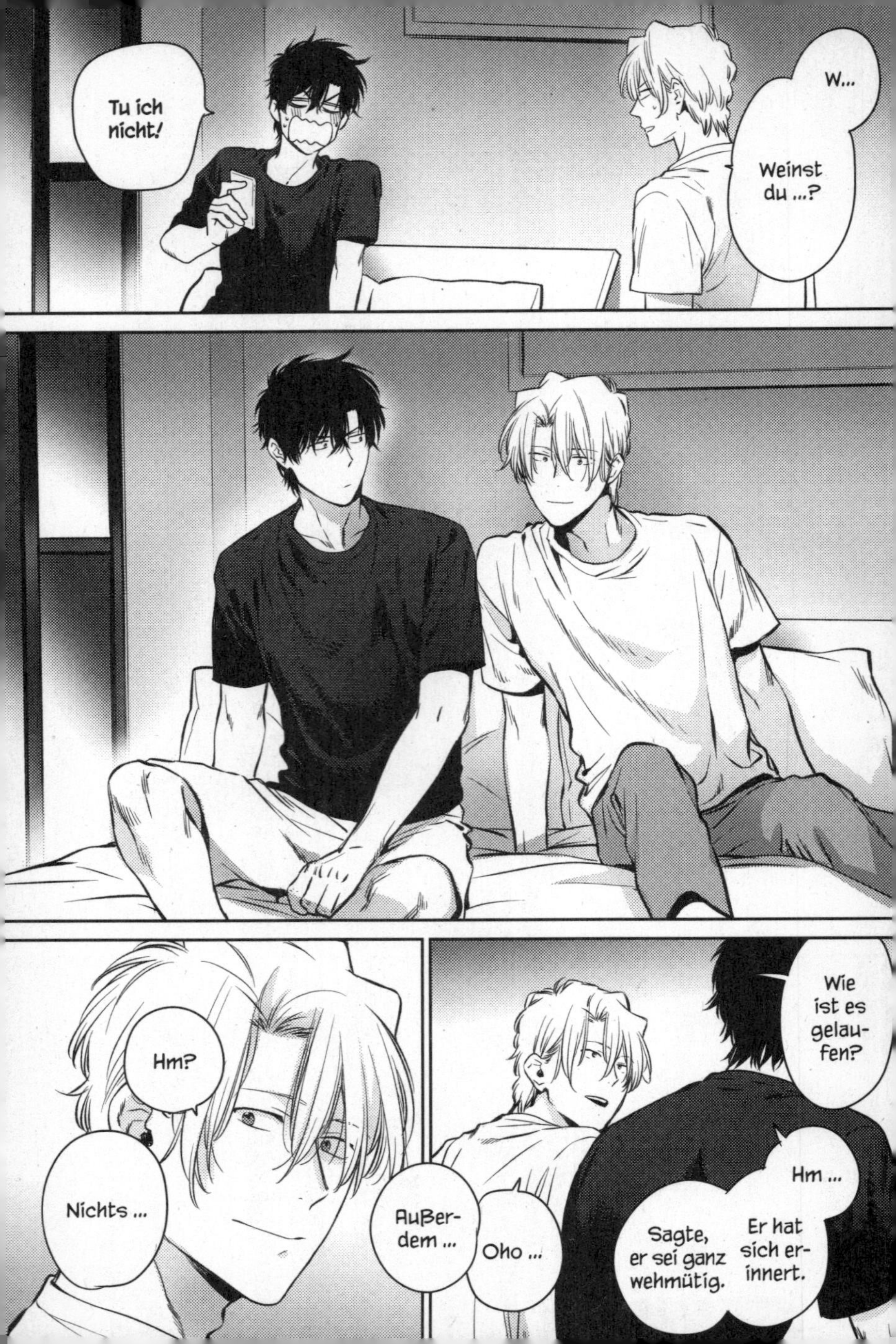
W...
Weinst du ...?
Tu ich nicht!
Wie ist es gelaufen?
Hm?
Hm ...
Er hat sich erinnert.
Sagte, er sei ganz wehmütig.
Oho ...
Außerdem ...
Nichts ...

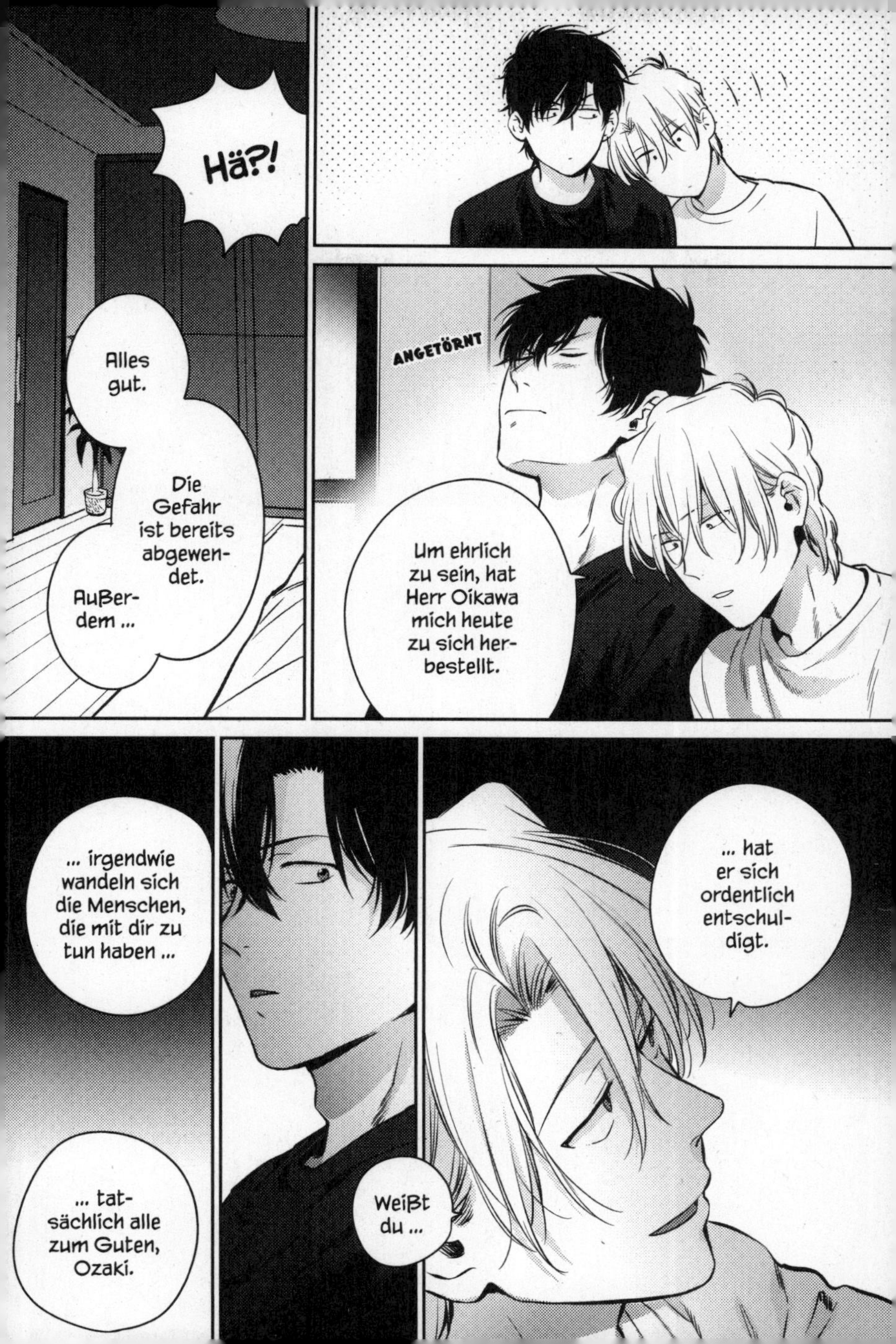

Hä?!

Alles gut.

Die Gefahr ist bereits abgewendet.

Außerdem ...

ANGETÖRNT

Um ehrlich zu sein, hat Herr Oikawa mich heute zu sich herbestellt.

... hat er sich ordentlich entschuldigt.

Weißt du ...

... irgendwie wandeln sich die Menschen, die mit dir zu tun haben ...

... tatsächlich alle zum Guten, Ozaki.

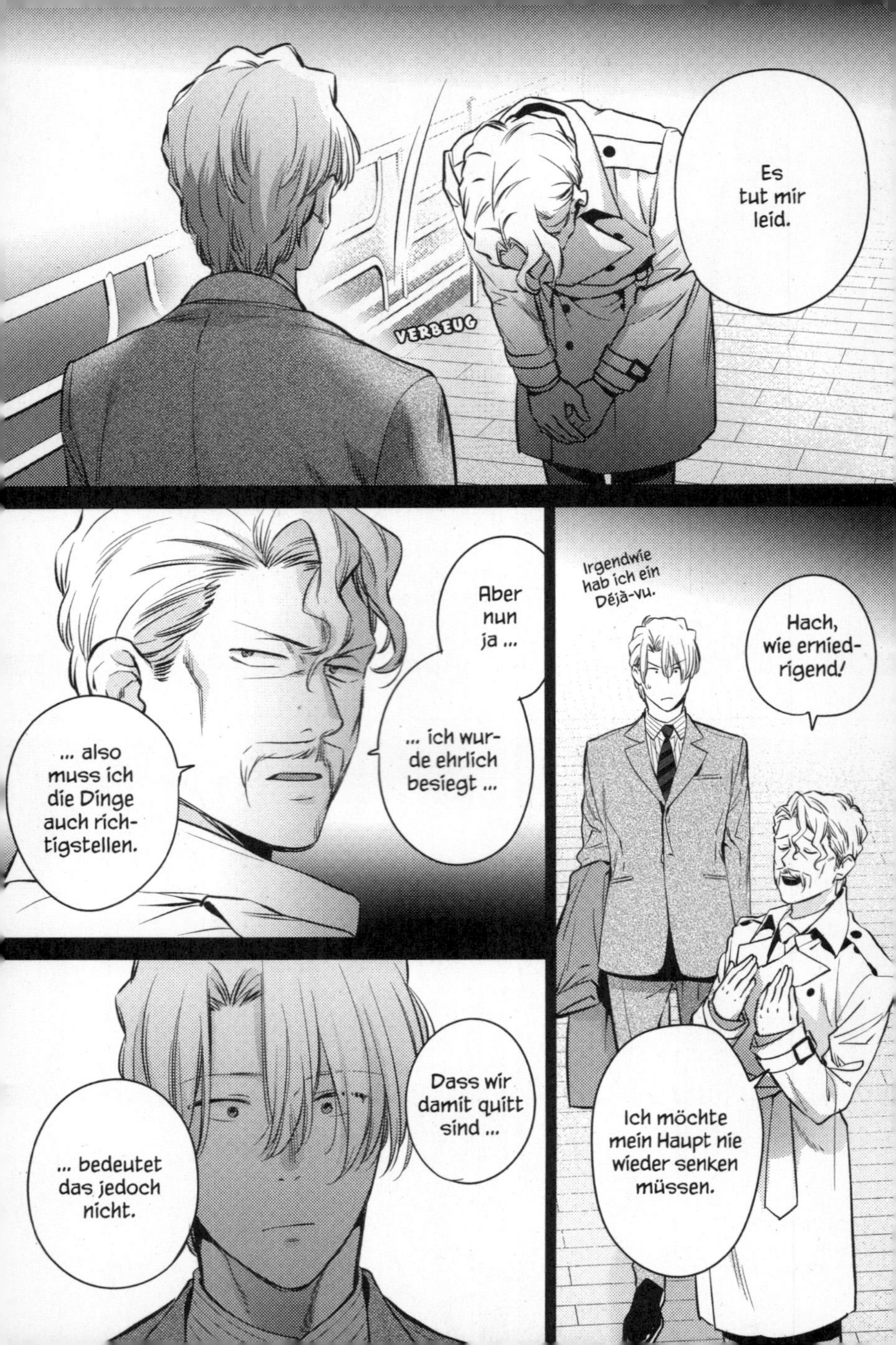

Es tut mir leid.
VERBEUG
Irgendwie hab ich ein Déjà-vu.
Hach, wie erniedrigend!
Aber nun ja ...
... ich wurde ehrlich besiegt ...
... also muss ich die Dinge auch richtigstellen.
Ich möchte mein Haupt nie wieder senken müssen.
Dass wir damit quitt sind ...
... bedeutet das jedoch nicht.

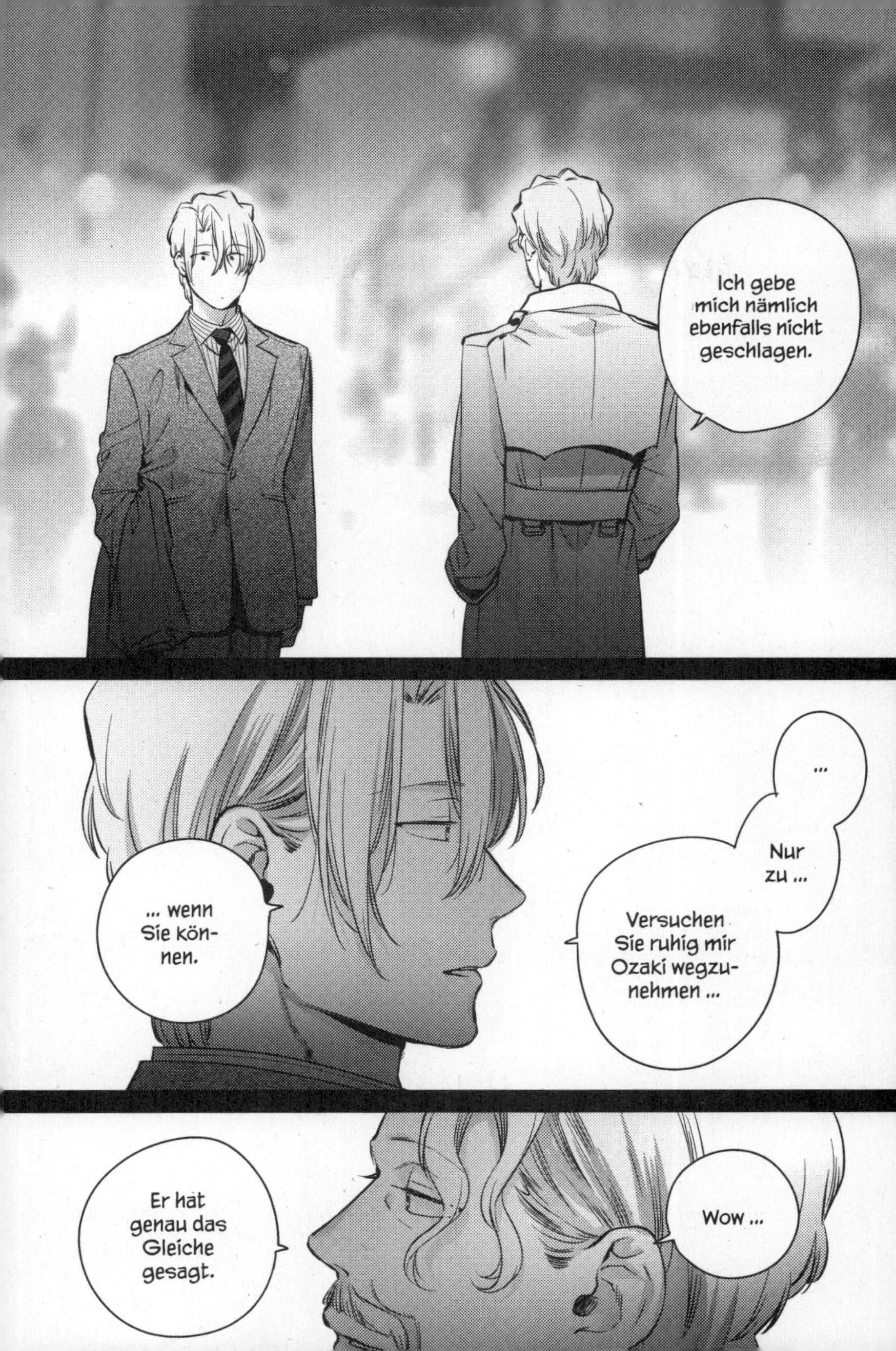
Ich gebe mich nämlich ebenfalls nicht geschlagen.
...
Nur zu ...
Versuchen Sie ruhig mir Ozaki wegzunehmen ...
... wenn Sie können.
Wow ...
Er hat genau das Gleiche gesagt.

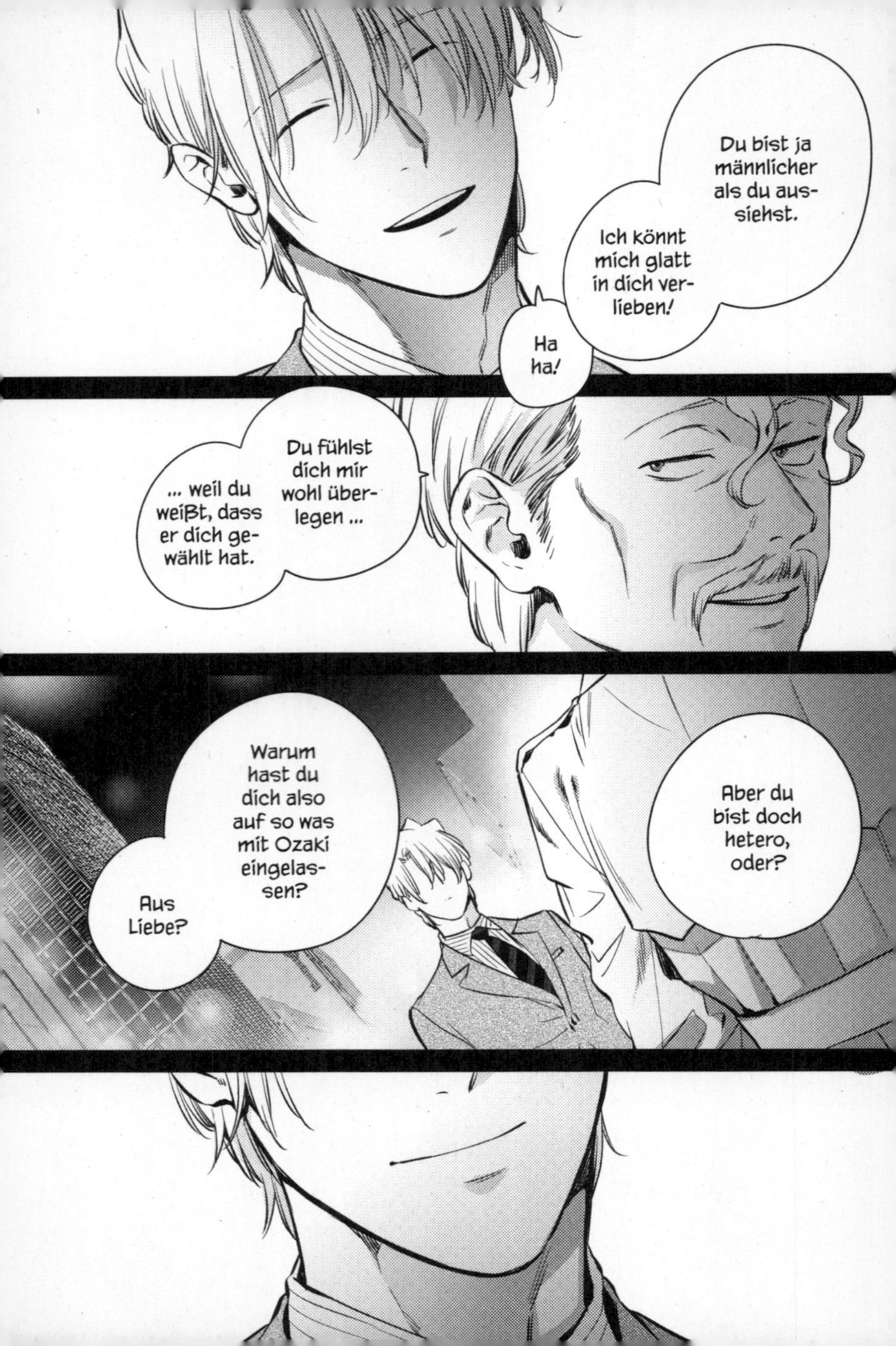
Du bist ja männlicher als du aussiehst.
Ich könnt mich glatt in dich verlieben!
Ha ha!
Du fühlst dich mir wohl überlegen ...
... weil du weißt, dass er dich gewählt hat.
Aber du bist doch hetero, oder?
Warum hast du dich also auf so was mit Ozaki eingelassen?
Aus Liebe?

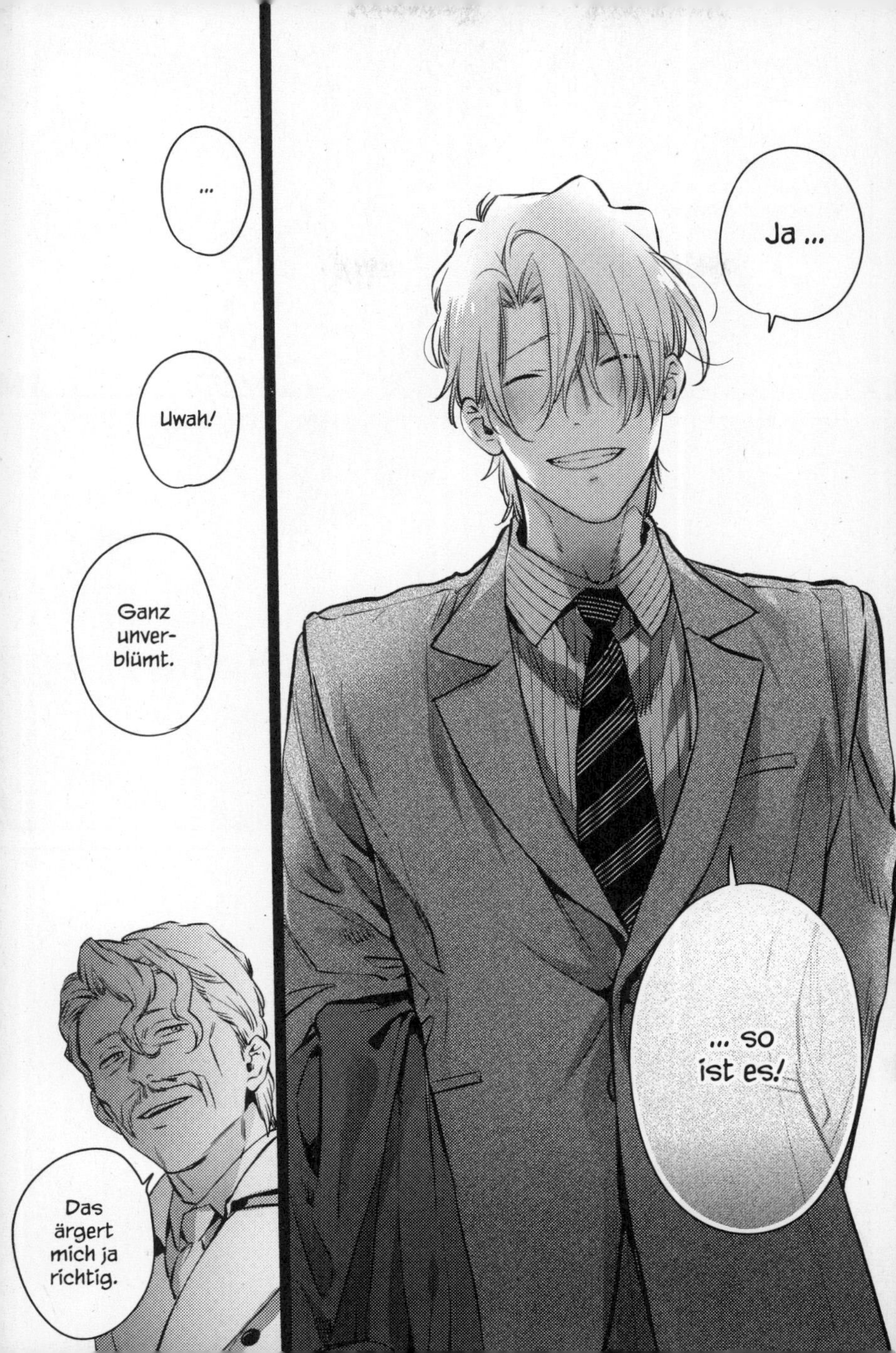
Ja ...
... so ist es!
...
Uwah!
Ganz unverblümt.
Das ärgert mich ja richtig.

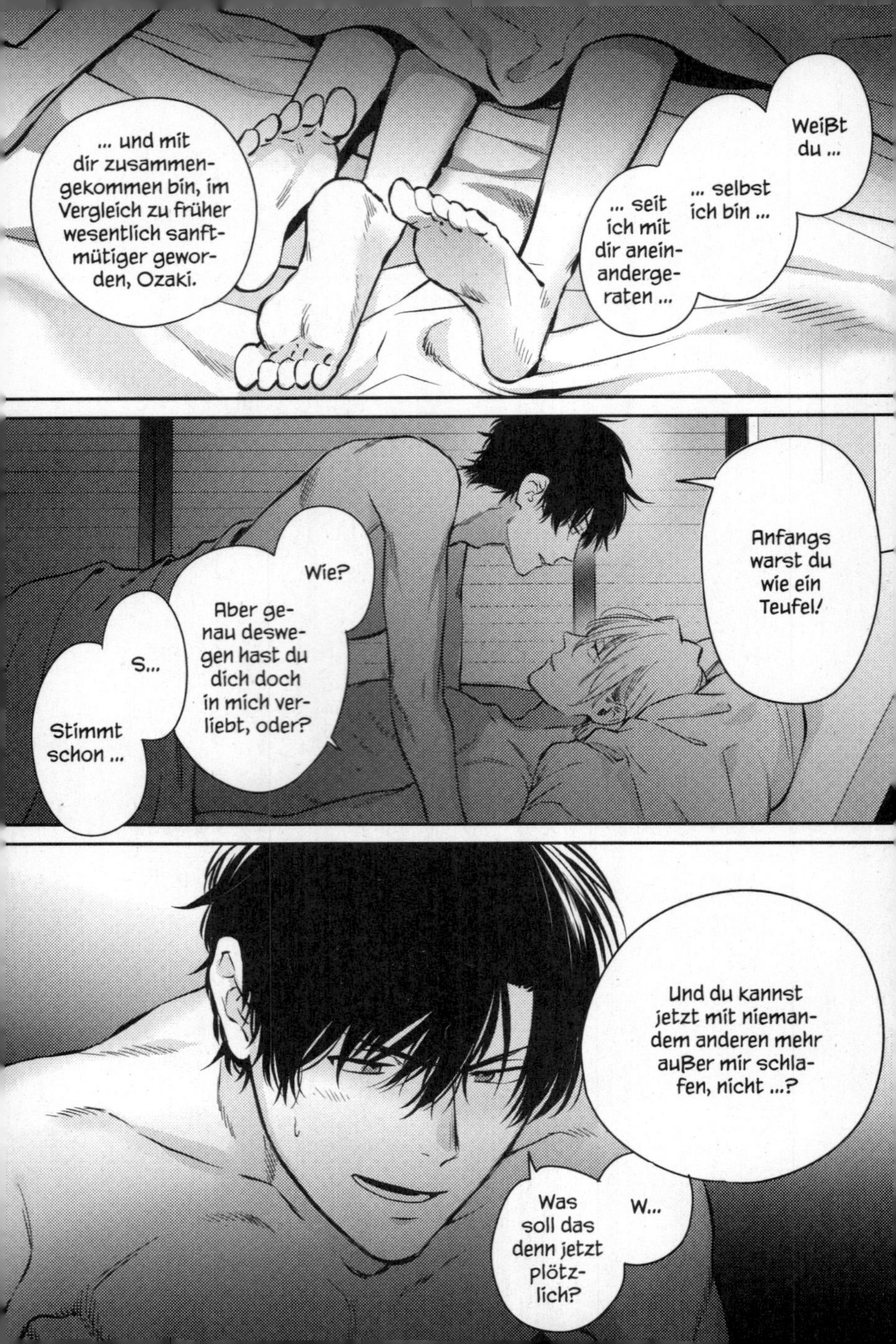
Weißt du ...
... selbst ich bin ...
... seit ich mit dir aneinandergeraten ...
... und mit dir zusammengekommen bin, im Vergleich zu früher wesentlich sanftmütiger geworden, Ozaki.
Anfangs warst du wie ein Teufel!
Wie?
Aber genau deswegen hast du dich doch in mich verliebt, oder?
S...
Stimmt schon ...
Und du kannst jetzt mit niemandem anderen mehr außer mir schlafen, nicht ...?
W...
Was soll das denn jetzt plötzlich?

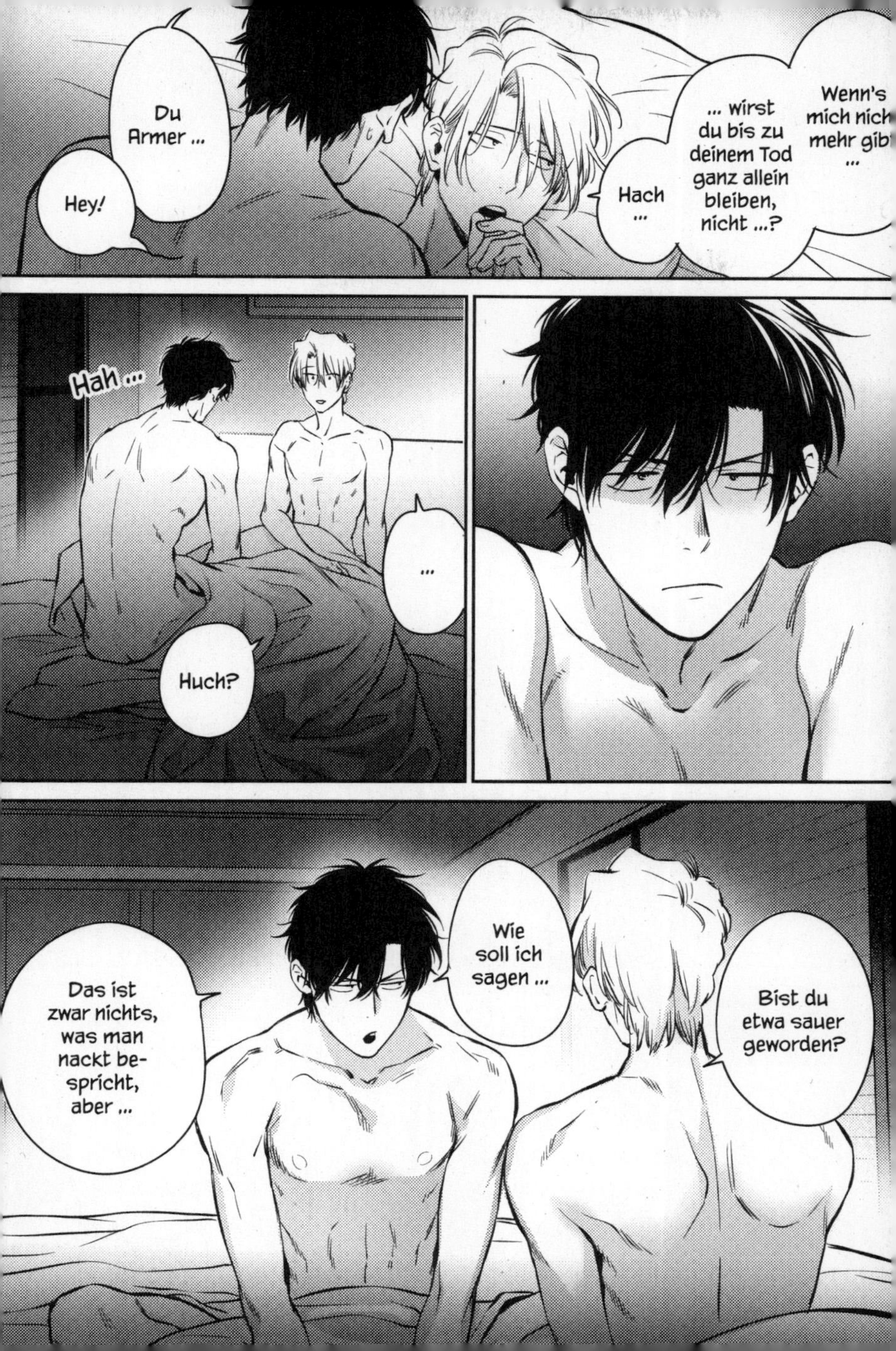
Wenn's mich nich mehr gib ...
... wirst du bis zu deinem Tod ganz allein bleiben, nicht ...?
Hach ...
Du Armer ...
Hey!
Hah ...
...
Huch?
Bist du etwa sauer geworden?
Wie soll ich sagen ...
Das ist zwar nichts, was man nackt be-spricht, aber ...

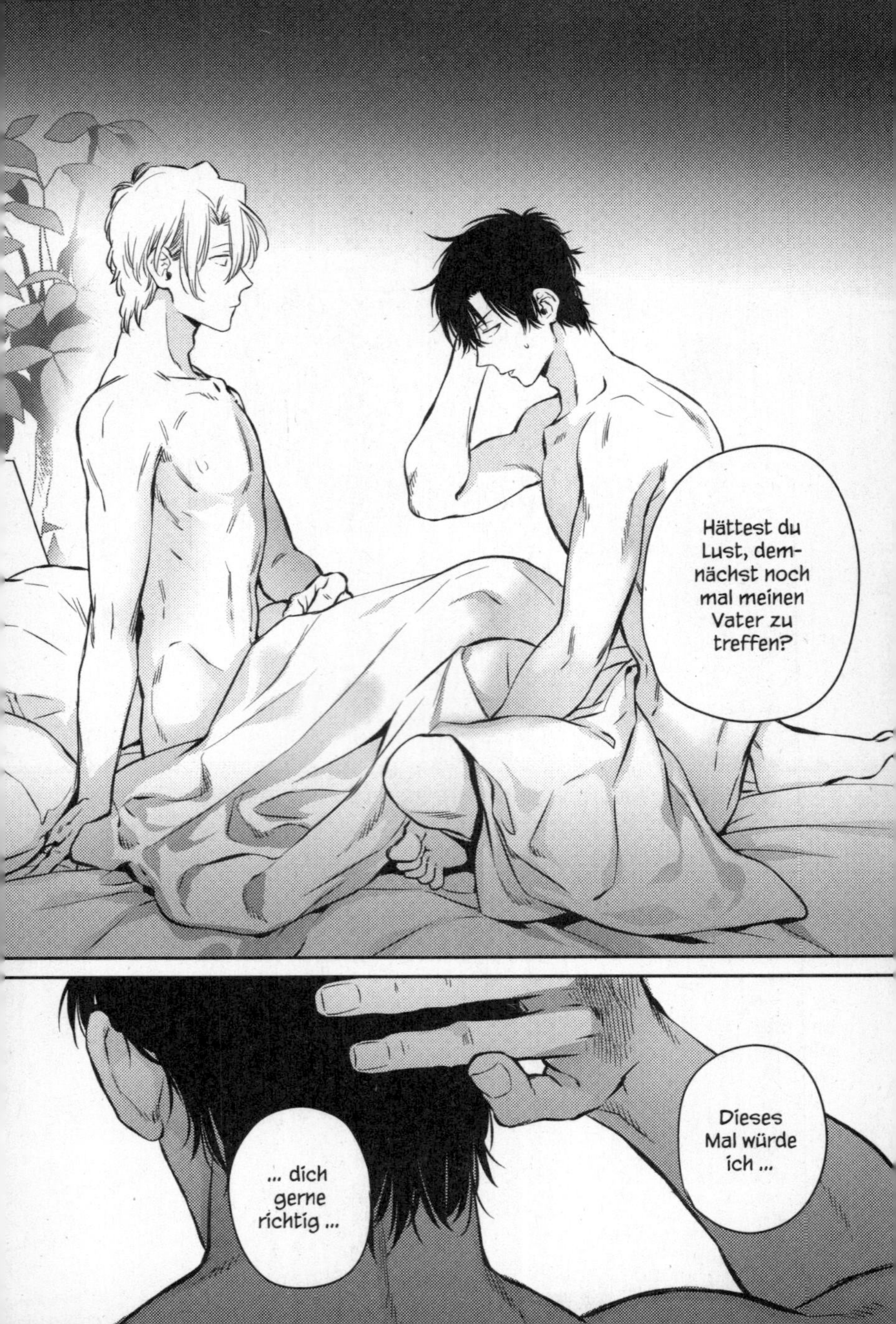
Hättest du Lust, demnächst noch mal meinen Vater zu treffen?
Dieses Mal würde ich ...
... dich gerne richtig ...

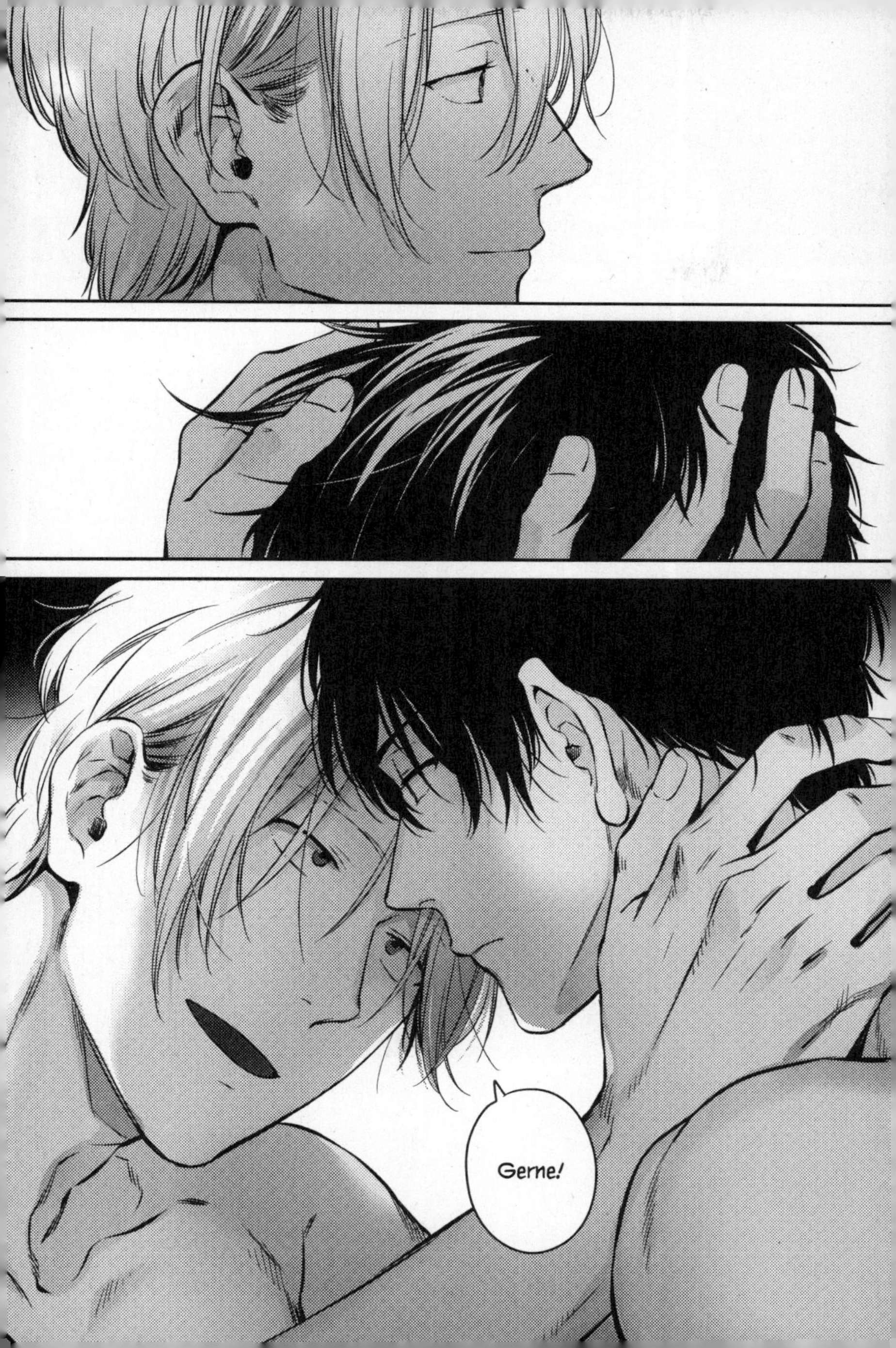
Gerne!

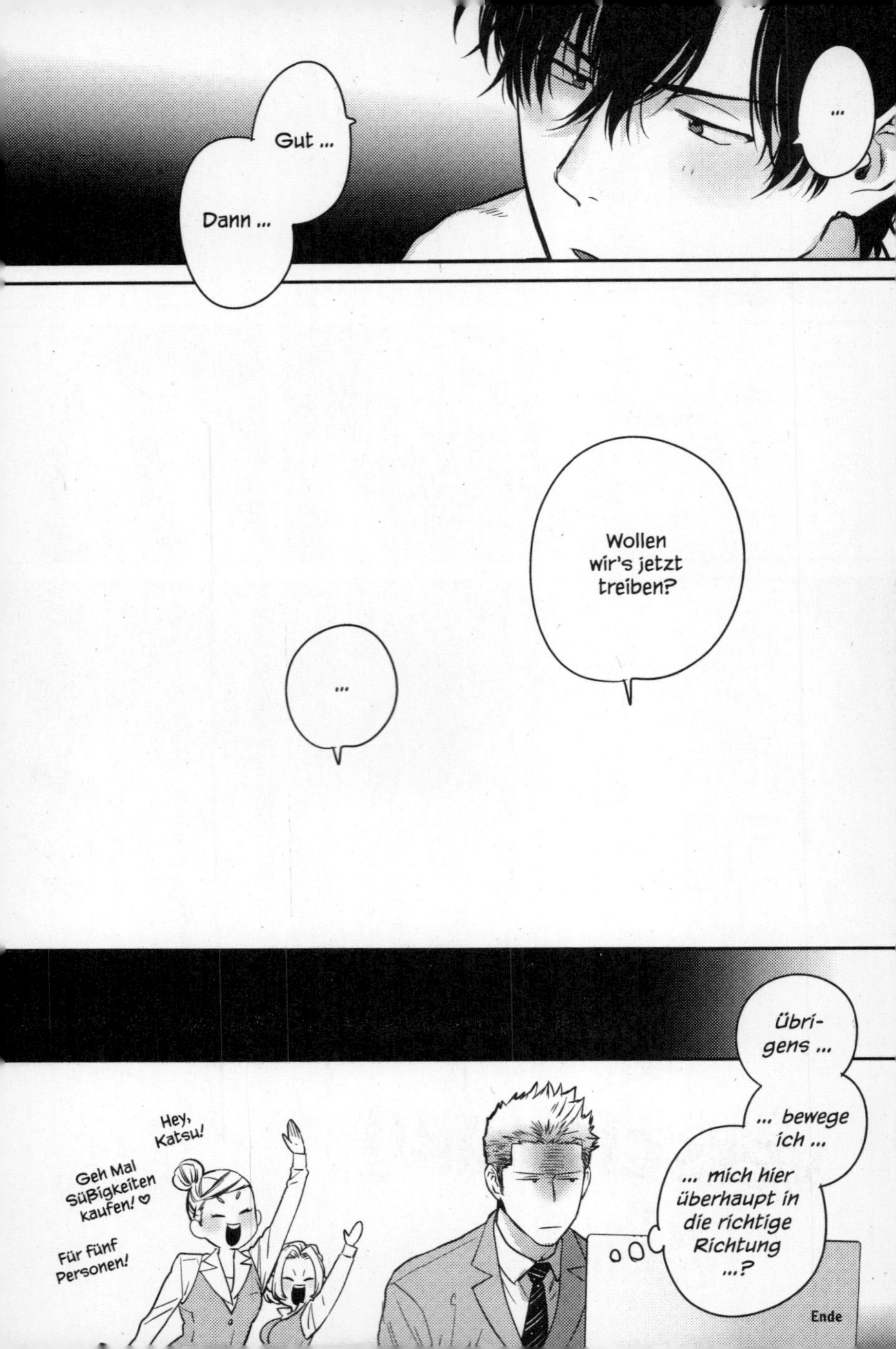
...
Gut ...
Dann ...
Wollen wir's jetzt treiben?
...
Übrigens ...
... bewege ich ...
... mich hier überhaupt in die richtige Richtung ...?
Hey, Katsu!
Geh Mal Süßigkeiten kaufen! ♡
Für fünf Personen!
Ende

Ganz verschieden gleich

Ganz verschieden gleich

Nozomu Hiiragi präsentiert

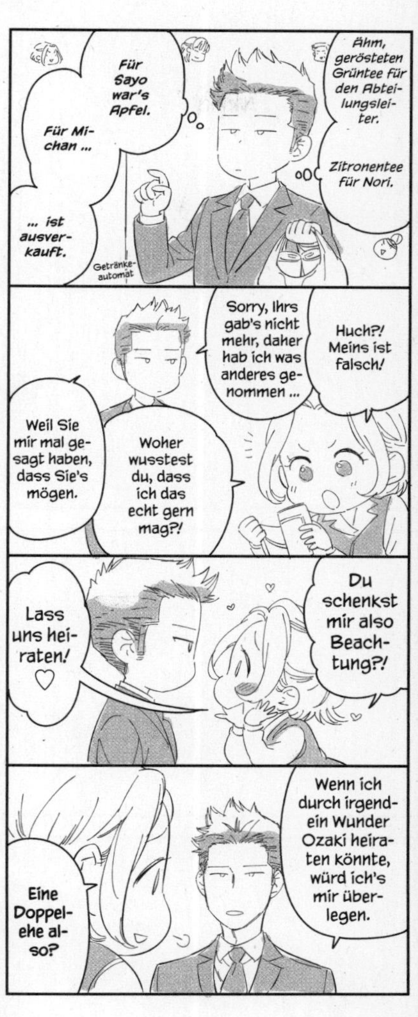
Ähm, gerösteten Grüntee für den Abteilungsleiter.
Zitronentee für Nori.
Für Sayo war's Apfel.
Für Michan ...
... ist ausverkauft.
Getränkeautomat
Huch?! Meins ist falsch!
Sorry, Ihrs gab's nicht mehr, daher hab ich was anderes genommen ...
Woher wusstest du, dass ich das echt gern mag?!
Weil Sie mir mal gesagt haben, dass Sie's mögen.
Du schenkst mir also Beachtung?!
Lass uns heiraten! ♡
Wenn ich durch irgendein Wunder Ozaki heiraten könnte, würd ich's mir überlegen.
Eine Doppelehe also?

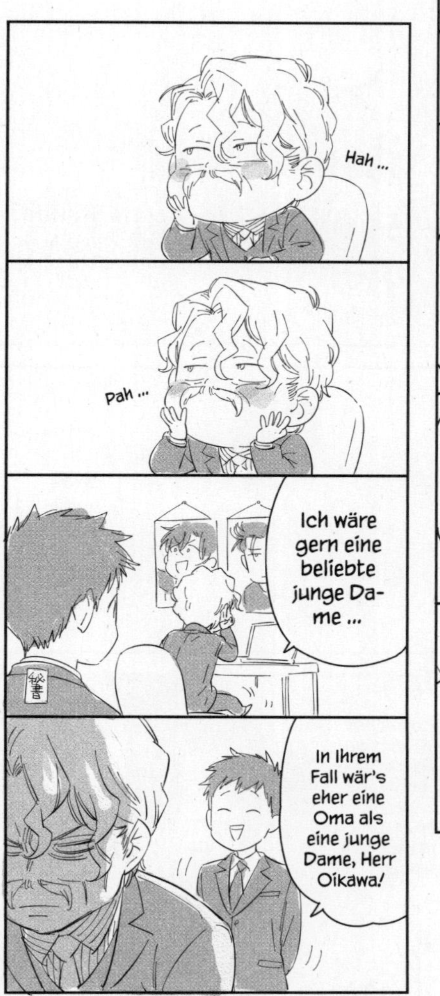
Hah ...
Pah ...
Ich wäre gern eine beliebte junge Dame ...
In Ihrem Fall wär's eher eine Oma als eine junge Dame, Herr Oikawa!

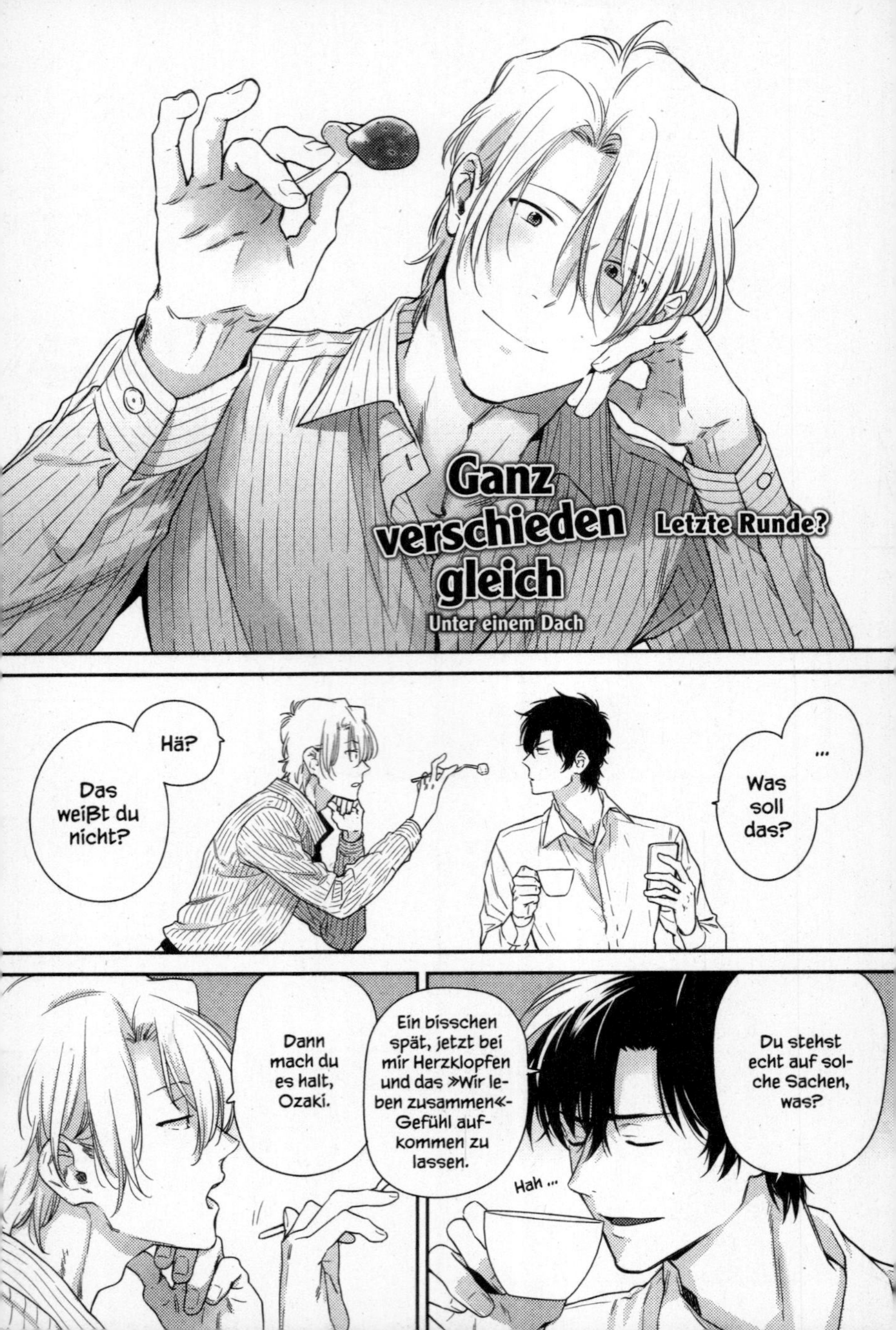

Ganz verschieden gleich

Letzte Runde?

Unter einem Dach

…

Was soll das?

Hä?

Das weißt du nicht?

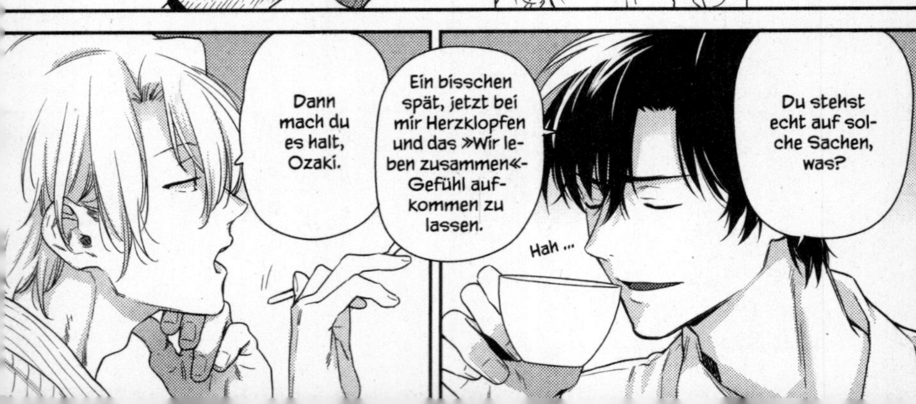

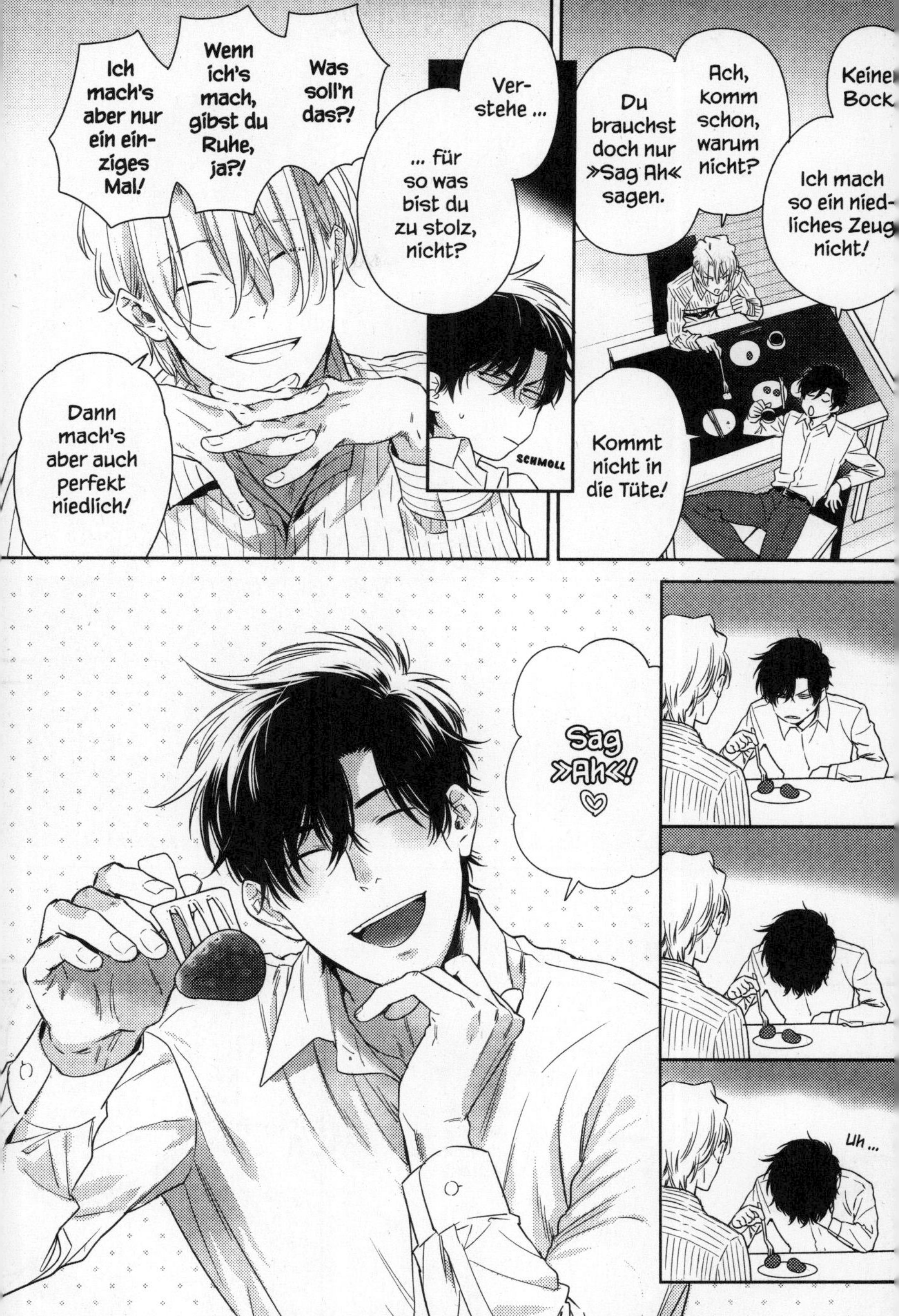

Keine Bock.
Ich mach so ein niedliches Zeug nicht!
Ach, komm schon, warum nicht?
Du brauchst doch nur »Sag Ah« sagen.
Kommt nicht in die Tüte!
Verstehe ...
... für so was bist du zu stolz, nicht?
SCHMOLL
Was soll'n das?!
Wenn ich's mach, gibst du Ruhe, ja?!
Ich mach's aber nur ein einziges Mal!
Dann mach's aber auch perfekt niedlich!
Uh ...
Sag »Ah«! ♡

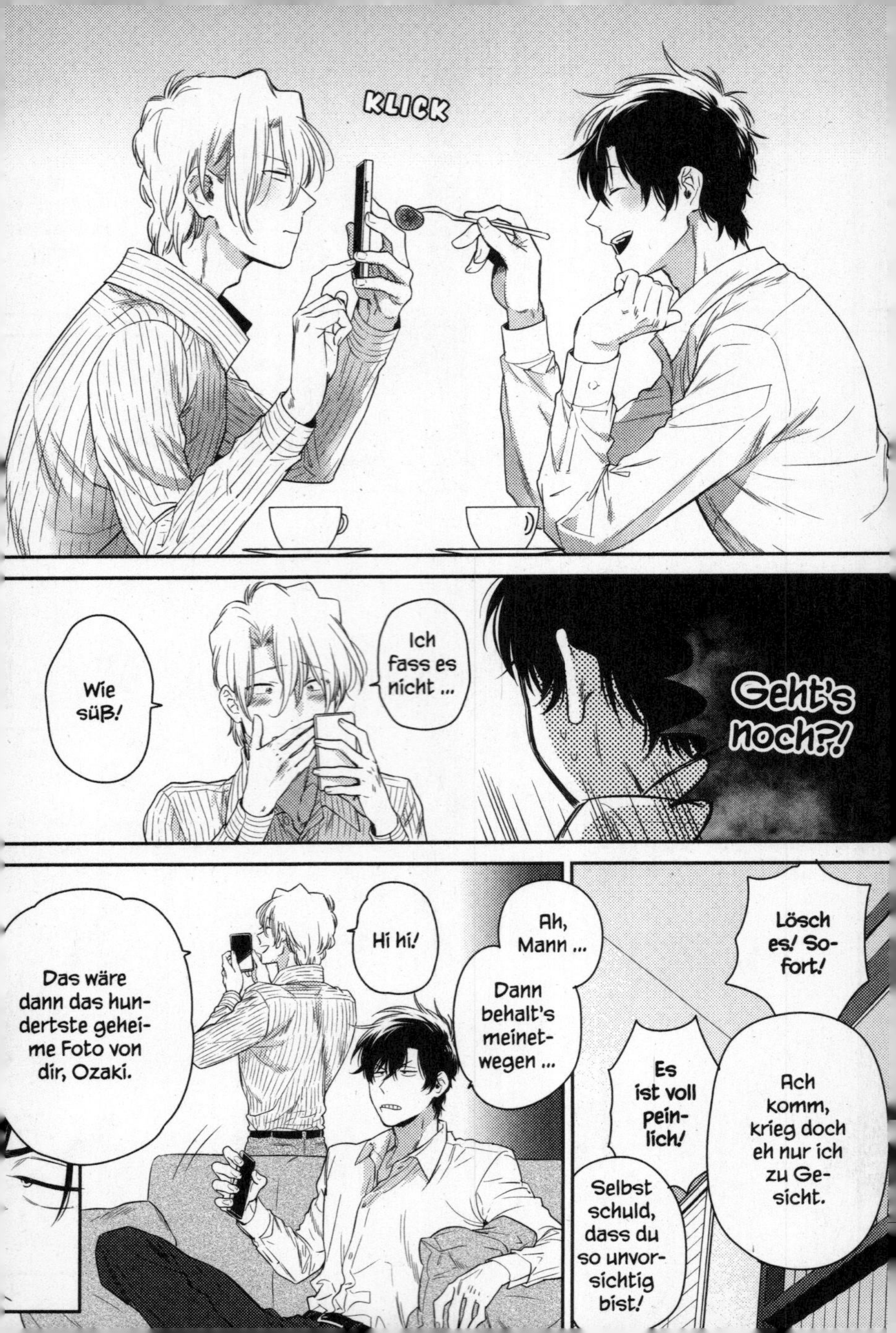

KLICK

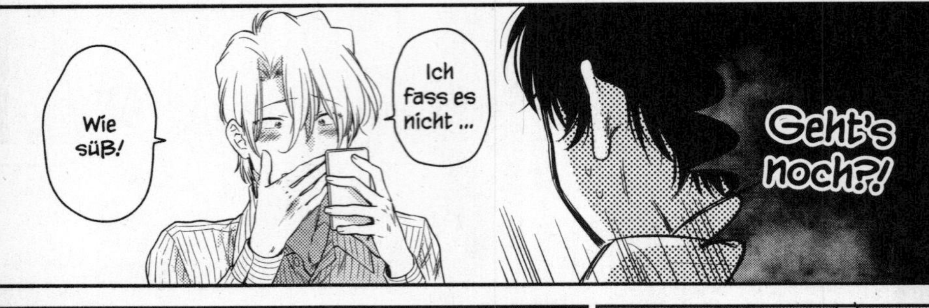
Geht's noch?!
Ich fass es nicht ...
Wie süß!

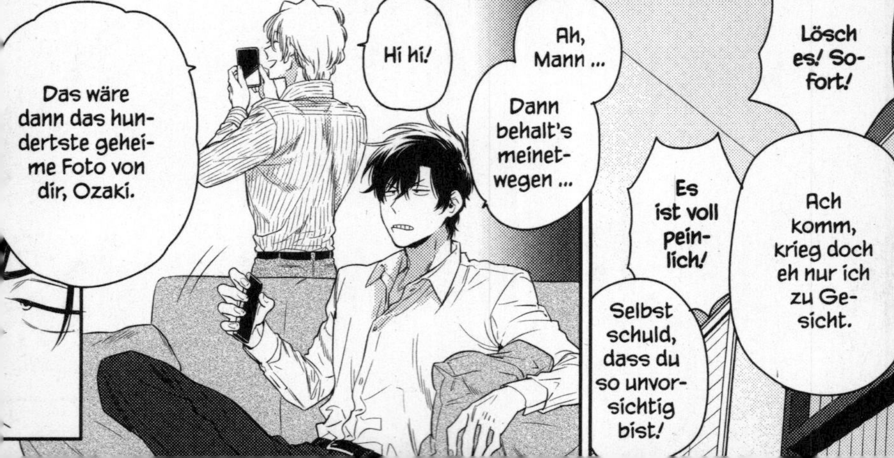
Lösch es! Sofort!
Ach komm, krieg doch eh nur ich zu Gesicht.
Es ist voll peinlich!
Selbst schuld, dass du so unvorsichtig bist!
Ah, Mann ...
Dann behalt's meinetwegen ...
Hi hi!
Das wäre dann das hundertste geheime Foto von dir, Ozaki.

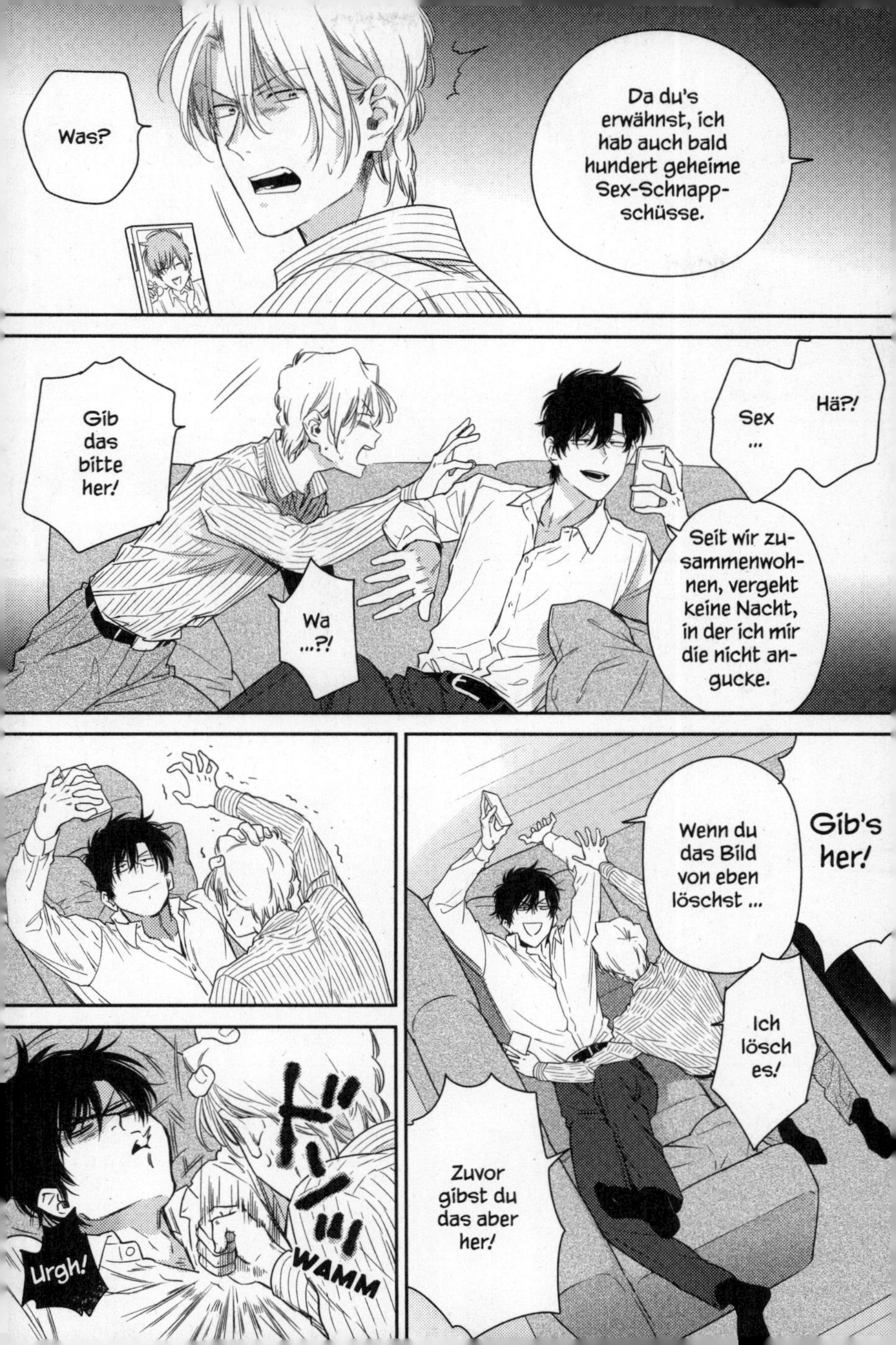

Da du's erwähnst, ich hab auch bald hundert geheime Sex-Schnappschüsse.

Was?

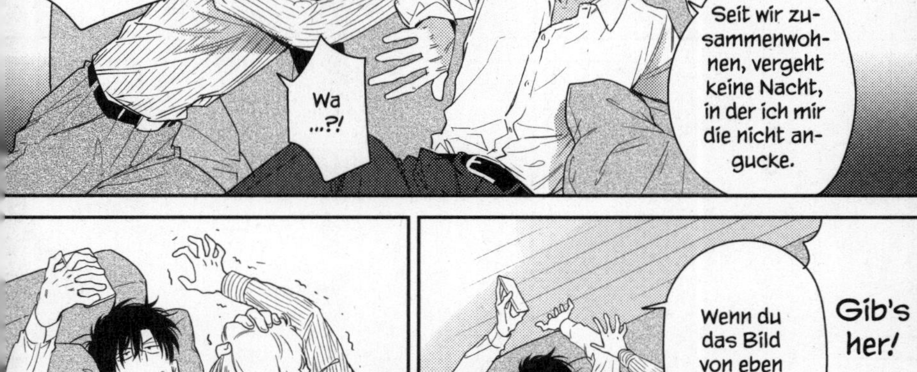

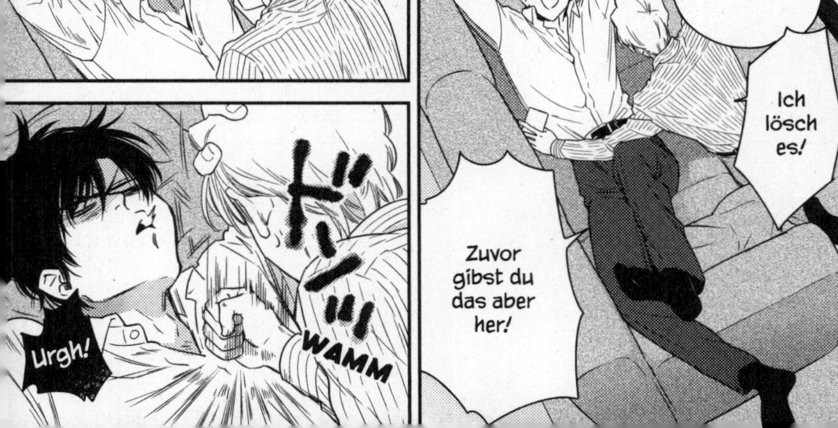

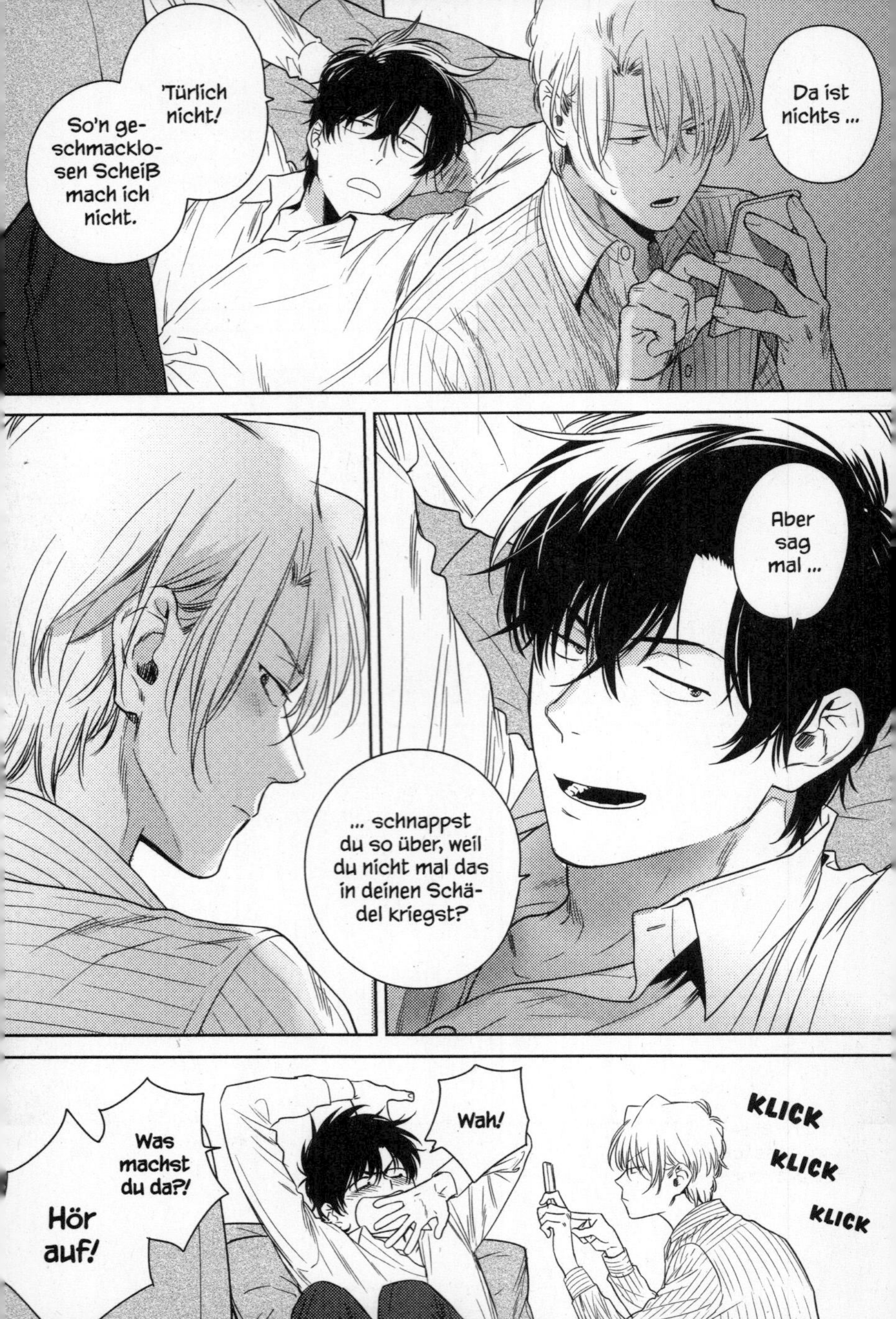
Da ist nichts ...
'Türlich nicht!
So'n geschmacklosen Scheiß mach ich nicht.
Aber sag mal ...
... schnappst du so über, weil du nicht mal das in deinen Schädel kriegst?
KLICK
KLICK
KLICK
Wah!
Was machst du da?!
Hör auf!

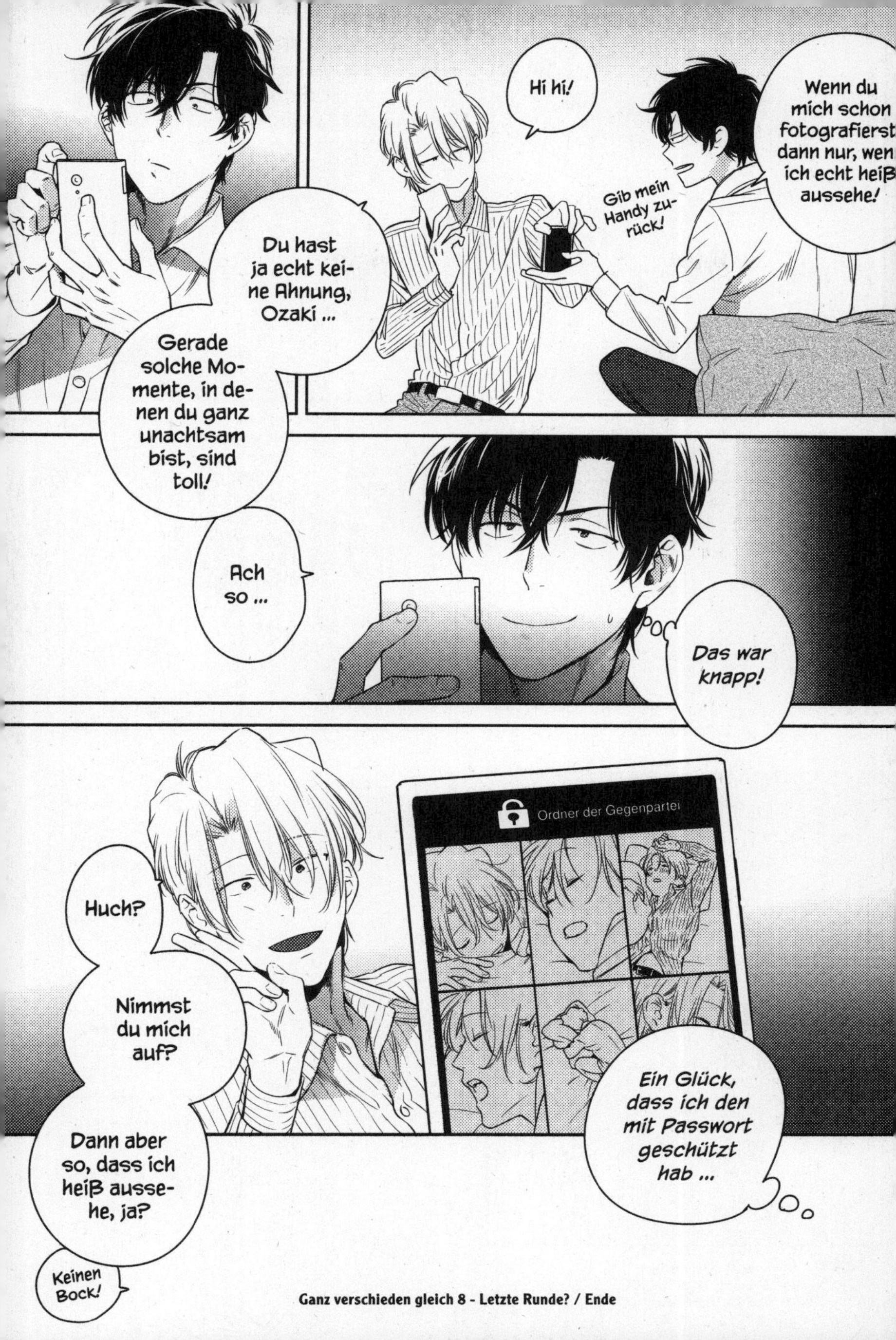

Ganz verschieden gleich 8 - Letzte Runde? / Ende

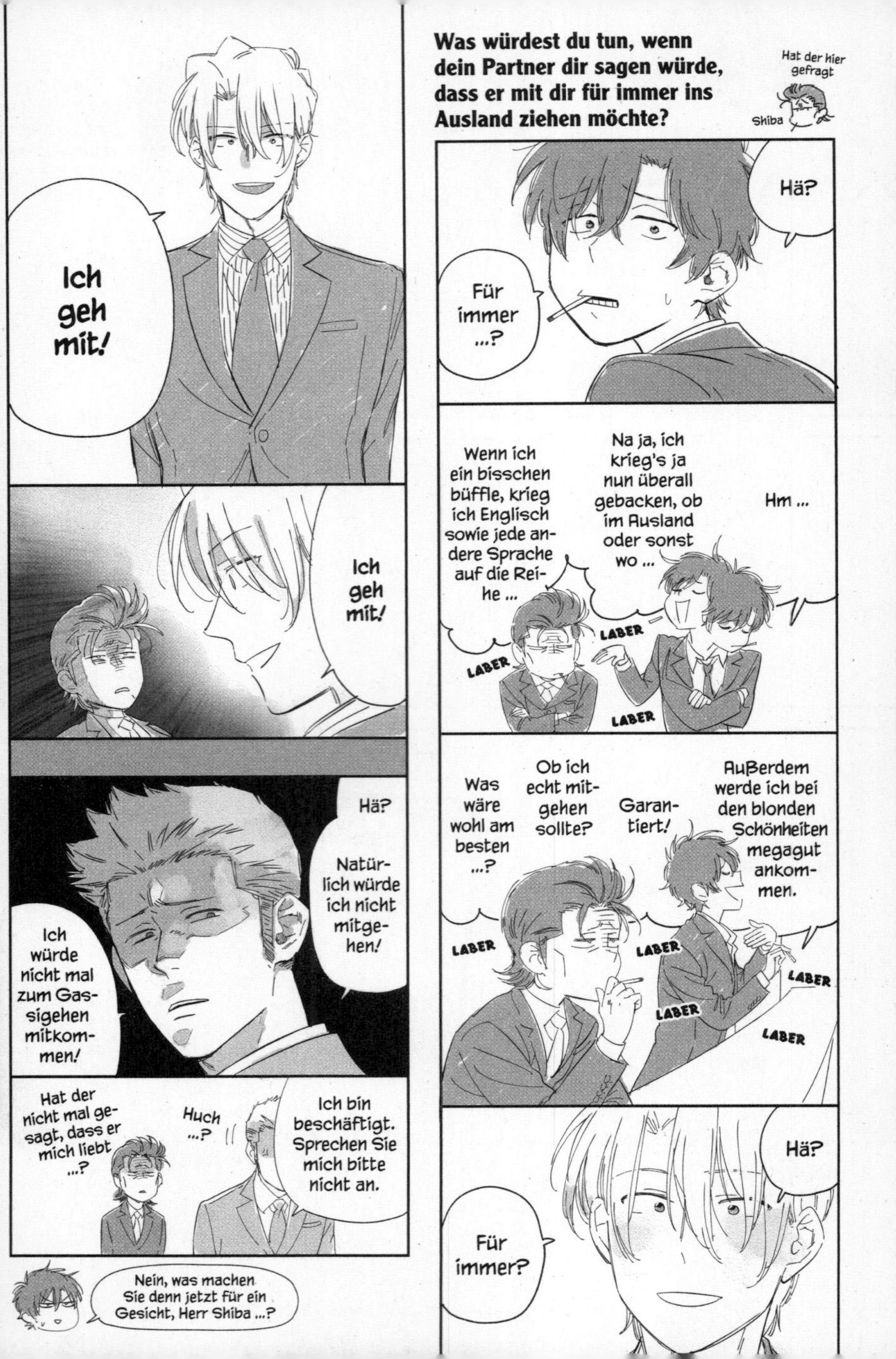

Was würdest du tun, wenn dein Partner dir sagen würde, dass er mit dir für immer ins Ausland ziehen möchte?

Hat der hier gefragt
Shiba

Hä?
Für immer ...?

Hm ...
Na ja, ich krieg's ja nun überall gebacken, ob im Ausland oder sonst wo ...
Wenn ich ein bisschen büffle, krieg ich Englisch sowie jede andere Sprache auf die Reihe ...
LABER
LABER
LABER

Außerdem werde ich bei den blonden Schönheiten megagut ankommen.
Garantiert!
Ob ich echt mitgehen sollte?
Was wäre wohl am besten ...?
LABER
LABER
LABER
LABER
LABER

Hä?
Für immer?

Ich geh mit!

Ich geh mit!

Hä?
Natürlich würde ich nicht mitgehen!
Ich würde nicht mal zum Gassigehen mitkommen!

Ich bin beschäftigt. Sprechen Sie mich bitte nicht an.
Huch ...?
Hat der nicht mal gesagt, dass er mich liebt ...?

Nein, was machen Sie denn jetzt für ein Gesicht, Herr Shiba ...?

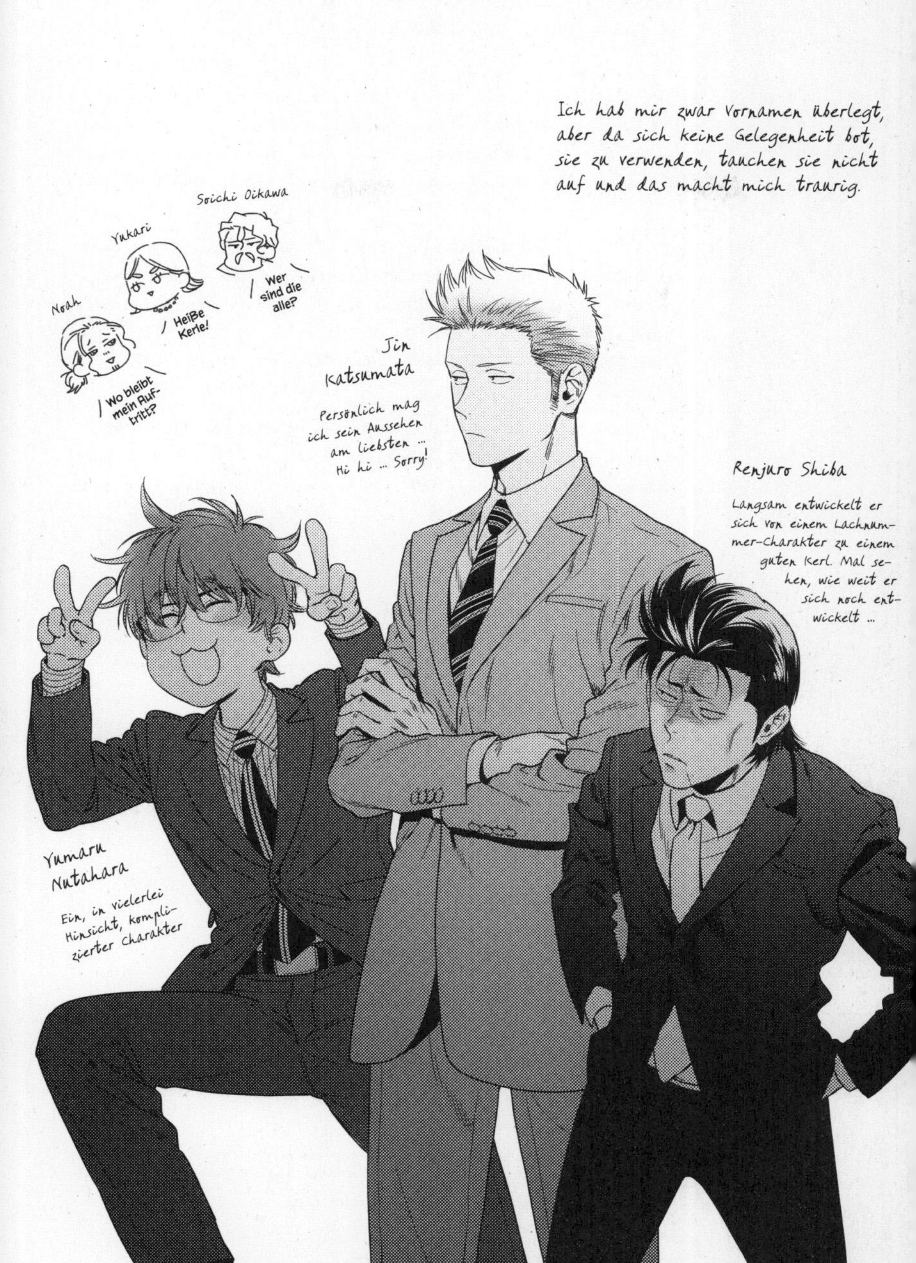

Ich hab mir zwar Vornamen überlegt, aber da sich keine Gelegenheit bot, sie zu verwenden, tauchen sie nicht auf und das macht mich traurig.
Soichi Oikawa
Wer sind die alle?
Yukari
Heiße Kerle!
Noah
Wo bleibt mein Auftritt?
Jin Katsumata
Persönlich mag ich sein Aussehen am liebsten ... Hi hi ... Sorry!
Renjuro Shiba
Langsam entwickelt er sich von einem Lachnummer-Charakter zu einem guten Kerl. Mal sehen, wie weit er sich noch entwickelt ...
Yumaru Nutahara
Ein, in vielerlei Hinsicht, kompli-zierter Charakter

Hah! Der achte Band?! Und sie sind plötzlich Zimmergenossen?! Es gibt doch die Meme von wegen »OMG sie sind Zimmergenossen …«, nicht? Sorry!

Ich dachte mir, ich mach das Cover wie die Kapitelillustration von Runde 3 aus dem ersten Band. Ich hab zwar mein Bestes gegeben und es mir noch mal angeguckt, musste dann aber lachen, weil's wie erwartet echt schlecht war.

Es ist nämlich so: In dem Moment, wo dieser Band rauskommt, sind seit meinem Zeichnen des ersten Kapitels zehn Jahre vergangen. Ja, genau … zehn Jahre … auch für mich sind's zehn Jahre … und auch für euch, die ihr das erste Kapitel gelesen habt. (Gibt's wen, der noch weiterliest?)

In der Tat gibt's auch mal Zeiten, in denen mir Kraft und Motivation fehlen, aber ich hab sie irgendwie immer überwunden. Auch wenn ich mich jedes Mal wiederhole, aber eure Briefe und Umfragen sind die beste Motivation und ich bedanke mich ganz herzlich bei euch fürs Lesen!

Zudem hab ich neulich mein Zimmer umgebaut und meinen alten Monitor mit einem riesigen neuen ersetzt und strotze jetzt geradezu vor Motivation. Auch wenn's belanglos ist.

So, es sieht so aus, als würde ich wohl noch ein Weilchen weitermachen dürfen. Sollte ich wundersamer Weise tatsächlich weiter veröffentlichen dürfen, würde es mich freuen, wenn ihr euch auch den nächsten Band holt! Vergesst mich nicht!

Nozomu Hiiragi

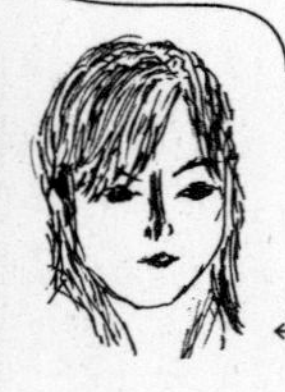

← Das Bild der Highschool-Lehrerin, die die Frau des Onkels ist, der von meinem Vater mal Klassenkamerad war und jetzt sein bester Freund ist.

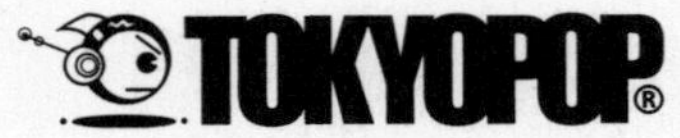

TOKYOPOP GmbH
Hamburg

TOKYOPOP
1. Auflage, 2021
Deutsche Ausgabe/German Edition

Aus dem Japanischen von Iga Marta Handtke

First published in Japan in 2020
by Kaiohsha Publishing Co., Ltd..
German translation rights arranged
with Kaiohsha Publishing Co., Ltd.
through Blue Air Rights Ltd..

Redaktion: Lisa Duty
Lettering: Vibrant Publishing Studio
Herstellung: Rita Geers
Druck und buchbinderische Verarbeitung:
CPI–Clausen & Bosse GmbH, Leck
Printed in Germany

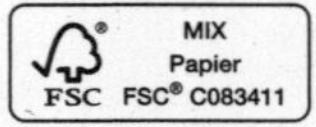

Wir achten auf die Umwelt.
Dieses Produkt besteht aus FSC®-zertifizierten und anderen kontrollierten Materialien.

ISBN 978-3-8420-7055-4

www.tokyopop.de

Ganz verschieden gleich

THERE ARE THINGS I CAN'T TELL YOU

Edako Mofumofu

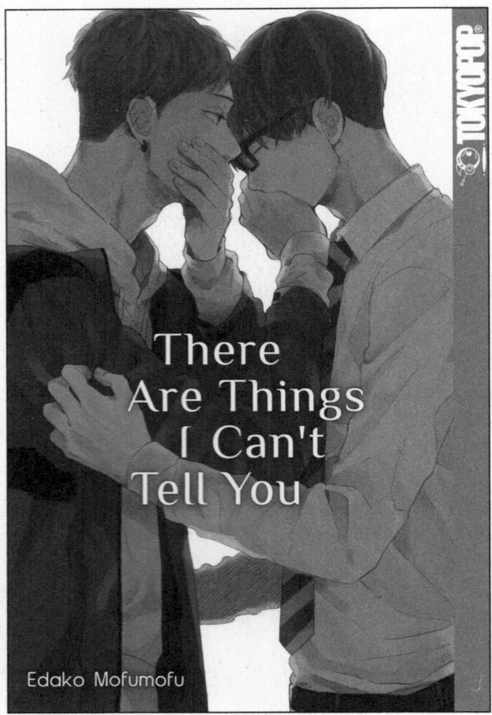

Gibt es den »richtigen« Weg?

Kyosuke, der mit Elan und Ehrgeiz seinen Traumjob als Artdirector anstrebt, spürt regelmäßig eine nagende Unsicherheit. Trotzdem übt er sich in Zuversicht und genießt seine freie Zeit mit Kasumi, seinem Freund aus Kindertagen. Doch auch Kasumi wird offenbar von den Schatten der Vergangenheit heimgesucht. Und obwohl sich die beiden Männer so eng verbunden fühlen, steht etwas zwischen ihnen, für das sie keine Worte finden ...

I LOVE YOU, COWARD!

Rico Sakura

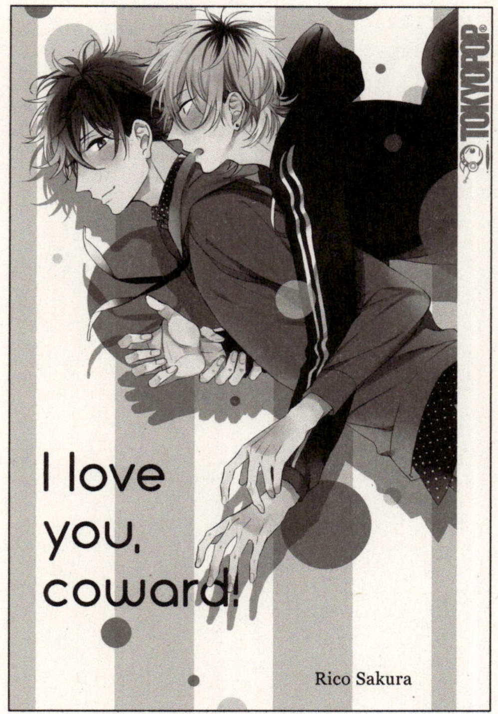

Ein unheilbarer Fall von Liebesallergie?!

Shogo beginnt sein Leben als Student in Tokyo, doch er hat es nicht leicht. Aufgrund seines finsteren Gesichtsausdrucks findet er bei seinen Kommilitonen keinen Anschluss. Nur der freundliche Barista Hinata aus seinem Lieblingscafé begegnet ihm offen und heitert ihn auf. Als Shogo Hinata aus der Klemme hilft, entwickeln die beiden eine tiefe Freundschaft. Doch Hinata wird von einem seltsamen Phänomen geplagt: Er hat eine Liebesallergie! Wird Shogo ihm dennoch seine Zuneigung zeigen können?

BLUE LUST

Hinako

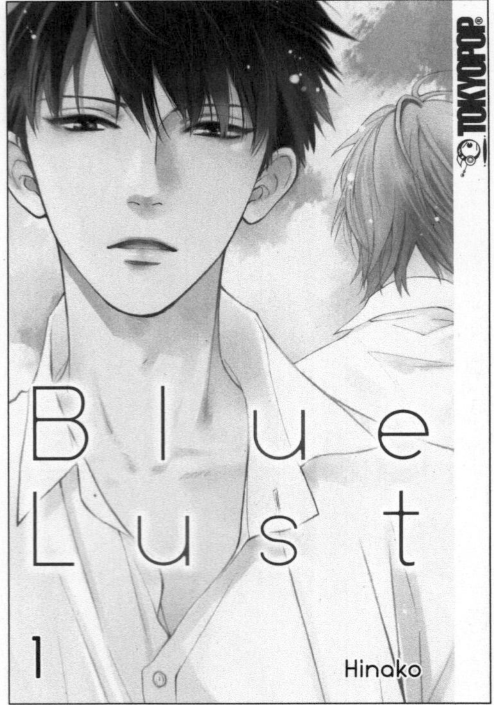

Warum machen wir dieselben Fehler immer wieder?

Durch Zufall kann Hayato seinen neuen Mitschüler Soma von einem Selbstmordversuch abhalten. In der Folge entwickelt er eine Art Beschützerinstinkt gegenüber dem kontaktscheuen Jungen und hilft ihm dabei, sich sozial zu integrieren. In der Mittelschule hatte Hayato einen schwulen Freund geoutet, der somit zum Mobbingopfer wurde, was ihm noch nachhängt. Doch als Soma mehr von ihm will, sieht sich Hayato mit einer ähnlichen Situation wie damals konfrontiert ...

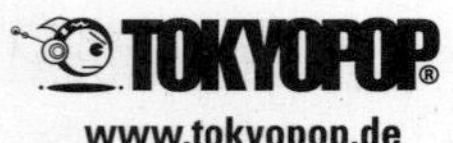

HOW I FEEL ABOUT YOU

Chise Ogawa

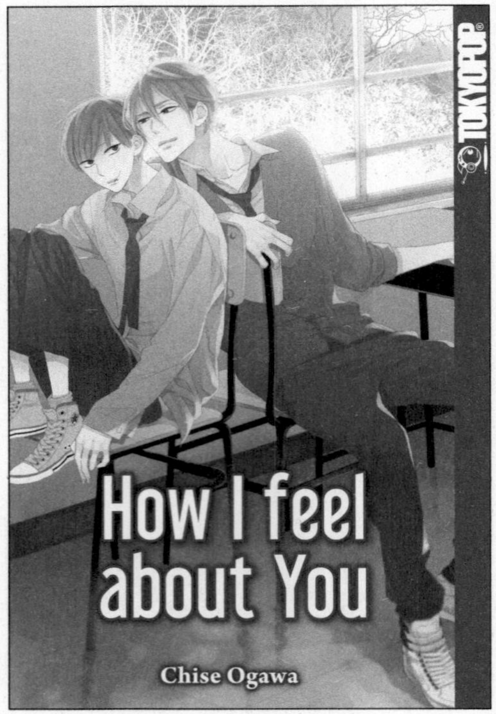

Meine Gedanken drehen sich nur um dich

Neben dem hübschen Fukamachi fühlt sich Maki wie das Vorzeigemodell eines Durchschnittsjungen. Doch ausgerechnet dieser Schönling hat sich in Maki verguckt und bringt seinen tristen Alltag ganz schön durcheinander. Mit seinem aufmerksamen Blick und seinen liebevollen Worten gelingt es Fukamachi, dass Maki ihm langsam sein Herz öffnet ... Vereint in einem Kurzgeschichtenband präsentiert *Caste Heaven*-Mangaka Chise Ogawa ihre ersten Boys-Love-Geschichten – witzig, sexy und wunderbar leicht erzählt!

LET ME BE YOUR PRISONER

Chise Ogawa

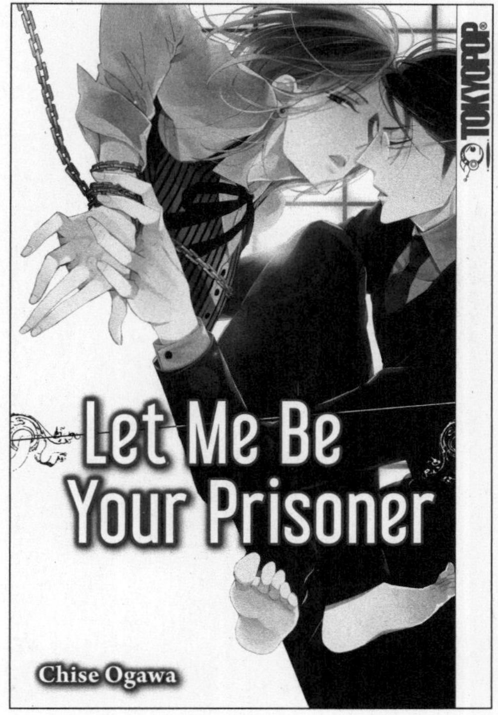

Dem hübschen Yuzuru sieht man nicht sofort an, dass er sich als Kleinkrimineller mit zwielichtigen Machenschaften über Wasser hält. Um wieder an etwas Geld zu kommen, kehrt er in sein altes Elternhaus zurück. Dieses musste er schon früh verlassen, als sein Vater bankrott ging und die Familie auseinanderbrach. Ausgerechnet sein ehemaliger Diener Iwase lebt nun in dem Anwesen, denn aus ihm ist mittlerweile ein erfolgreicher Jungunternehmer geworden. Dass sich Menschen über die Jahre verändern, wissen beide nur zu gut. Und doch verläuft das Wiedersehen anders als gedacht ...

CASTE HEAVEN

Chise Ogawa

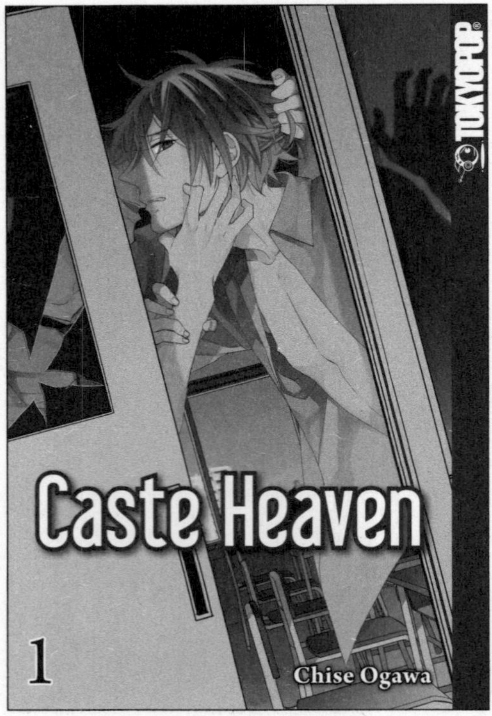

Pass auf, wem du vertraust!

Ein Spiel hält die Schüler in Atem: Wer auf dem Schulgelände die Spielkarte des Kings findet, wird über die Klasse herrschen. Azusa ist bereits seit einiger Zeit der King und hat es geschafft, sich Gefolgsleute heranzuzüchten. Doch sein treuester Zögling spielt plötzlich ein falsches Spiel. Karino hat genug von Azusas Schreckensherrschaft und reißt sich die Karte des Kings unter den Nagel ...

TEN COUNT

Rihito Takarai

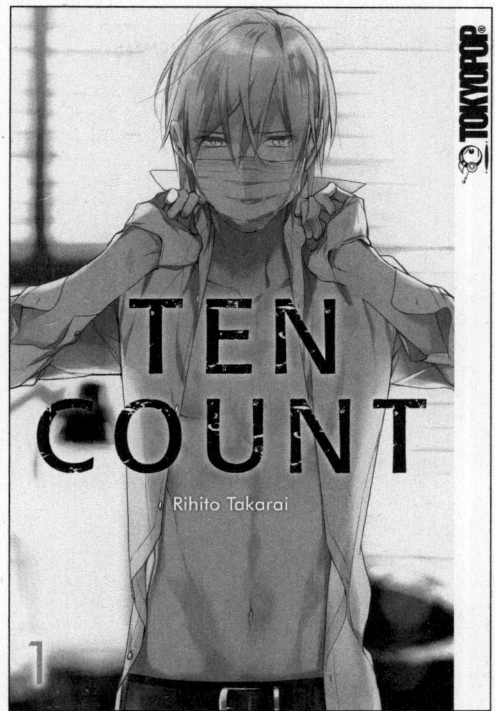

Überwinde deine Furcht vor dem Leben!

Shirotani ist psychisch krank. Seine größte Angst ist es, sich mit Bakterien anzustecken. Mehrmaliges Händewaschen und Handschuhe schützen ihn vor dem Schlimmsten, so glaubt er. Als eines Tages sein Chef einen Unfall hat und Shirotani aus Ekel nicht helfen kann, will er sich verändern. Er lernt den Psychologen Kurose kennen und baut zu ihm ein Vertrauensverhältnis auf, das plötzlich zu zerbrechen droht ...

GOODBYE HARLEQUIN

Keri Kusabi

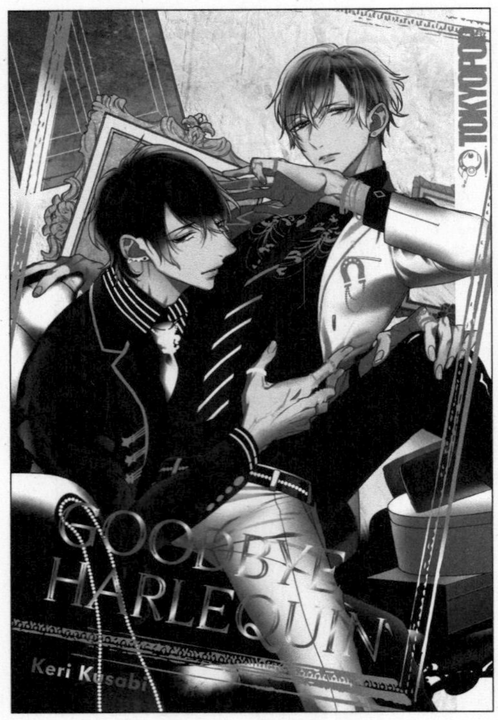

Glamourös, amourös, skandalös!

Akinos erklärtes Ziel ist es, ein gefeierter Designer zu werden, damit er endlich die Person wiedersehen kann, die seine Leidenschaft für Mode entfacht hat. Dabei handelt es sich um Eichi, der bereits zu Highschool-Zeiten zu den Topmodels der Branche zählte. Tatsächlich gelingt es Akino nach einigen Jahren endlich einen Deal zwischen seiner Firma und Eichis Agentur einzufädeln. Eichi ist über die Zusammenarbeit jedoch alles andere als erfreut, denn im Gegensatz zu Akino hat er kein Interesse, an die Vergangenheit erinnert zu werden ...

UNSER UNSTILLBARES VERLANGEN

Keri Kusabi

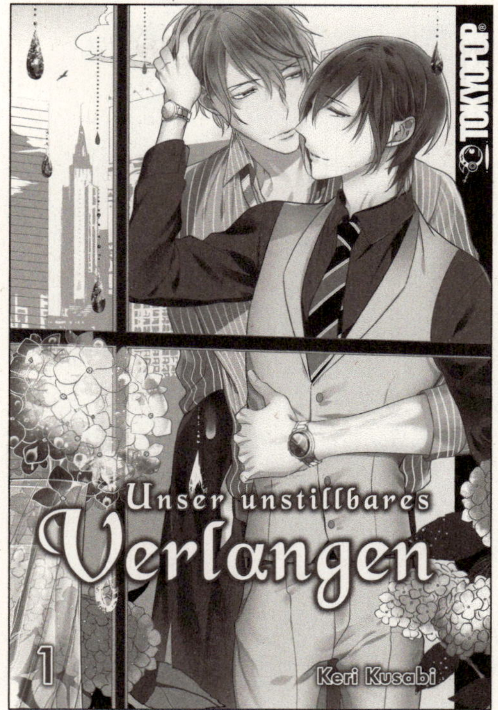

Heiße Spielchen im Omegaverse!

In einer Welt, die in Alphas, Betas und Omegas eingeteilt ist, hat Takaba Glück gehabt: Er ist ein Alpha und von Natur aus ein Anführer. Als er in ein neues Unternehmen wechselt, sieht er sich allerdings mit seinem größten Hassobjekt konfrontiert: einem Omega in einer Führungsposition! Mit ihren ausströmenden Pheromonen sind sie für Alphas und Betas unwiderstehlich. Takaba muss sich vor seinem neuen Chef in Acht nehmen, doch lang lassen die Verfänglichkeiten nicht auf sich warten ...

DROWNING INTO THE NIGHT

Anna Takamura

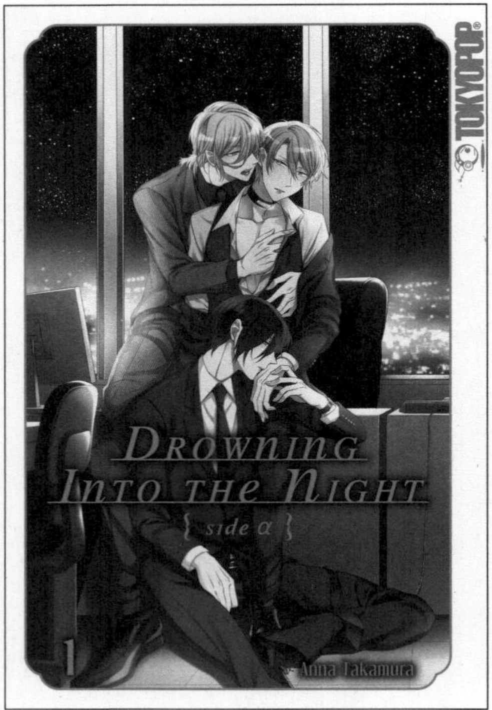

Schicksalhafte Leidenschaft

Wenn ein erfolgreicher Arbeitstag zu Ende geht, hat es Yukishiro erneut geschafft: Er konnte seine Rolle als aufstrebende Führungskraft erfüllen und seine wahre Identität ein weiteres Mal schützen. In den elitären Kreisen des Großkonzerns würde niemand anzweifeln, dass das Blut eines Alphas in seinen Adern fließt. Doch in Wirklichkeit ist er ein Omega. Als der charismatische Vizepräsident Hiiragi, ein Alpha, von seiner Auslandsreise zurückkehrt, spürt er instinktiv, dass Yukishiro nur eine Rolle spielt. Führt das Schicksal zwei »Seelenpartner« zusammen oder stürzt es Yukishiro ins Unglück?

IM FLUSS DER ZEIT

Syaku

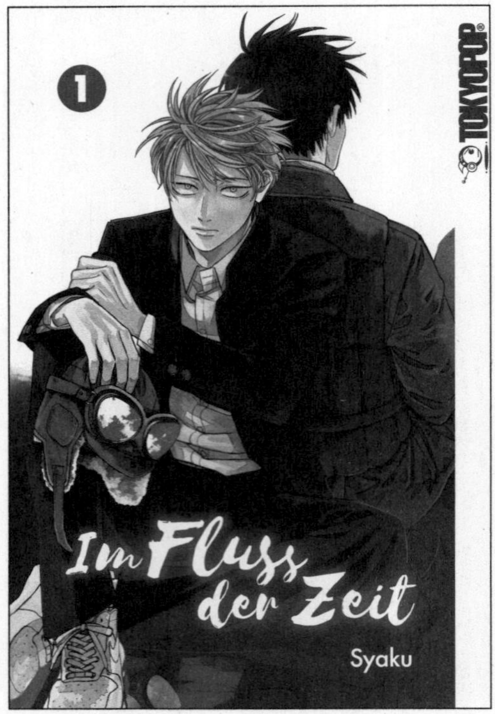

Erinnerungen, so tief wie der Ozean

Das Schicksal trifft einen Menschen oft aus heiterem Himmel. Für Shiro ist es die Begegnung mit einem Fremden, der plötzlich vor ihm auftaucht – und in Ohnmacht fällt. Er beschließt, den jungen Mann, der nur eine alte Pilotenuniform trägt und offenbar sein Gedächtnis verloren hat, bei sich aufzunehmen. Geduldig versucht er Kiku, wie er den Fremden fortan nennt, an das Alltagsleben zu gewöhnen. Während Kiku jeden Tag etwas dazulernt, wird er nachts von wiederkehrenden, schrecklichen Albträumen gequält ...

UND JEDEN TAG LIEBE ICH DICH MEHR

Shota Kon

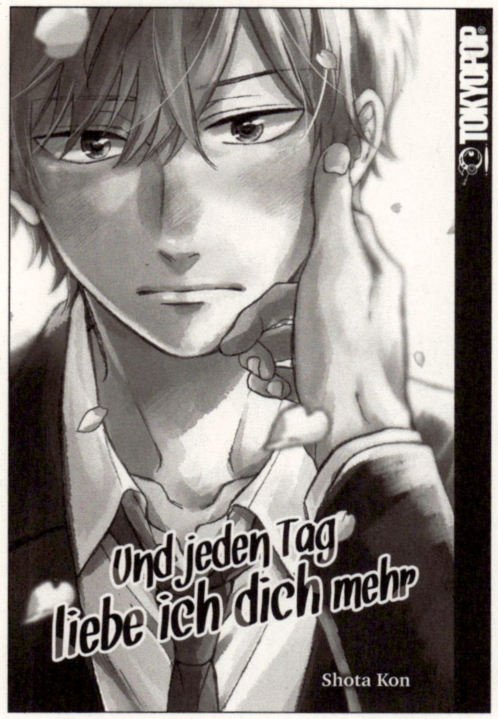

Ich hab nur gesagt, was ich denke!

Es ist Frühling und für Sora beginnt das letzte Jahr an der Highschool. Ganz überraschend macht ihm ein neuer Schüler vor versammelter Mannschaft ein Liebesgeständnis! Der zwei Jahre jüngere Oto ist ein Freund aus Kindheitstagen, den er aus den Augen verloren hatte. Er kann Sora überreden, von nun an wieder möglichst viel Zeit mit ihm zu verbringen. Doch steckt hinter Otos Anhänglichkeit mehr als nur der Wunsch, an die schönen Erinnerungen aus Kindertagen anzuknüpfen?

SUGAR POT
KAFFEE, MILCH UND SÜSSE KÜSSE
Naro Sakuragawa

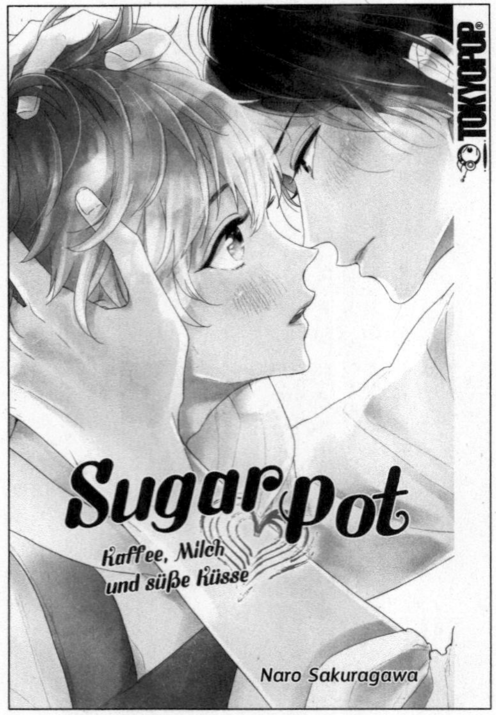

»Ich möchte, dass du nur Augen für mich hast«

Der tollpatschige Cafébesitzer Kanata gibt mit seinem köstlichen Gebäck und aromatischen Kaffee alles, um sein Geschäft zu einem Erfolg zu machen. Sein großes Vorbild ist dabei sein Kindheitsfreund Ryunosuke, den er zu Schulzeiten immer für seine Zuverlässigkeit und Reife bewundert hat. Doch der Kontakt zwischen den beiden ist abgebrochen – bis Ryunosuke nach Jahren plötzlich sturzbesoffen vor Kanatas Tür steht und komplett verändert scheint. Kann Kanata ihm aus seinem Tief heraushelfen?

AN JENEM SONNIGEN TAG

Techno Samata

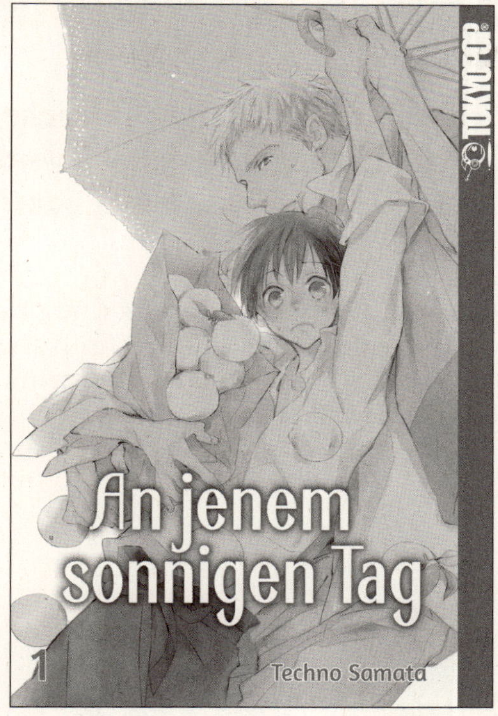

Wie eine frische Brise an einem heißen Tag

Um sein verletztes Herz zu heilen, sucht Minato Zuflucht bei seinem Opa. Dort begegnet er Seth, der stets mit einem Damenschirm unterwegs und daher in der Nachbarschaft als »Sonnenschirm-Prinz« bekannt ist. Seths Unbekümmertheit und Ruhe imponieren Minato und motivieren ihn, sich seinen eigenen Problemen zu stellen. Doch auch Seth wird von den Dämonen seiner Vergangenheit heimgesucht ...

STOPP!

**Dies ist die letzte Seite des Buches!
Du willst dir doch nicht den Spaß verderben
und das Ende zuerst lesen, oder?**

Um die Geschichte unverfälscht und originalgetreu mitverfolgen zu können, musst du es wie die Japaner machen und von rechts nach links lesen. Deshalb schnell das Buch umdrehen und loslegen!

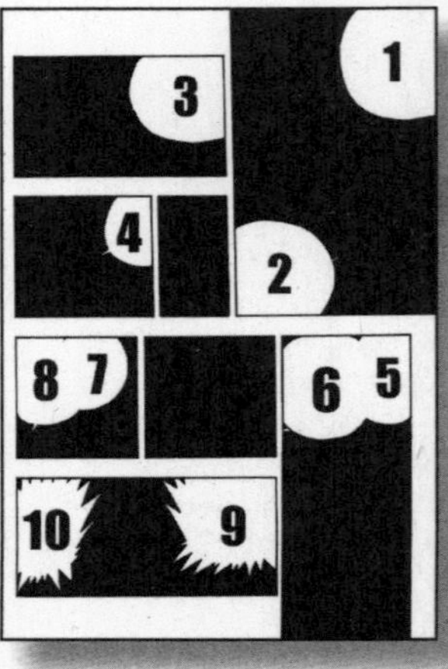

So geht's:

Wenn dies das erste Mal sein sollte, dass du einen Manga in den Händen hältst, kann dir die Grafik helfen, dich zurechtzufinden: Fang einfach oben rechts an zu lesen und arbeite dich nach unten links vor.
Viel Spaß dabei wünscht dir TOKYOPOP®!